丛书编委会

主　编：蒋永穆　熊　兰
副主编：邓国营　龚勤林
编　委：邓菊秋　胡超然　蒋　瑛　李航星　李　旸
　　　　李　瀚　梁　剑　马德功　唐　永　涂　刚
　　　　王　彬　向　宇　闫雪凌　杨　艳　姚树荣
　　　　张红伟　赵绍阳　邹　瑾

中国特色经济人才培养丛书

中国特色
国民经济管理人才
培养的思考与探索

主编 ◎ 张红伟

图书在版编目（CIP）数据

中国特色国民经济管理人才培养的思考与探索／张红伟主编．— 成都：四川大学出版社，2023.10
（中国特色经济人才培养丛书）
ISBN 978-7-5690-5391-3

Ⅰ．①中… Ⅱ．①张… Ⅲ．①国民经济－经济管理－人才培养－研究－中国 Ⅳ．①F123

中国国家版本馆 CIP 数据核字（2023）第 056720 号

书　　名：中国特色国民经济管理人才培养的思考与探索
　　　　　Zhongguo Tese Guomin Jingji Guanli Rencai Peiyang de Sikao yu Tansuo
主　　编：张红伟
丛　书　名：中国特色经济人才培养丛书

丛书策划：邱小平　梁　平
选题策划：梁　平
责任编辑：孙滨蓉
责任校对：杨　果
装帧设计：裴菊红
责任印制：王　炜

出版发行：四川大学出版社有限责任公司
　　　　　地址：成都市一环路南一段 24 号（610065）
　　　　　电话：(028) 85408311（发行部）、85400276（总编室）
　　　　　电子邮箱：scupress@vip.163.com
　　　　　网址：https://press.scu.edu.cn
印前制作：四川胜翔数码印务设计有限公司
印刷装订：四川省平轩印务有限公司

成品尺寸：170 mm×240 mm
印　　张：18.25
字　　数：339 千字

版　　次：2023 年 10 月 第 1 版
印　　次：2023 年 10 月 第 1 次印刷
定　　价：88.00 元

本社图书如有印装质量问题，请联系发行部调换

版权所有 ◆ 侵权必究

扫码获取数字资源

四川大学出版社
微信公众号

本书编委会

主　编：张红伟

编　委：杨　艳　周　沂　段海英　路　征　祝梓翔
　　　　贾　男　黄　勤　王文甫　邓菊秋　邓　丽
　　　　傅志明　曾武佳　钱　霞　吕一清　万春林
　　　　朱　峰　余川江　李雨佳

总　序

为深入贯彻习近平新时代中国特色社会主义思想和党的十九大精神，全面贯彻落实全国教育大会精神，紧紧围绕全面提高人才培养能力这个核心点，加快形成高水平人才培养体系，培养德智体美劳全面发展的社会主义建设者和接班人，2018年10月，教育部出台了《教育部关于加快建设高水平本科教育全面提高人才培养能力的意见》，指出要着力推动新工科、新医科、新农科、新文科建设，做强一流本科、建设一流专业、培养一流人才。2020年11月，教育部发布了《新文科建设宣言》，构建世界水平、中国特色的文科人才培养体系是全面推进新文科建设的主要任务。新文科建设要立足中国实际，解决中国问题，提出中国方案，深入推动学科融合与知识交叉，大力推进知识创新、理论创新、方法创新、实践创新，不断推动中华优秀传统文化创造性转化、创新性发展，努力构建中国特色哲学社会科学自主知识体系，构建世界水平、中国特色的人才自主培养体系。这都为我们积极推动一流专业建设、人才培养指明了方向、提供了遵循。

当前，中国特色社会主义进入了新时代，国家的发展进程愈发迅猛，全球新科技和新经济的浪潮滚滚而来，这一切都对高等教育提出了更高的要求。面对新时代的挑战和机遇，高等教育必须不断改革和创新，适应国家的需求，培养更多的人才，才能促进社会和经济的可持续发展。在这一背景下，一流专业建设和人才培养成为高校的当务之急。

一直以来，四川大学经济学院坚持以"办最好的本科教育、高水平的研究生教育、高质量的留学生教育"为建设目标，以"成为国内一流、世界知名的经济学院"为愿景，在人才培养、科学研究、社会影响、国际交流等方面持续发力。近年来，我们响应国家号召，扎实推进新文科建设，积极组建全院力量，有序申报并获批了6个国家级一流本科专业建设点。2019年，经济学、国际经济与贸易专业获批国家级一流本科专业建设点。2020年，国民经济管理、金融学专业获批国家级一流本科专业建设点。2021年，财政学、金融工程获批国家级一流本科专业建设点。至此，学院现有招生专业均获批国家一流本科专业建设点。

同时，为进一步深入探讨一流专业建设以及人才培养的理论和实践，为一流专业建设和人才培养提供有力支持，学院以新文科建设思想为引领，紧密结合国家政策，总结经验做法，组织编写了《中国特色经济人才培养丛书》，旨在全面呈现学院在中国特色财经类专业建设和人才培养方面的理论和实践成果，同时也为广大高校和相关领域的教育工作者提供参考和借鉴。

本丛书共4册。由姚树荣教授等人主编的《中国特色经济学人才培养的思考与探索》是四川大学经济学院经济系的教师在教学过程中的教学经验和对中国特色经济学人才培养的相关思考的总结。该书坚持以中国特色社会主义政治经济学的基本原理及科学方法作为指引，具体内容涵盖了经济学本科教学的大部分课程，既有关于课程思政的经验总结与思考，也有关于教学方法和教学方案的思考与建议，还有关于课程内容和具体知识点的教学经验总结。既是对过往教学经验和教改成果的一次系统性的梳理，也是面向未来新征程的出发仪式。

由蒋瑛教授等人主编的《中国特色国际经济与贸易人才培养的思考与探索》是四川大学经济学院国际经济与贸易专业国家级一流本科建设教学团队全体教师在近几年教学实践与探索的经验和成果汇总。收录了四川大学经济学院近期来在国际经济与贸易人才培养、教学研究和教学改革方面的部分优秀成果和探索文章。既有对新时代中国特色社会主义国际经贸人才培养、"一带一路"倡议背景下西部外贸人才培养，以及新形势下数字贸易人才培养的思考和探索，又有对国际经贸人才培养目标、培养模式等重大理论问题的深入分析，还有对国际经济与贸易课程设置、知识体系、教学目标、教学方法与教学手段、课程思政、一流精品课程等具体领域的思考与实践探索。

由张红伟教授等人主编的《中国特色国民经济管理人才培养的思考与探索》收录了四川大学经济学院近期来在国民经济管理专业人才培养和教学改革方面研究的部分优秀成果。聚焦如何贯彻新文科教育理念，培养具有扎实经济学理论基础，熟悉中国经济运行与改革实践，掌握规范分析方法，并具备系统性与综合性思维、宏观经济分析与决策能力的扎根中国大地的新时代国家治理和经济管理高素质人才这一专业建设核心问题，既有对国民经济管理人才培养目标、培养模式等重大理论问题的深入分析，也有对专业课程设置、知识体系、实习实践、教学方法与教学手段等具体方面的理性思考与实践探索。同时也是四川大学国民经济管理专业国家级一流本科建设教学团队成员近年来辛勤实践与积极探索的过程展示与成果汇总。

总　序

　　由马德功教授等人主编的《中国特色金融人才培养的思考与探索》收录了四川大学经济学院近期来在金融人才培养、教学研究和教学改革方面研究的部分优秀成果，涵盖了新发展阶段中国特色应用型金融人才培养模式改革上的重点或热点问题。既有对金融人才培养目标、培养模式等重大理论问题的深入分析，也有对金融专业课程设置、知识体系、教学目标、教学方法与教学手段等具体方面的理性思考与实践探索。同时也是四川大学金融专业国家级一流本科建设教学团队成员近年来辛勤实践与积极探索的过程展示与成果汇总。

　　本丛书的编写团队由四川大学经济学院蒋永穆教授领衔，多位知名专家、学者组成，他们具有多年的研究和教学经验。每本书都经过编写团队精心策划和撰写，既具有理论深度又易于理解，既注重理论传授又注重实际运用。我们坚信，本丛书将为一流专业建设以及中国特色财经类人才的培养提供可操作性的建议和方法，为中国特色社会主义建设的伟大事业贡献力量。

　　最后，衷心感谢所有为本丛书付出辛勤努力的教育工作者，也要感谢社会各界对中国特色财经类教育的支持和关注。我们希望通过本丛书，能够与广大教育工作者一道，探讨中国特色财经类人才培养的新思路，推动高等教育事业的蓬勃发展。只有在大家的共同努力下，中国特色财经类人才培养事业才能够不断前行，中国特色财经类人才队伍才能为国家的繁荣与发展做出更大的贡献！

前　言

建设"一流本科专业"是新时代高等教育发展的战略安排。2018年6月教育部召开了新时代全国高等学校本科教育工作会议，提出坚持"以本为本"，推进"四个回归"，建设中国特色、世界水平的一流本科教育，为新时代本科教育指明了方向。为加快建设高水平本科教育，全面提高人才培养能力，2018年10月教育部印发《教育部关于加快建设高水平本科教育全面提高人才培养能力的意见》，决定实施"六卓越一拔尖"计划2.0，全面推进新工科、新医科、新农科、新文科建设，提高高校服务经济社会发展能力。为了落实相关会议精神，做强一流本科、建设一流专业、培养一流人才，全面振兴本科教育，提高高校人才培养能力，实现高等教育内涵式发展，2019年4月教育部开始启动一流本科专业建设"双万计划"，计划在2019—2021年间，建设10000个左右国家级一流本科专业点和10000个左右省级一流本科专业点。该计划覆盖本科各个专业，是一项庞大而艰巨的任务。

四川大学于1982年开办国民经济管理本科专业，1985年招收国民经济学硕士生，1997年开始培养国民经济学博士生。四川大学国民经济管理本科专业是全国保留国民经济管理招生资格的8个本科专业点之一（西部唯一），是四川省国民经济管理与区域经济本科人才培养基地，2008年获批四川省特色专业，2020年入选国家级一流本科专业建设点。

建设"一流国民经济管理本科专业"是一个系统工程，需要在几个重要方面予以突破，包括突破传统国民经济管理专业人才培养理念、优化国民经济管理专业课程建设体系、加强国民经济管理专业教师队伍建设三方面。实现这三个方面的突破，对于顺利推进"一流国民经济管理本科专业"建设，具有纲举目张的作用。

我国的国民经济管理专业由苏联引进，经过60多年的学科专业建设，愈加彰显中国特色。现阶段，我们致力于培养具有扎实的经济管理理论基础，掌握现代分析方法，熟悉中国经济运行与改革实践，知识面广、适应性强、多元包容，有家国情怀、系统性与综合性思维、开阔国际视野、宏观经济分析与决策能力的扎根中国大地的新时代国家治理和经济管理高素质人才。我们从国民经济管理一流本科专业建设的要求出发，探究目前建设中存在的主要问题，分析问题存在的原因，制定实施加快一流国民经济管理本科专业建设的相关对策，从而提高教学质量，提升国民经济管理本科人才培养质量。这主要包括以下三方面内容：

第一，适应治国理政宏观调控新发展，准确定位专业人才培养目标。四川大学国民经济管理本科专业为了适应提升国家治理能力、建立科学有效的宏观调控体系新发展要求，对标国内顶尖、国际一流的专业建设标准，通过开展新时代本科人才培养大讨论明确了专业定位，并通过课程体系、教学方法的改革，全面提高教育质量，以适应新时代新发展的需要；在专业核心课中挖掘思想政治教育元素并贯穿教学过程，在经济问题思辨过程中培养学生关注中国现实的经世济民情怀；开展读书会、邀请本科生进科研团队，安排专业教师担任本科班主任，以强化师生联系和价值引领；积极推进探究式—小班化教学、非标准答案考试和"金课"建设等多种形式的教育教学改革，必修课全面实现小班化教学，多位教师在各级各类教学竞赛中获奖；加强全过程考核，陆续升级国民经济管理、区域经济学、国民经济管理前沿讲座等专业核心课，开设国民经济发展战略与规划、国民经济分析方法、数字经济发展与治理等新课，推动信息技术与教学深度融合。

第二，大力引进人才，做强师资队伍。四川大学国民经济管理本科专业实施高端人才引进和本土培养并举措施，近年来从海内外名校引进8名青年教师，构建起一支年龄学历结构合理、热爱教学、能力过硬的队伍。本专业坚持"老带新、新助老"，实施"头雁"计划、"青苗"工程，为青年教师配备导师，提供多种青年教师培养项目；针对中年教师实施多种科研能力提升计划。本专业建立国民经济、区域经济、数量经济分析等教研室，成立平台课课程组；坚持每两周开展一次基层教研活动，严格执行教学检查和听课制度。本专业形成了由26名专任教师（其中教授9人、副教授10人）组成的老中青结合、政治过硬、教学科研得力、关爱学生的稳定的师资团队。以本专业为依托的宏观经济分析与调控团队2018年获批为四川省社会科学高水平研究团队，2019年被评为四川省巾帼建功先进集体，2020年被评为四川大学先进党支部。

第三，教研与科研协同建设，重视科研赋能教研，教研与科研协同建设，聚力提质教学。四川大学国民经济管理本科专业积极鼓励教师申请教改项目推动教学发展与改革，支持教师在教书育人的同时站在科研前沿。一是鼓励立项高水平科研项目，发表高水平学术成果，依托高水平科研凝练专业课程特色，打造精彩激情课堂，积蓄教学素材。二是鼓励科研成果进课堂，强化学生科研能力训练，完善师生科研互动机制。三是鼓励开展教学研究项目，发表教研教改论文，探索教学育人新思路、新方法、新路径，将课程思政、教研教改、创新创业教育、学位论文指导等纳入教学质量考核体系。本专业教师近年来成功申请国家级、省部级科研课题等 100 余项。

《中国特色国民经济管理人才培养的思考与探索》凝聚了四川大学经济学院经管与财税系全体师生教研教改的智慧与汗水。全体师生将自己在教育教学实践中的探索与思考、经验与教训撷取下来，汇入此书，相互学习与激励，相互借鉴与促进，以期共享资源，共同进步。愿本书的编辑出版谱写国民经济管理专业建设与人才培养的新篇章！

张红伟

目　录

第一篇　专业建设

打破边界
　　——对未来教学的思考与探索 …………… 张红伟　蒋明霞　兰利琼（3）
构建中国自主的国民经济学知识体系的思考 ………………… 杨　艳（12）
高校国民经济管理专业培养模式比较分析 …………………… 李雨佳（17）
我国研究型大学财经本科生教育的现状与展望 ……………… 王文甫（24）
理论联系实际
　　——依托"一流"学科建设，培养"一流人才"的教学探索 … 邓　丽（30）
新文科背景下财政学专业人才培养模式改革探讨 …………… 邓菊秋（35）
财政学专业建设的思考 ………………………………………… 傅志明（41）

第二篇　课程建设

国民经济管理课程教学融入学术训练的实施方案 …………… 杨　艳（51）
铸金炼课　守正创新
　　——四川大学经济学院财经类"金课"问卷调查分析 …… 段海英　仲家琳（61）
区域经济学课程思政的实践探索 ……………………………… 黄　勤（118）
提高经济学类课程过程性考核质量的方法设计与优化
　　………………………………………………… 余川江　罗　悦（133）
浅析高级宏观经济学教学改革与方法探索 …………………… 祝梓翔（144）
政府预算教学思考 ……………………………………………… 钱　霞（152）
财税计量课程教学心得总结 …………………………………… 朱　峰（159）
Python统计分析思政教育的思考与探讨 ……………………… 吕一清（166）
统计思想在学生工作中的运用
　　——以中心极限定理为例 ……………………… 万春林　原欣怡（171）

第三篇 学生综合素质培养

乡村振兴实践助力大学生综合素质培养路径探究 …… 曾武佳 胡芳芳（181）

学科交叉推动拔尖创新人才培养的作用研究
　　——来自S大学书院制模式的经验证据 …… 周　沂　陈圆月　冯皓月（191）

"双创"项目对大学生创新创业能力的影响研究
　　——基于双一流大学S经管类专业本科生的微观数据
　　……………………………………………… 贾　男　陈欣媛（213）

大学生学科竞赛中指导教师介入的关键节点与基本方法
　　——基于指导经济学类本科生参加"挑战杯"竞赛的实践
　　………………………………………………… 路　征　周　婷（231）

第四篇 学生收获与感悟

研究生助教在国民经济管理课程教学中的辅助与促学作用
　　……………………………………………………… 周　婷　林　凌（247）

国民经济管理专业的课程学习收获与成长 ………… 胡　珊　陈　欢（255）

关于国民经济管理专业中学术训练的收获与思考 ………… 张雨婷（264）

国民经济管理专业课堂展示环节的现状与改进 …………… 王一丹（270）

第一篇 DIYIPIAN
专业建设

打破边界
——对未来教学的思考与探索

张红伟　蒋明霞　兰利琼*

摘　要：随着全球科技创新进入空前活跃期，新技术革命正在引领产业变革方向，不同领域加速融合发展，深刻改变着人类生产和生活方式，深刻影响着高等教育，掀起了新一轮的教育变革浪潮。本文系统梳理了高等教育面临的挑战，深入分析了未来人才必备的核心素养与能力，重点阐释了面对未来高度不确定的世界，为了培养具有高度灵活性与胜任力的创新型人才，高校应开展的跨学科教育探索。

关键词：未来不确定性；高等教育机遇与挑战；跨学科交叉人才培养

一、未来已来，高等教育面临挑战

全球科技创新进入空前活跃期，工业 4.0 时代已经悄然而至。人工智能、虚拟现实、大数据、区块链、3D 打印等信息技术成为推动社会前进的关键力量，新技术革命正在加速学科交叉融合，引领产业变革方向，深刻改变着人类生产和生活方式，重构全球创新发展与竞争格局，深刻影响着高等教育，掀起了新一轮的教育变革浪潮。

（一）新技术给经济和生活带来深远影响

麦肯锡公司在《展望 2025：决定未来经济的 12 大颠覆技术》报告中指出，决定 2025 年经济的 12 大颠覆技术包括移动互联网、知识工作自动化、物

---

* 作者简介：张红伟（1963—），四川大学经济学院教授、博士生导师，主讲货币金融学，主要从事宏观经济分析与企业管理前沿问题研究。蒋明霞（1986—），四川大学教务处助理研究员，主要研究方向为高等教育管理。兰利琼（1967—），四川大学图书馆馆长、生命科学学院教授，主要研究方向为藻类细胞学、生理学、藻类资源与环境，高等教育管理与研究。

联网、"云服务"、先进机器人、自动汽车、下一代基因组学、储能技术、3D打印、先进油气勘探及开采、先进材料、可再生能源。世界经济论坛《未来就业报告2020》指出，预计到2025年，人类的工作将在人和机器之间平均分配。在数据处理、行政管理任务以及白领和蓝领工人的日常体力工作方面，自动化机械将成为主力，数据分析师、人工智能和机器学习专家等新兴行业的岗位将会增加，行政、商业服务等传统行业的岗位将会减少……"我们现在要教导学生准备胜任还不存在的工作，使用根本还不存在的科技以解决我们还未曾想到过的问题。"①

（二）不同领域加速融合发展

新一轮技术和产业革命的方向不会仅仅依赖一两类学科或某种单一技术，而是需要多学科、多技术领域的高度交叉和深度融合，技术融合趋势决定了战略性新兴产业不可能也不应该孤立地发展，而是既要有利于推动传统产业的创新，又要有利于未来新兴产业的崛起。正如习近平总书记在《努力成为世界主要科学中心和创新高地》中所指出的那样："以人工智能、量子信息、移动通信、物联网、区块链为代表的新一代信息技术加速突破应用，以合成生物学、基因编辑、脑科学、再生医学等为代表的生命科学领域孕育新的变革，融合机器人、数字化、新材料的先进制造技术正在加速推进制造业向智能化、服务化、绿色化转型，以清洁高效可持续为目标的能源技术加速发展将引领全球能源变革，空间和海洋技术正在拓展人类生存发展新疆域。"②这将使行业间的界限越来越模糊，综合竞争力越来越强。然而，我们越来越清醒地认识到，学生在学校里面所学的东西，已无法跟上社会发展的高速脚步，高校曾经引领社会发展的地位正在削弱，带来了"高校落后于社会"的忧虑。

（三）新时代大学生的认知方式和学习习惯

新时代大学生的认知方式和学习习惯也发生着变化，学生面临的是一个越来越多不可控因素的"乌卡"时代（"乌卡"简写为VUCA——易变性Volatility、不确定性Uncertainty、复杂性Complexity、模糊性Ambiguity）③。知识信息的来源与交换方式更加丰富，也从根本上改变了学生的学习，他们对于

---

① 励志短片 Did You Know?, https://v.qq.com/x/page/z0376166swt.html。
② 习近平：《努力成为世界主要科学中心和创新高地》，《求是》，2021年第6期，第1页。
③ 杨黎婧：《从单数公共价值到复数公共价值："乌卡"时代的治理视角转换》，《中国行政管理》，2021年第2期，第108页。

学习的时间、内容、方式的要求将更加灵活，未来的大学也将因为学生需求的变化进行相应的改变。但也有学者研究发现，碎片化学习存在整体学习效果差、网络资源检索困难、与他人互动频率较低、个人主观执行力较差等问题[①]。

（四）全球合作共同探索人类未来发展

教育是民族振兴、社会进步的重要基石，是功在当代、利在千秋的德政工程，对提高人民综合素质、促进人的全面发展、增强中华民族创新创造活力、实现中华民族伟大复兴具有决定性意义。站在"两个一百年"奋斗目标的历史交汇点上，瞄准2035年率先实现教育现代化的宏伟目标，以及到21世纪中叶新中国成立一百年时，基本实现现代化，建成富强民主文明和谐美丽的社会主义国家的目标，教育在"一带一路"倡议、构建人类命运共同体的过程中也将发挥重要作用。

2015年，联合国提出了可持续发展目标（2015—2030），涵盖人类的延续、环境的保护、科技的共同进步、经济的连续性等目标。在此背景下，我国教育如何能帮助学生积极投身人类的未来命运？——要培养学生立足中国，实现中华民族复兴大任；放眼全球，促进全人类可持续发展。要培养学生扩展视野、展望未来，将个人发展与民族复兴、时代发展、科技进步、人类未来相结合！

（五）高等教育面临机遇与挑战

我们正处于人类社会飞速发展的时代，科技日新月异，世界不断变化，正如《大数据时代》中描述的那样，信息呈现爆炸式增长，人类存储信息的增长速度比世界经济增长速度快4倍，而计算机数据处理能力的增长速度则比世界经济增长速度快9倍[②]。

互联网、大数据、云计算、人工智能的出现，带来了知识信息的迅猛扩张，人类面临一系列关于知识学习的挑战。第一个挑战是知识爆炸带来的海量信息。按照现代课程与教学方式学习，学生无法完成海量知识信息的学习。"把一切的知识教给一切的人"这个基本的课程假设不再成立。第二个挑战是知识爆炸带来知识更新加快。按照现代课程编制与教学方式，很多知识在学校课程教学中已经被新知识淘汰。因此，现代教育的课程编制和教材开发面临新

---

① 李亭松、张洪泰、吕林海：《新时代新学习方式的利与弊——互联网时代大学生碎片化学习现状、问题与对策》，《教学研究》，2020年第2期，第3页。

② ［英］维克托·迈尔－舍恩伯格、肯尼思·库克耶：《大数据时代》，盛杨燕、周涛译，浙江人民出版社，2013年，第13页。

挑战。第三个挑战是人工智能的出现。这标志着人类现代学习方式可能被人工智能的深度学习方式超越，由此带来了现代学习方式的挑战。这些挑战意味着传统课程与教学范式已经无法适应信息时代人们的学习需求，以及社会发展要求，世界教育正在超越现代，走向未来。

二、直面巨变，未来人才必备的核心素养与能力

面对科技日新月异、信息爆炸式增长的未来，我们培养的人才应该具有哪些方面的核心素养，才能更加从容自如地面对变幻莫测的未知世界呢？

（一）中国教育现代化对未来人才素养要求

我国的第二个一百年奋斗目标，是要在2049年全面建成社会主义现代化强国。实现这一目标，教育要先行，我们的教育现代化对未来人才素养有什么要求呢？

2016年4月26日，习近平总书记在中国科技大学考察时强调："青年是国家的未来和民族的希望。希望同学们肩负时代责任，高扬理想风帆，静下心来刻苦学习，努力练好人生和事业的基本功，做有理想、有追求的大学生，做有担当、有作为的大学生，做有品质、有修养的大学生。"[1]

2018年5月2日，在北京大学师生座谈会上，习近平总书记指出："古今中外，每个国家都是按照自己的政治要求来培养人的，世界一流大学都是在服务自己国家发展中成长起来的。我国社会主义教育就是要培养社会主义建设者和接班人。"[2]

2019年2月，中共中央、国务院发布了《中国教育现代化2035》，明确提出坚持优先发展教育事业，提出了八大基本理念：更加注重以德为先、更加注重全面发展、更加注重面向人人、更加注重终身学习、更加注重因材施教、更加注重知行合一、更加注重融合发展、更加注重共建共享。

青年学生要有执着的信念、优良的品德、丰富的知识、过硬的本领。青年学生要爱国，忠于祖国，忠于人民；要立志，立鸿鹄志，做奋斗者；要求真，求真学问，练真本领；要力行，知行合一，做实干家。总而言之，就是青年学

---

[1] 李立红、郝帅：《习总书记勉励我们做"六有"大学生——习近平与大学生朋友们（二十一）》，http://news.cyol.com/yuanchuang/2020-07/16/content_18699717.htm。
[2] 习近平：《在北京大学师生座谈会上的讲话》，http://www.xinhuanet.com/politics/2018-05/03/c_1122774230.htm。

子能够坚定理想信念，练就过硬本领，成为堪当民族复兴大任的时代新人。

哈佛大学戴维·铂金斯教授在《为未知而教，为未来而学》中提道："教育者不仅仅是传递'已经打开的盒子'里面的内容，更应当是培养学生对'尚未打开的盒子'和'即将打开的盒子'里面内容的好奇心。"[①] 而要培养拥有强烈好奇心的未来人才，需关注的核心素养包括个人能力和品质、工作技能、公民意识、人际交往能力等。

（二）未来人才核心素养的国际共识

世界不同国家和国际组织也在研究未来人才的核心素养。经济合作与发展组织（OECD）提出能互动地使用工具、能自主地行动、能在异质社会团体中互动等；欧盟提出母语沟通能力、外语沟通能力、数学和科技基本素养、数字（信息）素养、学会学习、社会与公民素养、创新与企业家精神、文化意识和表现等；新加坡提出交流、合作与信息素养，批判性与创新性思维，以及公民素养、全球意识、跨文化素养等；美国提出学习与创新技能，信息、媒体与技术技能，生活与职业技能等。

2020年10月，世界经济论坛发布的《2020年未来就业报告》指出，展望2025年，预测全球就业市场最需要的10类能力：分析思维能力和创新能力，主动学习能力和学习策略，复杂问题解决能力，批判性思维和分析能力，创造力、原创性和主动性，领导力和社会影响力，技术使用、监督和控制能力，技术设计和程序设计能力，韧性、抗压性和灵活性，推理能力、解决问题的能力和思维能力。

2021年，经济合作与发展组织发布《OECD学习罗盘2030》（*OECD Learning Compass 2030*），将"能力"（Competency）作为一个包含知识、技能、态度和价值观的综合概念提出。信息化时代，随着教学方式转变，教育目标和对学生能力培养的考量重点也在不断更新、调整。

总而言之，大学的人才培养趋势将更加开放、融合，学习方式既更加多元，又更加呼唤回归育人本原的价值取向。基于此，我们认为，未来人才培养的核心素养包括三个维度：价值维度、知识技能维度、思维素养维度。

三、面向未来，打破边界是一流大学人才培养的必由之路

教育领域的变革与思考正在广泛开展，对现有教育方式进行广泛审视和对

---

① ［美］戴维·珀金斯：《为未知而教，为未来而学》，杨彦捷译，浙江人民出版社，2015年，第18页。

未来教育形态积极探究势在必行。美国密涅瓦大学建立了教学理念三层金字塔结构模型，通过全球游学和在线研讨的方式，引导学生运用学习科学原理建立自己的"整合课程"体系。美国欧林工程学院以现实问题为主题，以动手设计和制作为主，强调多学科融合和团队合作精神的培育。斯坦福大学"2025计划"则提出了"开环大学"的概念，打破传统大学限制，形成年龄结构跨度较大的混合学生校园，给予学生更宽松的时间接触和了解现实社会，打破"校内学习"和"校外工作"的界限。新加坡国立大学校长陈永财认为："世界一流的大学教育必须迅速发展，为学生准备好迎接一个更加动荡、不确定、复杂和模糊的世界……成为高度好奇的问题探索者和创造性的问题解决者，灵活并善于将不同学科联系起来，以便在快速变化和不可预测的未来取得成功。"[①]

我们认为，建设一流大学必须面对未来不确定的世界，培养具有高度灵活性与胜任力的创新型人才。为此，大学的教育应该更具前瞻性，更加注重提升学生的终身学习能力，使他们在面对世界时，更具强烈的激情和好奇心；在直面各种问题时，更具创新精神和综合素养（如图1所示）。这就要求高校教育必须打破学科边界、打破课堂边界、打破校园边界、打破文化边界，汇聚多方力量、厚植育人沃土、面向未来培养创新型人才。现以四川大学为例，作如下四个方面的分析。

价值维度	知识技能维度	思维素养维度
❶强烈的社会责任感 ❷遵守道德、规章、法律 ❸承担个人对社会发展和人类福祉应尽的责任 ❹尊重他人的权利 ❺树立正确的价值观 ❻有完善的人格	❶广度与深度并重的知识结构 ❷将碎片化的知识进行融会 ❸跨学科、多维度整合 ❹口头与书面沟通技能 ❺数字及信息技术 ❻表达与交流技能 ❼评估与分析信息的能力 ❽自主学习、深度学习、终身学习	❶批判性思维 ❷创新性思维 ❸系统性思维 ❹好奇心、想象力、共情能力 ❺灵活性与适应力 ❻跨文化理解与交流能力 ❼解决问题的综合素养

图1 "双一流"大学创新型人才能力培养

---

① 林杰、刘业青：《新加坡国立大学本科跨学科教育改革初探》，《大学与学科》，2022年第2期，第2页。

（一）打破学科边界——推进跨学科复合型人才培养

首先，秉持"涵养人文底蕴、培育家国情怀、弘扬科学精神、促进融合创新"的目标，以"两条主线、三大先导课、五大模块、百门金课"升级了新时代通识教育体系，确立了"世界科技史"和"人类文明史"两条大动脉，"人类演进与社会文明""科学进步与技术革命""中华文化（文史哲艺）"三大先导课，"人文艺术与中华文化传承""社会科学与公共责任""科学探索与生命教育""工程技术与可持续发展""国际事务与全球视野"五大通识模块，打造了100门有四川大学特色、有中国温度、有社会影响力的通识核心课程。这些通识核心课程与学科基础课程、专业核心课程一样，在建设中注重多学院、多学科合作，以"信息+""医学+"为重点，注重面向现实世界的真实问题，采用探究式、项目制、服务性等研究性学习方式，并探索制定交叉学科课程评价标准，落实跨学科课程修读全覆盖，切实提升学生面向未来的跨学科能力。

其次，通过实施首席科学家—执行主任负责制，建立以玉章书院为基础的跨学科学习共同体，建设校政企研战略合作平台等举措深化"卓越—拔尖2.0"交叉培养；积极实施本硕博贯通式培养，培养基础学科领军人才，同时将国家重大战略需求或人文社会科学亟须人才的交叉学科领域纳入跨学科贯通范畴，学校综合性大学的优势将助力学生成长成才。

在此基础上，四川大学还设置了交叉试验班、大师领衔创新班、双学士学位等跨学科人才培养项目，通过强化交叉学科研究项目、落实辅修双学位激励制度，推进跨学科复合型人才培养。

（二）打破课堂边界——深度融入大数据技术

为了让大数据技术深度融入课堂，四川大学着手建立了"教学大数据分析决策系统"——基于海量教学数据的深度挖掘，推动实现更精准、更具针对性的深度教学，让教学数据与其他校园数据活化为师生的数字孪生影像，实现学生的个性化学习和教师的精准化教学。同时，也能让管理者通过教学大数据的分析，深入了解教与学的情况，从而实现科学化的管理。具体而言，就是要让教学行为数据化，实现智能教学推荐、个性化学习路径规划、数据化决策和教学质量的多维度评价，从而让教学数据能为教学服务。

以四川大学信息化2.0作为支撑，目前正在开展建设的是"智授""智课""智为"三个子系统，能够做到课堂教学分析和学生行为分析，构建知识图谱，对教师精准教学和学生个性化学习进行指导。"智授"系统服务的用户是教师，目的是推动教学方法、教学内容和学习评价全面升级，提升教学质量；"智课"系统面向的对象是学生，能够拓展课堂教学时空，建立互动、共享、开放的学习环境；"智为"系统服务的用户是管理者，主要是为了变革教务管理方式，推动教学过程动态监测科学决策。通过数据驱动，最终能够打造智能化的学习生态，实现深度学习。

（三）打破校园边界——加强政企学研联动

一是将真实案例融入课程，这是打破校园边界的最具可行性、可操作性的教学方式。四川大学哲学系学生的"沉浸式"哲学之旅研学活动就是一个非常好的案例：同学们来到著名哲学家贺麟先生故居，体悟先哲的思辨与成长。同时学校鼓励教师基于现实社会情况跨学科组建团队，聚焦政府企业和社区的具体问题，开展创新研究和实践活动。四川大学与斯坦福大学合作开展的可持续城市系统创新研究，灾后重建与管理学院深入地震灾区汶川进行乡村振兴的主题研究等，都是极好的案例。

二是让政府、企业深度参与到教学中来，四川大学与华为公司共建了"川大—华为未来技术学院"，共同开展师资培训、共同建设课程教材、共同开发教学资源、共建协同育人等项目，培养基于昇腾、鲲鹏和华为云技术的未来人才；网络安全学院与企业共建"网安附属医院"，建设协同创新网络靶场，为学生提供真实学习情境；四川大学与成都市武侯区共建"环川大知识圈（城）"，初步形成环川大经济区、知识区、公共服务区。

（四）打破文化边界——扩大教育对外开放

从 2012 年起，四川大学开始开展"实践及国际课程周"，邀请牛津大学、哈佛大学、斯坦福大学等世界一流大学知名教授开设国际课程，并开展国际交流营，让学生不出校门、国门看世界，同时学校还开展了"大川视界"大学生访学计划、大学生全球实习实训项目；疫情期间，学校通过线上与线下结合开展了多样化的国际化教育。学校还与匹兹堡大学、华沙大学、克劳斯塔尔大学开展合作办学，通过高水平的国际合作和人文学术交流提升国际化教育的水平。不仅如此，学校还不断扩大"留学川大"品牌影响力，吸引全球约 120 个国家的青年学子留学川大，建设国际化校园，利用全球优质教育资源为学生提供面向世界、面向未来的多元化高等教育。

蔡元培先生曾说：教育者，非为已往，非为现在，而专为将来。然而，将来并不遥远，2021 年 4 月 8 日，特斯拉首席执行官马斯克发布了一段视频，显示他的脑机接口公司 Neuralink 研究新进展：他们给一只名为"Pager"的猕猴的大脑中植入芯片，猕猴在香蕉汁的激励下学会了打乒乓球游戏，现在，它无须用手操作游戏杆，仅凭借意念，无接触就能玩乒乓球游戏。那么，下一步，是不是可以将越来越成熟的脑机接口技术应用在人身上？是否我们的知识在未来无须讲授、无须学习，只需要通过脑机接口就可以将海量知识存入大脑中？到那时，教育又将是怎样的形态？

未来已来，将至已至。面向中国 2035 年教育现代化，高等教育界需要更加深度的思考和更富创新性的探索。

参考文献

[1] 李亭松，张洪泰，吕林海. 新时代新学习方式的利与弊——互联网时代大学生碎片化学习现状、问题与对策［J］. 教学研究，2020（2）：1-5.

[2]［英］维克托·迈尔-舍恩伯格，肯尼思·库克耶. 大数据时代［M］. 盛杨燕，周涛，译. 杭州：浙江人民出版社，2013.

[3] 杨黎婧. 从单数公共价值到复数公共价值："乌卡"时代的治理视角转换［J］. 中国行政管理，2021（2）：107-115.

[4]［美］戴维·珀金斯. 为未知而教，为未来而学［M］. 杨彦捷，译. 杭州：浙江人民出版社，2015.

[5] 林杰，刘业青. 新加坡国立大学本科跨学科教育改革初探［J］. 大学与学科，2022（2）：1-12.

构建中国自主的国民经济学知识体系的思考

杨 艳[*]

摘 要：构建中国自主的国民经济学知识体系在中国特色的经济学理论体系中至关重要。构建国民经济学的自主知识体系，一是必须根植于中国的经济实践，以中国为观照、以时代为观照；二是必须深化对中国经济发展和现代化进程中经济规律的认识，必须融通古往今来的国内外优秀经济思想、观念、理论和方法；三是必须落脚于培养扎根中国大地的新时代国家治理和经济管理高素质人才。

关键词：国民经济学；自主知识体系

2022年4月25日，习近平总书记在中国人民大学考察时发表重要讲话，并指出："加快构建中国特色哲学社会科学，归根结底是建构中国自主的知识体系。"中共中央办公厅印发的《国家"十四五"时期哲学社会科学发展规划》围绕贯彻落实党中央提出的加快构建中国特色哲学社会科学的战略任务，指出要加快中国特色哲学社会科学学科体系、学术体系、话语体系建设。经济学作为哲学社会科学体系的重要组成部分，在构建中国特色哲学社会科学学科体系过程中有重要意义。构建中国自主的国民经济学知识体系在中国特色的经济学理论体系中至关重要，对此笔者有以下三点思考。

一是构建国民经济学的自主知识体系，必须根植于中国的经济实践，以中国为观照、以时代为观照，立足中国实际，解决中国问题。

国民经济学是在中国经济建设和改革开放伟大历史实践中不断发展的本土化的经济学科，中国伟大成功的经济发展实践，为中国特色国民经济学学科体系、学术体系和话语体系提供了丰富的土壤和强有力的支撑。当代中国正经历着世所罕见的广泛而深刻的社会变革和宏大而独特的实践创新。这种前无古人

---

[*] 作者简介：杨艳（1971—），四川大学经济学院教授、博士生导师，主讲国民经济管理、宏观经济分析与调控等课程。

的伟大实践给国民经济学理论创新提供了肥沃的实践土壤。国民经济学紧紧围绕中国经济发展实践，用中国经济发展理论指导中国经济发展实践，不断深化对中国经济发展、中国经济体系运行的规律性认识。新时期中国经济社会发展的目标与任务和面临的风险与挑战赋予了国民经济学新的历史使命，国民经济学根据新时期经济社会发展的需要，将现代经济学的普遍原理与中国经济的具体实践相结合，具体问题具体分析，并且在此基础上进行必要的理论创新，满足中国经济社会发展进步对于理论的需求。

构建国民经济学的自主知识体系，需要将中国治国理政的具体实践提炼为理论，构建新理论，提出新成果。例如，我国的宏观调控是非常富有中国特色的，既吸收和借鉴发达国家的经验与现代宏观经济理论成果，又不盲从、不照搬，而是顺应经济环境变化，因地制宜不断调整。西方的宏观经济学主要研究增长与波动等总量问题，在中国，不只经济波动和增长，国民经济中所有具备战略性、全局性、紧迫性、普遍性的重大问题都被视为宏观经济问题，产业、区域、就业、投资项目审批等政策都属于广义的国民经济管理范畴，承担着促进重大经济结构协调和生产力布局优化等重要的改革发展任务，这比西方宏观经济学的外延和内涵要丰富得多。中国的改革开放历程具有鲜明的实践特征，但现阶段理论严重滞后于实践。在实践中逐渐形成的中国特色的宏观经济调控范式迫切需要国民经济学回答和揭示改革开放以来中国经济持续健康发展的内在机理，需要国民经济学提出完整和逻辑自洽的理论体系。这是国民经济学发展需要解决的重大问题，也是中国自主的国民经济学知识体系的核心内容。

总的来讲，构建自主的国民经济学知识体系，必须在深刻把握中国经济特色与典型化事实的基础上，厘清西方主流国际经济学的内在理论局限，并解释中国现实的困境，不断推进知识创新、理论创新、方法创新，更好回答中国之问、世界之问、人民之问、时代之问，更好彰显中国之路、中国之治、中国之理。

二是构建国民经济学的自主知识体系，必须深化对中国经济发展和现代化进程中经济规律的认识，必须融通古往今来的国内外优秀经济思想、观念、理论和方法。

新中国成立以来国民经济学的发展历程，就是一个既吸收外来又立足中国国民经济管理实际，努力开展理论创新的过程。可以将其分为三个阶段：第一阶段是1949年新中国成立到1978年。国民经济学的前身为"国民经济计划学"。新中国成立之后，经过三年的国民经济恢复期后进入大规模经济建设阶段，对接的是苏联计划经济模式，国民经济学科也就接受了苏联的计划经济理念。第二阶段是改革开放后至1998年。随着中国经济社会的高速发展，计划经济体制强调的按照行政区划和运用行政手段管理社会经济活动，割裂经济运行环节的内在联系，导致经济效率低下的诸多弊端充分暴露出来，为适应市场经济发展和时代发展要求，国民经济计划学转变为国民经济计划与管理，广泛综合了投入产出等宏观分析方法和系统论等管理思想，借鉴西方宏观经济理论，初步建立了本土化的国民经济管理体系。第三阶段是1998年至今。1998年，教育部对中国高等教育学科专业进行调整归并和规范化改革，将国民经济管理专业纳入本科招生专业目录，将国民经济学列为经济学门类中应用经济学下的第一个二级学科，国民经济学理论研究有了新突破，新时代国民经济学的发展进入新阶段。

国民经济学的研究对象是国民经济运行和管理过程的规律性，这就要求国民经济学自主体系明确国民经济运行本身和国民经济管理的规律性。由于各国政治体制、经济体制和治理方式不同，国民经济运行和管理呈现出不同的特点。中国国民经济运行既有一般规律性又有其特殊性。这要求我们深化对市场经济运行规律和社会主义发展规律的认识，积极探索中国国民经济发展和社会主义市场经济的各种经济变量之间规律性关系，并将这种规律上升为学科的一般性理论概念和原理，这是极具挑战的任务。我们需要全面审视国民经济发展的历程与外部条件，科学预见国民经济发展的基本趋势，才能使国民经济管理调控建立在更加自觉的基础之上。现代国民经济是一个复杂系统，面对其运行中产生的各种问题和前所未有的边缘性新课题，需要综合运用多学科的知识，准确把握国民经济运行和管理的规律性。

构建国民经济学的自主知识体系，应强调中国经济学发展的主体性、原创性创新，同时需要对一切有益的知识体系和研究方法进行借鉴、研究和融通集成。国民经济学在发展过程中，综合借鉴了西方宏观经济学、政治经济学、管理学、统计学等理论，整合了马克思主义的社会再生产原理与凯恩斯学派的需求管理学说等，同时牢牢把握住发展战略与规划、宏观经济调控两个宏大主题，不断总结和概括我国经济发展战略及规划的实践经验，才形成了当前国民经济学的核心命题。面对复杂的国民经济问题和现象，科学运用模型推演、数量分析等有效手段进行分析研究具有重要意义，但同时需要避免那些缺少思想性、理论性、现实性、政策参考性而片面追求数理模型方法和忽视数量模型方法的经济学意义的研究。在未来的发展中，仍然要坚持以我国经济实际为研究起点，以马克思主义为指导，融通古往今来的国内外经济学资源，才能形成和保持自己的特色优势。

三是构建国民经济学的自主知识体系，必须落脚于培养扎根中国大地的新时代国家治理和经济管理高素质人才。

构建国民经济学的自主知识体系，最终必须落脚于人才培养。国民经济学发轫于新中国经济建设的人才需求和理论指导，在改革开放时代转型为21世纪的学科，继续发挥21世纪人才培养和理论指导的作用。国民经济学应坚持以马克思主义为指导，坚持扎根中国大地，坚持培养理论基础扎实和规范分析技能兼备的综合性经济管理人才。

以四川大学国民经济管理专业为例，国民经济管理专业成立于1982年，率先在全国招收本科生，1985年招收硕士生，1997年培养博士生。四川大学国民经济管理专业是全国保留国民经济管理招生资格的8个本科专业点之一（西部唯一），是四川省国民经济管理与区域经济本科人才培养基地，2008年获批省特色专业；拥有教育部教指委委员、宝钢优秀教师特等奖获得者、教育部新世纪人才、国务院政府特殊津贴专家、省教书育人名师、四川省学术技术带头人等专家。一直以来，本专业依托四川大学强大的平台和专业负责的师资力量，吸引了大量抱有家国情怀、治理国家经济想法的年轻人加入，并通过科学的培养方案设计、课程设置、学分分布和学术训练，培养出具有扎实的经济学理论基础，掌握现代分析方法，熟悉中国经济运行与改革实践，知识面广、适应性强、多元包容，有家国情怀、系统性与综合性思维、开阔国际视野、宏观经济分析与决策能力的栋梁之材。毕业生专业认可度高，就业单位行业分布较为广泛，居于前三位的是国企、金融机构、政府部门，具体工作包括政府经济管理、投资管理、行业分析等。

四川大学国民经济管理专业于2021年获批为国家级一流本科专业建设点，始终坚持培养新时代国家治理和经济管理高素质人才的初心已任，不断完善国民经济学自主知识体系，依据经济社会发展需要，面向时代前沿，不断优化动态调整课程体系，形成适应国民经济发展需要的人才培养方案。专业建设的核心是以一流课程建设引导一流专业建设，积极打造形成覆盖专业基础课和主干课的线上、线下、线上线下混合、实践等不同类型金课。同时以前沿科研引领一流本科人才培养，激励学生参与教师科研项目，担任科研助手；坚持理论研究与应用研究相结合的科研导向；加强学生的规范化学术训练，提升学生关注现实问题、分析解释问题和解决问题的能力。我们将在一流专业建设的过程中进一步完善教学质量保障机制，进一步提升专业社会影响力。

参考文献

[1] 陈璋. 关于国民经济学学科发展问题的思考[J]. 政治经济学评论, 2015（5）:

30-46.

[2] 刘瑞. 中国国民经济学形成、演化及流派 [J]. 中国社会科学评价, 2020 (2): 26-39+157.

[3] 林木西. 国民经济学的历史沿革与研究对象 [J]. 政治经济学评论, 2016 (6): 113-130.

[4] 林毅夫. 关于中国经济学理论体系建设的思考与建议 [J]. 社会科学文摘, 2021 (12): 24-26.

高校国民经济管理专业培养模式比较分析

李雨佳*

摘　要：本文首先从培养目标、培养过程和配套资源三个方面比较分析四川大学与中国人民大学、辽宁大学、中央财经大学国民经济管理专业培养模式的异同，然后归纳总结四川大学国民经济管理专业培养模式的比较优势与未来挑战，最后为学科建设提供相关启示。

关键词：国民经济管理；专业培养模式；比较分析

一、引言

国民经济管理学是一门极具中国特色的经济学科。我国学者在这一领域做了长期、大量、深入的研究，在国民经济战略与发展、国民经济宏观调控、国民经济微观规制、国民经济统计等方面获得大量的学术和教学成果。2016年，习近平总书记在哲学社会科学工作座谈会上，强调要加快构建中国特色哲学社会科学，按照立足中国、借鉴国外，挖掘历史、把握当代，关怀人类、面向未来的思路，着力构建中国特色哲学社会科学，在指导思想、学科体系、学术体系、话语体系等方面充分体现中国特色、中国风格、中国气派。国民经济管理作为一门"本土经济学""中国特色经济学"，其学科建设对建设中国特色社会主义经济具有重要意义[①]。

1998年，教育部将"国民经济管理"列为教育部本科招生专业目录的编外专业，后转为正式专业，招生高校增加到9所[②]，其中就包括四川大学。经过20多年的发展，国民经济管理专业为社会输送了大量人才。但是随着高等

---

* 作者简介：李雨佳（1992—），四川大学经济学院讲师，主要从事国民经济管理学的教学与研究。

① 林木西：《中国特色国民经济学的建设与发展》，《经济学家》，2020年第12期，第15页。

② 刘瑞：《中国国民经济学形成、演化及流派》，《中国社会科学评价》，2020年第2期，第31页。

教育人才需求的日益个性化，就业市场对新兴专业和复合应用型人才的需求大量增加。在这一背景下，国民经济管理专业如何与时俱进、保持学科先进性，培养满足社会需求的专业人才，成为学科建设的题中之意。

因此，本文以四川大学、中国人民大学、辽宁大学、中央财经大学为例，从培养目标、培养过程和配套资源三个方面比较分析四所高校国民经济管理专业培养模式的异同，归纳总结四川大学国民经济管理专业学科培养模式的比较优势与未来挑战，为学科建设提供相关启示。

二、各高校国民经济管理专业培养模式特点

（一）培养目标

国民经济管理是研究国家经济如何发展、管理的应用型经济学科，与其他学科相比，更具有宏观性、综合性、战略性、对策性、前瞻性特点[①]。由于专业性质和社会需求，国民经济管理专业人才既要具备一定的理论深度与厚度，又要有扎实的技能应用能力。如表1所示为四川大学、中国人民大学、辽宁大学、中央财经大学四所高校国民经济管理专业培养目标。

表1 四所高校国民经济管理专业培养目标

高校	主要目标	具体内容
四川大学	高素质经济学专门人才	培养具有经世济民情怀与国际视野，掌握扎实的经济学与管理学基础知识，能熟练运用现代经济学分析方法，具有较强的宏观经济分析与决策能力，熟悉中国经济运行与改革实践现状，能继续在高等教育机构深造或在政府部门和企事业单位从事经济分析与决策等工作的高素质经济学专门人才
中国人民大学	应用性复合型人才	培养掌握经济学基础理论知识，熟悉我国经济社会发展战略与规划、经济政策和经济管理实践，了解国民经济动态，能够独立从事经济政策分析和解决实际经济问题的高素质人才
辽宁大学	高素质专业人才	培养学生具备扎实的国民经济管理理论基础，熟练掌握和运用现代统计理论和方法，在国民经济管理领域具有较强的数据收集、分析和处理能力，系统的认知能力，团队协作能力，以及具有良好的专业素养

---

① 李锐、刘倩：《国民经济学学科培养模式分析——基于人大与中南财大的对比》，《现代商贸工业》，2015年第13期，第141页。

续表1

高校	主要目标	具体内容
中央财经大学	综合性复合型人才	培养具备比较扎实的现代经济学基础理论和国民经济管理基本理论，比较熟练地掌握宏观和微观经济运行分析方法，了解市场和企业运行的原理，了解政府经济政策，能在各级综合经济管理部门和财政金融部门、政策研究单位、企事业单位从事规划、管理和其他业务工作的综合性复合型人才

由表1可见，四所高校都强调培养复合型人才，即专业人才既要具备扎实的理论基础，同时又要有雄厚的实践应用能力。但是不同学校在具体目标方面存在一定差异，如四川大学和中国人民大学提出专业人才在政策分析和决策支持方面的能力要求，辽宁大学提出专业人才在数据处理和分析能力方面的要求，中央财经大学提出专业人才应熟练掌握微观经济运行的分析方法。可以发现，各高校国民经济管理专业的培养目标既体现了专业的自身特性和市场的人才需求，也体现了不同学校的优势、条件等。

（二）培养过程

培养过程是为实现培养目标而进行的整个教育过程。四川大学国民经济管理的专业核心课程包括微观经济学、宏观经济学、政治经济学、计量经济学、财政学、金融学、会计学、统计学、国民经济管理、人力资源管理、国民经济核算、国民经济管理前沿研究、发展经济学、宏观经济分析模型与方法、证券投资学、管理学、运筹学等，涵盖经济学基础课程、管理学基础课程、技术分析方法课程，以及国民经济管理相关核心课程。国民经济管理专业学生在一至二年级侧重学习基础课程内容，在打好专业基础的同时培养一定的经济学直觉；在三至四年级，则学习国民经济管理相关的核心课程，完成专业的系统训练。四所高校国民经济管理专业的培养目标存在一定差异，因而其课程设置上也有所不同，但总体而言，四所高校的专业课程都涉及经济学基础课程、管理学基础课程、技术分析方法课程，以及国民经济管理相关核心课程。除了一般的课程设置之外，四所高校在培养过程中根据本校的资源条件做出了不同的尝试与创新并形成自身特色，详细内容见表2。

表2 四所高校国民经济管理专业培养过程特色

高校	特色	具体内容
四川大学	背靠科研探索式教学	培养学生综合运用国民经济管理、国民经济核算、国民经济管理前沿研究等专业核心课程知识，选定研究主题，整理搜集相关资料，进行系统科研训练
中国人民大学	层次最齐全、规模最大	在高校中专业建立最早、人才培养层次最齐全、人才培养规模最大
辽宁大学	"互联网+"教育	建设"国民经济管理学"精品在线开放课程
中央财经大学	"通识教育+专业特色"	探索"通识教育+专业特色"的培养模式，推行学科交叉、文理交融培养，构建低年级实施通识基础教育与大类基础教育，高年级实施宽口径专业教育和跨学科学习的新模式

四川大学国民经济管理专业的系统科研训练是培养过程中的特色。在这一培养过程中，引导学生综合运用国民经济管理、国民经济核算、国民经济管理前沿研究等专业核心课程的知识，以国民经济管理学的眼光，运用国民经济统计学的方法，分析国民经济热点问题，追踪国民经济前沿研究，形成规范、严谨的学术论文或研究报告，提高专业学生的宏观经济分析与决策能力，为进一步深造或就业打好基础，实现"研究—讨论—实践"的完整训练过程。中国人民大学国民经济管理专业在高校中专业建立最早、人才培养层次最齐全、人才培养规模最大，培养过程中能较好地发挥出规模效益。辽宁大学"发现一门好课：国民经济管理学"是全国第一个同门课程的在线开放课程，这是其在专业培养过程中运用"互联网+"技术发挥数字教育优势的表现，有助于扩大国民经济管理相关知识受众面。中央财经大学在对不同年级国民经济管理专业学生的培养过程中体现出了层次性和梯度性，同时将通识教育与专业特色相结合，有助于国民经济管理专业学生尽快形成综合平衡和概念性思维。

（三）配套资源

如前所述，与国内的其他经济学科相比，我国的国民经济管理学科具有明显的本土性特征，因此在编撰相关教材时集合了国内许多高校学者，共同完成。如在1982年，北京大学、复旦大学、山东大学、辽宁大学、中央党校等共12所高等院校21位学者集体编写了《国民经济管理概论》[1]。进入21世纪，

---

[1] 刘瑞：《中国国民经济学形成、演化及流派》，《中国社会科学评价》，2020年第2期，第31页。

辽宁大学与中央财经大学的"面向 21 世纪国民经济管理课程"系列教材陆续问世，这套教材同时汇聚了中国人民大学、辽宁大学、中央财经大学、四川大学、江西财经大学、中南财经政法大学、山西财经大学众多学者的研究成果。国民经济学科历史虽短但发展较快，此后，出版了一系列教材并初步形成了较为清晰的教材体系，因而各高校在使用教材展开教学时也有充足的选择空间；但与此同时也面临着一些难题，如教材难度的层次和梯度不清晰，部分教材可同时用于本科与研究生教学等。除此之外，中国国民经济学不同学科流派的观点存在明显差异，这些差异也体现在了教材内容上，这会对国民经济管理初学者形成一定的挑战。总体而言，四所高校面临的教材资源优势与挑战具有一定的共性。

除教材之外，师资也是学科建设过程中的重要资源。国民经济管理专业立足培养应用型人才、综合型人才、交叉学科人才，这种宏观性、综合性、对策性就要求集聚集体智慧，将教师指导模式由"单人教师指导"转变为"团队指导"。四川大学国民经济管理的系统科研训练就体现了这一特征。在学生完成经济学基础课程的学习之后，由国民经济管理教师团队引导学生综合运用国民经济管理、国民经济核算、国民经济管理前沿研究等专业核心课程的知识与教师资源，展开系统完整的科研训练。辽宁大学"国民经济管理学"在线开放课程的打造也体现了这一点，其教学团队集合了专业中众多优秀师资，各教师通过分工合作通力完成品牌课程的打造。中国人民大学国民经济管理系下设经济波动与宏观政策教研室、经济发展与经济结构教研室、国防经济与安全教研室，不同研究专长的教师可从不同方面提高学生宏观经济分析能力和实践应用能力。

三、四川大学国民经济管理专业培养模式的比较优势与未来挑战

四川大学国民经济管理专业成立于 1982 年，经过几十年的发展，培养了一大批深耕于国民经济管理理论研究和实践应用的高素质人才。国民经济管理专业持续推动课堂教学改革和一流课程建设，其专业培养模式也逐渐在国内同专业中体现出一定的特色。

与中国人民大学、辽宁大学、中央财经大学在专业培养模式方面进行比较分析，可以发现，四川大学国民经济管理专业的培养模式具有以下优势：

（1）可以发挥综合性大学多学科优势。国民经济管理学科的宏观性、综合

性、战略性等特征非常鲜明，专业培养目标也强调人才的复合性。因此在人才培养的过程中，四川大学国民经济管理专业能够与校内其他学科进行充分的交流、探讨与合作，进而推进学科的持续发展。此外，在本文比较分析的几所学校中，中国人民大学、辽宁大学也是综合性大学，这两所学校在优化调整专业培养模式中的一些实践努力也可作为经验借鉴。

（2）形成背靠科研探索式教学模式。通过多年的探索与实践，四川大学国民经济管理专业建立起"研究—讨论—实践"的系统科研训练体系，形成背靠科研探索式教学模式。这一模式有两方面助益：一是帮助学生形成综合平衡和概念性思维。因为在这一训练过程中，国民经济管理专业教师团队将引导学生充分运用国民经济管理、国民经济核算、国民经济管理前沿研究等专业核心课程的知识，从全局出发，用国民经济管理学的思维和方法深入分析国民经济总量与结构、总体平衡与局部平衡、不同区域之间、不同产业之间、不同政策之间的各个问题。二是能够充分发挥不同教师的研究专长。国民经济管理学科综合性强，不同教师的研究兴趣与专长存在差异，推进这一教学模式可以充分整合各个教师的优势与专长，进而发挥出规模效益，推进学科的可持续发展。

除此之外，应认识到四川大学国民经济管理专业建设面临着挑战，这一挑战与国民经济学科发展相关。前文已说明，国民经济管理学科尤其具有综合性特征，人才培养目标也侧重复合型人才。就目前来看，国民经济学科发展面临着边界模糊、与国内其他学科分工不明确的问题[1]。随着经济学科的愈加细化，建设优势互补、专业知识强强联合的教师团队势必能为国民经济管理学科的持续发展注入动力，但是，在这其中仍然需要专业教师以国民经济管理的眼光、运用综合平衡和概念性思维等方式来系统性地将不同教学资源和学科研究成果放在一个总体框架中加以整合，以此形成区别于其他学科的科研和教学成果，推动国民经济管理专业的蓬勃发展。

四、结论与启示

本文首先从培养目标、培养过程和配套资源三个方面比较分析四川大学与中国人民大学、辽宁大学、中央财经大学国民经济管理专业培养模式的异同，然后归纳总结四川大学国民经济管理专业培养模式的比较优势与未来挑战。

---

[1] 杨青龙、李杏：《国民经济学学科建设的困境与出路》，《中国大学教学》，2016年第4期，第21页。

基于前述分析，本文认为要优化国民经济专业培养模式、推进国民经济管理学科持续发展，还需进一步推进国民经济学科基础理论的学术研究。国民经济管理学与宏观经济学、财政学、金融学、产业经济学、国际贸易学等有着一定的相关性，学科教师团队中不同教师在不同研究方向上展开了深入的研究，但是如何基于国民经济管理思维将研究的不同方面进行有效整合仍然是开发集体智慧、发挥规模效益的重难点。因此，本文认为在推进国民经济管理专业培养模式持续优化的同时，也应加强学科理论研究的推进与创新，实现教学与科研的相互促进。

参考文献

[1] 林木西. 中国特色国民经济学的建设与发展 [J]. 经济学家，2020 (12)：15—23.

[2] 刘瑞. 中国国民经济学形成、演化及流派 [J]. 中国社会科学评价，2020 (2)：26—39+157.

[3] 杨青龙，李杏. 国民经济学学科建设的困境与出路 [J]. 中国大学教学，2016 (4)：21—26.

[4] 李锐，刘倩. 国民经济学学科培养模式分析——基于人大与中南财大的对比 [J]. 现代商贸工业，2015 (13)：141—143.

我国研究型大学财经本科生教育的现状与展望

王文甫[*]

摘　要：研究型大学是培养高层次创新人才、具有高水平科研能力、教学与科研紧密结合的大学，但目前部分研究型大学过分重视科研工作，而忽视教学工作。本文就研究型大学的财经本科生教育特点以及研究型大学本科生教育的定位等方面进行分析，最后加以总结。

关键词：研究型大学；本科生教育；本科生教育的定位

研究型大学是培养高层次创新人才、具有高水平科研能力、教学与科研紧密结合的大学。当前，我国正在建设研究型大学，这是国家发展、经济腾飞的需要，是我国经济高质量发展的需要，是赶上发达国家经济发展水平的需要，也是一所大学自身发展的定位要求。当下，中国经济发展进入新阶段，财经类院校的本科生教育内容也要随之改变，与时俱进，按照新文科、新财经的理念去开设财经类课程。目前，部分研究型大学过分重视科研工作，忽视教学工作。本文从研究型大学的本科生教育特点以及研究型大学本科生教育的定位等方面进行分析，最后加以总结。

一、研究型大学本科生教育的特点

研究型大学以本科生教育为主，本科生教育是整个大学教育的核心部分。较之非研究型大学来说，研究型大学的本科生教育更多地体现为宽广的知识面和创新性，具有下列不同于非研究型大学的一些特点。

---

[*] 作者简介：王文甫（1970—），四川大学经济学院教授、经济学博士，主要从事宏观经济、货币政策、货币与财政政策协调、经济不确定性教学与研究。

（一）基础知识宽厚、创新思维、自主探索是研究型大学的本科生培养目标

研究型大学本科生教育的基础地位及研究型大学的特征，决定了其本科生教育目标应是培养基础知识宽厚、创新意识强烈、自主探索能力强的人才。这些人应具有宽广的学识，具有足以传达其清晰思维和语言功底的交流技能和动手能力，富有探索精神并渴望解决问题。他们毕业后，或成为高层次教育的生源，或由于具有探究的动力和非凡的智慧而具有很强的"后劲"，能够在从事工作若干年后创造出卓越成绩，贡献社会，实现他们的个人价值和社会价值。

（二）基于研究的教学模式是研究型大学的本科生教学特点

这种模式要求教学应是一种综合的、探究式的活动，特别是开设一些研讨课。著名德国物理学家海森堡有一句名言："科学扎根于讨论。"部分高等学校本科生研讨活动较少，学生思维不活跃，学生成长以及创新能力相对后劲不足，这样不利于国家提倡的创新和创业的发展，也不利于我国成为一个创新型的国家。因此，学校的课程体系应有意识地打破学科之间的壁垒，使学生的课程学习能在不同学科的交流环境中得到融合、启示。学校的招生培养应是大平台模式，即实行不分专业的学科招生，在培养中实行两段式的培养模式，设置大平台课程体系，进行平台式教学。同时，在专业和课程设置上，应充分考虑学生的毕业去向，经常对课程进行调整，以培养学生的创造性；在教学上，要注意因材施教，强调学生个性发展，注意启发学生独立思考，倡导学生提出与教师不同的见解。一句话，要营造民主的教学氛围，促进师生互动、双向交流。

（三）导师制和完全学分制是研究型大学的本科生教学管理模式

研究型大学的本科生教育是以研究为基础的学习模式，其教学要求采取以问题为基础的学习方式，让本科生参与研究过程，并得到导师的指导。因此，要求学校的管理模式既能为学生提供能够拥有宽广的知识面的条件，又能启发其创新思维。设立导师制，并且实行完全学分制，应是研究型大学优选的教学管理模式。

（四）强烈的探究精神和学术价值是研究型大学的学术氛围

从根本上说，研究型大学首先表现为一种精神气质，学术取向、研究自由

是研究型大学的灵魂，是科学和创造的源泉。因此，研究型大学应该营造一种产出高水平科研成果的学术氛围。英国著名哲学家怀特海对研究型大学的论述，表明了这一点，他认为大学之所以存在，不在于传授给学生的知识，也不在于提供给教师的研究机会，而在于在富于想象地探讨学问中把年轻人和老一辈联合起来。由积极的想象所产生的激动气氛转化为知识。在这种气氛中，一件事实就不再是一件事实，而被赋予了不可言状的潜力。研究型大学的这种研究氛围有利于创新意识的培养。

二、研究型大学本科生教育的定位

（一）摆正研究型大学本科生教育的位置

研究型大学承担着科学研究和人才培养的双重任务，但在教学和科研孰轻孰重的问题上，研究型大学多数都偏向科研，来自社会和学校内部的评估、评价标准主要是科研成果，这种导向机制使教学与科研相脱离。教学是大学的一项基本职能，是本科生培养的主要方式之一，本科生教育的质量同样决定着研究型大学的水平。大学作为人才培养的主要机构，不能失去其存在的本质意义。因此，研究型大学要给予教学和科研一样的地位，要使教师和学生认识到科学研究与本科生教育之间的相互促进关系：本科生教育形式和内容决定着本科生教育的生源质量，科学研究对本科生教育在改革培养方式、活跃学术氛围、建设师资队伍等方面能起到促进作用。研究型大学的研究特性又决定了本科生教育的特殊性：研究型大学能为本科生教育提供丰富的智力和学科资源，为学生智力和创造力的发展提供了有利条件，使教学与科研相结合，形成具有研究特色的本科生教育。只有明确了研究型大学本科生教育的重要地位和特殊性，才能更好地改革和发展本科生教育。

（二）革新通识教育的内容

课程是教学内容的载体，关系到人才培养的质量，单一的专业课程设置显然已不能适应当今社会瞬息万变的形势。在课程内容上，应增加通识教育的内容，跨学科开设课程。虽然现在对通识教育和专业教育何者为重还存在争论，但我们应该明确两者的结合才是正确的选择，尤其在低年级，应该让学生打下宽厚的知识基础。通识教育的缺乏会造成学生知识结构单一。至于两者的比例，还要根据学科自身发展的规律和学生的学习年限来分配，过多的通识教育对学生将来从事某一专门的职业来说有一定的影响,甚至会影响学生掌握知识的深度。基于此,以通识教育为主的研究型大学正试图减少通识专业教育的内容。跨学科开设课程是基于学科分化、综合发展的趋势和人类解决复杂问题的需要而提出的,因此要打破院系之间的分离,消除学科之间的障碍。

(三) 加强经济思想史、经济史的课程学习

现在,研究技术知识的学科迅速发展,比如,统计学、计算机编程、计量经济学,但本科生课程设置缺乏思想性。为弥补这些不足,可以加强学生对经济思想史的学习和讨论。另外,现在财经院校开设的课程,往往只见树木,不见森林,学生学习了课程的基本概念和基本理论,却并不知道理论背景和理论渊源,为此,大学对财经类学生,要开设经济思想史和经济史的课程,让学生知道人类经济发展的过程,以及经济学产生、发展的脉络和理论的渊源。

(四) 教学与科研相结合,开展以研究和探索为基础的教学

长期以来,我国的教学模式都是以单向的传播知识为主,学生处于被动接受地位,缺乏对学生创造性思维的开发和训练。以研究和探索为基础的教学模式能够为学生提供科学研究的机会,教师能够将其科研的经验和发现、解决问题的思维及方法融合到教学中,传授给学生。科学研究能够激发学生对学科的兴趣,开发创造性思维,锻炼实际操作的能力,弥补传统教学方式的不足。此外,围绕某一专题进行的讨论会、学术交流会、学术讲座、学术报告等都是培养学生的方式。总之,教学与科研在育人的功能上应该结合起来,充分利用研究型大学的物质资源和智力资源探索灵活多样的教学方式,凡是能激发学生创造力和想象力的方式都可以尝试。

(五) 加强交流,营造良好的合作氛围

在我国部分高校,学生不能清晰流利地表达思想已经成为本科生教育一个亟待解决的问题,然而,解释的能力、传递信息的能力、浓缩资料的能力对任何职业都是不可或缺的。因此,在本科生教育中要加强交流和沟通能力的培养,将交流和沟通技能与课程学习结合起来。当下本科生平均写作能力一般,甚至有的学生学习能力差,而且很多大学没有开设写作课,因此加强写作课的训练非常必要,通过常规的写作和表达训练强化学生的交流和沟通技能。研究型大学应该利用自身优势加强本科生之间的沟通和交流,本科生能够在同伴的带动下熟悉、了解关于科研的知识和技巧,培养对科研的兴趣,同时本科生在

指导同伴的过程中也能提高自身的素质。院系之间应该通过学科的相关性建立一种合作关系，联合培养人才，以学术精神为导向，营造良好的学术氛围。研究型大学要加强与外界的联系与合作，进行国际化的人才交流和学术交流，相互学习借鉴，使本科生能够感受到大学浓厚的学术氛围和良好的合作关系，在潜移默化中受到熏陶和影响。

（六）教学和调研相结合

中国改革开放40多年来，取得的经济成就是世人所瞩目的，中国实践是鲜活的，中国有一些经济问题和经济现象是书本上的理论解释不了的。为此，要适当地给学生开设第二课堂，教师带着学生到实务部门，如政府和企业单位进行调研，使学生用自己所学到的知识体系创新性地理解中国的现实问题。大学也可以邀请政府部门工作人员和企业管理者到学校，如给财政类学生开设课程或做讲座，增加学生对中国现实问题的深入理解。

三、结语

研究型大学是培养高层次创新人才、具有高水平科研能力、教学与科研紧密结合的大学，但目前部分研究型大学过分重视科研工作，忽视教学工作，特别是本科生教学工作。本文从研究型大学本科生教育的基础地位和研究型大学的含义，得出研究型大学的本科生教育目标应体现以下几个方面的内容：学生具有宽厚知识、专业知识基础扎实、创新思维、自学能力、自主探索能力，基于研究的研讨模式，导师制和完全学分制相结合，强烈追求的学术精神。研究型大学本科生教育目标应在以下方面加强：摆正研究型大学本科生教育的位置；革新课程设置，增加通识教育的内容；建立教学与科研相结合的教学模式；加强学术交流，营造良好的研究合作氛围。通过以上本科生教育模式，我们才能培养出有情怀、基础扎实、运用研究技术能力强、研究思维强的本科生，这样他们才能把文章写到祖国大地上，讲好中国经济故事，从而创新性地提出中国经济学理论。

参考文献

[1] 崔保师，邓友超，万作芳，等. 扭转教育功利化倾向 [J]. 教育研究，2020（8）：4—17.

[2] 郭书剑，王建华. "双一流"建设背景下我国大学高层次人才引进政策分析 [J]. 现代大学教育，2017（4）：82—90.

[3] 薛成龙，邬大光. 论学分制的本质与功能——兼论学分制与教学资源配置的相关性

[J]. 北京大学教育评论,2007（3）：138-156.

[4] 龚放. 大学"师生共同体"：概念辨析与现实重构[J]. 中国高教研究,2016（12）：6-10.

[5] 李斐. 论我国高校教学与科研关系的演变与协调发展[J]. 高校教育管理,2015（1）：1-5.

[6] 张忠华. 论影响我国大学教学模式变革的因素及对策[J]. 河北师范大学学报（教育科学版）,2011（8）：5-11.

[7] 眭依凡. 大学：如何培养创新型人才——兼谈美国著名大学的成功经验[J]. 中国高教研究,2006（12）：3-9.

理论联系实际

——依托"一流"学科建设,培养"一流人才"的教学探索

邓 丽[*]

摘 要:为有效解决课程基础薄弱化、实现课程基础扎实化,解决研究知识结构单一化、实现知识结构体系化,解决专业融合割裂化、实现专业优势特色化,解决人才培养同质化、实现人才培养精英化,本文从教育教学理念的三大构建入手,通过"课程、能力、过程"的三大贯通,形成价值观与专业教学相辅相成的教育新定位,形成综合能力与专业能力全面提升的人才培养新体系,形成形式多样与注重实践实训的立体化教育教学新模式,形成"课程建设—专业融合—人才培养"的师生共同参与的新局面,让"一流课程建设成效"转变成"一流教育教学成果",有效突破教育教学中的壁垒,凸显"一流人才培养"理念。

关键词:一流;学科;人才;教学

为有效解决课程基础薄弱化、实现课程基础扎实化,解决研究知识结构单一化、实现知识结构体系化,解决专业融合割裂化、实现专业优势特色化,解决人才培养同质化、实现人才培养精英化,学校通过进一步加强和完善课程建设体系,在教学中理论联系实际,将科学研究、社会服务、国家合作交流等方面的政策和措施结合起来,形成一个以人才培养为中心的各项工作紧密结合的有机整体。教学着眼于从"优秀学生"的塑造走向"一流人才"的成长教育理念,实施"贯通基础,专业融合,精英培养"的教育方案,即以课程体系建设贯通、核心基础能力贯通、人才培养构建过程贯通,促进教学改革、线上线下、资源共享等与育人的有效协同,坚持以系列精品主题教育为载体的高端化和以世界知名大学深造为导向的一流化的联动,大力提升人文社会科学专业学

---

[*] 作者简介:邓丽(1980—),经济学博士,四川大学经济学院副教授、硕士生导师,主要从事区域经济学的教学与研究。

生的综合素质，协同完成人文社会科学专业培养和高层次人才综合素质培养两大目标，实现从一流教学向一流教育转型。多年来通过专业课教学，教师带领学生参加实习实践，辅导学生参加各级各类竞赛。学院教师在参与教学的过程中初步探索了以下一些切实可行的做法。

一、构建解决教学问题的方法

（一）教育教学理念的三大构建

一是重塑人才培养的聚焦度，将视野放置到对世界、对人类、对未来的高度关注。通过理论联系实际的方法，学生跳出传统思维，更多地思考经济社会的现实问题，思考国际经济政治局面的风云变化。在教学中，教师要引导和培养学生参与、影响和引领未来全球事务的能力和胆识，积极储备和练就未来的国际竞争力和领导力。

二是把"一流"当作一种"理念、状态、标准和要求"，着眼于从"优秀学生"的塑造走向"一流学生"的成长。一流的学生是一流大学的根本特征，学院要坚持一流的教学目标和导向，让"一流"自然成为一种自信和自觉，并贯彻落实在人才培养的思想上、实践中。

三是始终坚持一个中心：以促进学生全面发展、健康成长成才为中心。这是教育教学工作的出发点和落脚点。

（二）"课程、能力、过程"的三大贯通

1. 融入一流课程体系建设

一是着力于专业课程与关联课程融会贯通。教师积极利用教学信息化资源，如功能齐全的多媒体教室，包括多功能一体机、数据仓库与智能代理处理平台、图像采编播成套设备、可视化软件等，为学生提供一流的课程教学。同时，教师依托学院优势课程基础，找准学生成长"渴望点""需求点"，对众多课程资源进行汇聚、分类、集成、建模，将教学活动置于课堂教学、实践创新教学、实验教学、社会共享教学四大模块，实施同行专家信息库共享，推行校外知名教授讲学常态化，贯通"知识点→知识单元→知识系统"课程内容体系构建。

二是着力于课程与基础素养贯通。课程建设与基础素养培育密切关联，在课程设置中适时、适量增添"能量点"，以动态适应社会需求、主体发展变化、

育人环境变迁，明细每门课程在设置中的职能，构建精细化课程体系。

三是改革社会实践教学资源体系，强化学生的实习和实践。学院与政府部门、企事业单位开展广泛的教学科研、实习实践相关的活动，例如，带领学生深入参与四川大学对口帮扶甘洛县活动，让学生切身感受，将经济学、管理学理论知识与现实相结合，实现知识融会贯通。

2. 着眼于学生能力提升

学院通过建立新型师生关系，增进师生交流，弥补学生的"薄弱点"，找到学生成长的"突破点"促进教学相长。学院实施教授见面制、本科生班主任制，积极利用全天开放的师生研讨室，形成学生天天可进讨论室、周周可与教授切磋、月月可与导师研讨、年年都有课题参与的良好氛围。

（1）创新创业：融入"国—省—校—院"四级创新创业体系，层层孵化竞赛成果。从院级科创中心开展讲座、发布课题、校级创新创业课题申报、参与、参加校级创新创业类竞赛、省级创新创业类竞赛，到参加全国"挑战杯"和"创青春"创新创业类竞赛，教师积极带领学生参与四级创新创业体系，覆盖各个基础层面的学生，使创新意识培养深入每位学生。

（2）网络运用：实施"四个依托"，强化师生网络参与主动性及成效性。依托学院国家级精品课程和国家公开视频课的建设，强化专业课程的网络覆盖面和影响力；依托班级学习QQ群、微信群等网上信息反馈，实现网上网下互动结合。

3. 人才培养构建过程贯通

首先，通过大力推进专业课程教学思政，强化学生世界观、人生观、价值观的正确导向。其次，构建"三层演进"：温润——"入门"（把学生引入专业课程学习中）、湿润——"塑造"（让学生在专业融合的氛围中体验、锻造）、浸润——"内化"（最大限度地发挥学生主体作用，在成长成才的过程中反思和提升）。最后，通过简单到复杂、低级向高级、外在向内在的递进式发展过程，实现育人"认知、认同、践行"一体化。

二、教学中的一些创新点

（一）形成价值观与专业教学相辅相成的教育新定位

学院为实现培养社会主义接班人的伟大目标，将价值观引领融入专业教学，在专业课教学中弘扬社会主义核心价值观。学院为培养未来社会具有领导力的社会引领者、开创者、建设者，将课程建设、能力培育、过程培养有效贯通，推动课程建设定位从单一到系统、从狭隘到开放的升华，融入和支撑了一批精品课程，既满足本专业学生的专业学习需求，又满足理工科学生人文素养提升的需求；通过夯实一流体系课程建设，更着眼于培养具有未来国际竞争力和领导力的"一流学生"成长。

（二）形成综合能力与专业能力全面提升的人才培养新体系

学院整合了一流的教学力量，课程设计系统精良，构建了一个经济学基础理论与管理学理论相结合，理论推演能力与现实分析能力相结合的立体化、多维度、跨学科完整的课程体系。

（三）形成形式多样与注重实践实训的立体化教育教学新模式

学院高度重视教学方法改革，形成了网络教学、案例教学、实习实训相结合的立体化教育教学新模式，大力引导学生积极参加各类校园活动、实习实践和志愿服务，提高自身综合素质和实践能力。

（四）形成"课程建设—专业融合—人才培养"的师生共同参与的新局面

学院开展名著导读、科研兴趣、创新创业小课题、统计调查月等活动，实施教授挂牌见面制，本科生班主任制、导师制，建立教师工作坊，全天开放文科实验室，实现教师100%参与指导，形成学生周周可与教授切磋、月月可与导师研讨、年年都有课题参与的良好氛围。

三、推广应用效果

（一）强化课程建设牵引，让"一流课程建设成效"转变成"一流教育教学成果"

学院形成了一系列一流课程，构建了一流课程体系，这些一流的课程建设不仅有效满足了本校文科学生的专业学习需求，极大地提升了理工科学生的人文素养，还实现了服务和辐射同行高校的教育效用，更是将教学成效提炼共享成为四川省教育教学成果一、二等奖。

（二）"三层演进"的贯通与融合，有效突破教育教学中的壁垒，凸显"一流人才培养"理念

学院本科学生继续深造率不断提高，其中，相当多的学生进入世界排名前100名的世界名校深造，在校生短期出国交流比例达25%。学院学生团体和个人在全国"挑战杯"大赛、全国大学生英语竞赛等比赛中不断刷新学院在各个竞赛领域的历史，学生的综合素质再上新台阶。

参考文献

[1] 李言荣. 对建设一流本科教育的思考 [J]. 中国大学教学，2019（9）：4—6.

[2] 谢和平. 让川大精神与世界一流大学建设同行 [J]. 四川大学学报（哲学社会科学版），2016（6）：9—12.

[3] 雷洪德. 中国院校研究案例（第四辑）[M]. 武汉：华中科技大学出版社，2015.

[4] 陈吉宁. 全面深化教育教学改革 大力提升人才培养质量 [J]. 清华大学教育研究，2014（6）：1—5.

[5] 项国雄. "立德树人"理念下的教师教育实验教学平台建设实践探索 [J]. 中国大学教学，2014（2）：75—79.

[6] 谢矜，王有强. 清华大学公共管理学院的人才培养模式探索 [J]. 中国大学教学，2018（7）：42—49.

[7] 曹国永. 高校建设"两个一流"应注重四个坚持 [J]. 内蒙古工业大学学报（社会科学版），2016（1）：118.

新文科背景下财政学专业人才培养模式改革探讨

邓菊秋[*]

摘　要：现代信息技术飞速发展对人才培养目标和模式提出了新的要求。在新文科建设的背景下，要构建以育人育才为中心的哲学社会科学发展新格局，促进专业优化，着力建好课程，推动模式创新。财政学专业的课程设置上，要注重文理工交叉，发挥综合性大学的优势；教学内容上，要注重理论与实践相结合；教学方法上，要将理论分析与案例分析相结合，以科研带动人才培养，进而培养出具有哲学伦理素养和科学精神、拥有大数据信息处理能力的财政管理高级人才。

关键词：新文科；财政学；专业；人才培养；模式

现代信息技术的发展深刻影响着社会的方方面面。世界正在变化，教育也必须改变，需要以新的教育形式培养当今和未来社会需要的人才。2021年4月19日，习近平总书记在清华大学考察时提出："建设一流大学，关键是要不断提高人才培养质量……要用好学科交叉融合的'催化剂'，加强基础学科培养能力，打破学科专业壁垒，对现有学科专业体系进行调整升级，瞄准科技前沿和关键领域，推进新工科、新医科、新农科、新文科建设，加快培养紧缺人才。"新文科建设的根本目标是构建中国特色哲学社会科学，提升中国文化软实力，即坚持以习近平新时代中国特色社会主义思想为指导，构建中国特色、中国风格、中国气派的哲学社会科学。新文科建设要立足新时代，回应新需求，突破传统思维范式，继承创新，交叉融合，协同共享，要融入新理念、新价值、新文化、新元素。新文科建设目标是培养时代新人，提升国家形象。在新文科建设的背景下，财政学专业要培养具备哲学伦理素养、系统掌握现代经

---

[*] 作者简介：邓菊秋（1968—），四川大学经济学院教授、博士生导师，主要从事财政学的教学与研究。

济学理论与方法、具有科学精神和理性思维、具备大数据信息处理能力、能够胜任在政府部门从事行政管理的财经高级管理人才。培养这样的人才，就要求学科的融合交叉，增加基础学科的理论和方法，加强数理基础和实践教学。新文科背景下，专业建设的主要抓手是专业优化、课程提升和教学模式创新。

一、新文科对人才培养模式提出了新的要求

（一）构建以育人育才为中心的哲学社会科学发展新格局

新文科就是文科教育的创新发展，培养知中国、爱中国、堪当民族复兴大任的新时代文科人才，培育新时代社会科学家，构建哲学社会科学中国学派，创造光耀时代、光耀世界的中华文化。知识性和价值性相统一是哲学社会科学的命脉。新文科建设的根本要求是价值引领，要构建以育人育才为中心的哲学社会科学发展新格局，建立健全学生、学术、学科一体的综合发展体系，不断增强民族自信心、自主性和自豪感，必须坚持以马克思主义为指导，坚持和发展中国特色社会主义。新文科建设立足中国国情、扎根中国大地，用习近平新时代中国特色社会主义思想铸魂育人。这就要求学生不仅要学习修身铸魂的"文史哲"、治国理政的"经管法"，还要学习美人化人的艺术学和现代科学技术。

（二）促进专业优化

高校的专业建设要主动服务国家软实力提升和文化繁荣发展，要牢固树立质量意识、标准意识、国家意识，加快专业布局优化调整，加强文科专业现代化建设，打造一批适应时代发展需要的新文科专业和特色专业或微专业，形成系统的新文科专业体系。高校以"双万计划"为契机，以新文科引领一流专业建设，推进文史哲经"强基计划"和"拔尖基地"建设，打造文科拔尖学生培养高地，支撑哲学社会科学中国学派建设。财政学专业具有鲜明的价值引领和国家特色，是国家治理的基础和重要支柱。财政学专业的优化要根据学校自身办学定位和办学特色优化专业结构，设置新专业的底线要求，严格落实《财政学专业国家标准》，达不到国家标准的专业必须调整。

（三）着力建好课程

高校金课建设以"双万计划"为契机，打造一批新文科金课。同时，抓好

新文科教材建设，推进马克思主义理论研究和建设工程教材使用，支持中国特色教材编辑出版，推动习近平新时代中国特色社会主义理论进教材、进课堂、进头脑。高校以新文科理念新增和提升一批通识课程，充分体现融合化时代性特征，彰显文科独特育人功能，充分反映中国特色财政理论创新的最新成果，提高教育教学的时代性、学术性和针对性，同时，将中国改革开放财政领域伟大实践的最新成果及时转化融入教育教学，将技术的革命、教学手段方法的创新及时应用到教育教学中。

（四）推动模式创新

新文科建设，推动高校培养模式创新，打破学校壁垒，以更加密切的校际合作服务学生成长成才；打破学科壁垒，以更加广泛灵活的人文社科融合及文理、文工、文医、文农交叉融合，着力培养复合型创新性人才；打破学制壁垒，有条件的高校要以"强基计划"为契机，积极探索基础学科人才的长学制衔接式培养，为教育强国、文化强国建设储备人才；打破地域壁垒，以更加广泛的科教融合、产教融合和国际合作助力新型人才培养。

二、财政学专业人才培养模式的改革方向

财政学人才培养目标是培养拥有坚定政治立场和健康身心，具有家国情怀、财经思维、人文素养和创新创业精神的新时代高素质财税专业人才。在新文科建设的大背景下，财政学专业在课程设置、教学内容、教学方法、学生能力的培养等多方面进行改革，主要内容如下。

（一）课程设置上，注重文理工交叉，发挥综合性大学的优势

现代财政学是经济学的一个分支，是用经济学的基本理论分析政府经济活动的一门学科。在学科体系中，财政学起着衔接一般经济理论课与财政业务课的中介作用。它一方面将一般经济理论深化，另一方面对财政业务进行理论性分析。因此，财政学不是纯理论经济学，而是和政府的现实财政活动紧密联系在一起的。但财政学不是一门实务课程，它具有突出的宏观性特征，实务操作性相对较差。可以说，财政学是一门交叉学科，需要具有西方经济学、政治学、货币银行学的理论基础；而税收、财务、会计等实用经济学科知识，也是深入研究财政理论问题以及实际操作中不可或缺的。在财政管理智能化的背景下，更需要学生能运用理工科的思维和工具。

为了培养学生的综合能力和提高就业竞争力，我们遵循以学生为本，注重以素质和能力培养为核心的教学观念，充分利用本校学科门类齐全尤其是管理学科、法学、政治学、计算机科学等相关学科力量雄厚的优势，在课程设置上，按照"宽口径，厚基础"的原则，在加强本专业课程学习的同时，增加选修课，开拓相关研究方向，充分发挥综合性大学的优势；在专业主干课中，开设体现直接交叉融合的前沿性课程，增设社会科学和自然科学工具平台课程，强化数理基础、数据经济、数量财税等课程；着眼于未来的科技创新及经济社会影响，将交叉融合理念渗透专业教育，进一步巩固和优化宽口径、厚基础、强能力、重交叉、善创新的教育模式，提高人才培养质量。

（二）教学内容上，注重理论与实践相结合

在我国经济体制转轨的过程中，财政学的教学内容也发生了巨大的变化，如计划经济时期的财政理论根本无法指导财政实践。因此，选择适当的教学内容是非常关键的。我们的财政学教学既要借鉴西方财政理论，又要紧密结合中国的实践，要求学生掌握财政的基础理论，选用国际流行的教材，如将哈维·罗森编写的《财政学》作为教学参考书，并结合中国的财政实践进行教学。与此同时，注重经典文献的选读工作，注意选择最新的前沿文献进行教学，强调跟踪国内最新改革动态，不断补充国内最新改革进展的内容。

在抓学生理论基础的同时，财政学教学也注重培养学生的实践能力。一是通过深入探索符合新文科建设要求的财政学实践类课程全覆盖实现机制，从理论上探寻其教学体系构建的思路和方法。二是通过构建适合实践教学特点的教学体系以及实现路径，促进财政学实践课程落地生根，将"读万卷书"与"行万里路"相结合，让学生扎根中国大地、了解国情民情，在实践中增长智慧和才干，在艰苦奋斗中锤炼意志品质。实践类课程分为专业实验、创新创业教育和社会实践三类，其中，专业实验课程注重学思结合、知行统一，培养学生勇于探索的创新精神，善于解决问题的实践能力；创新创业教育课程注重让学生"敢闯会创"，在亲身参与中培养创新精神，增强创新意识和创业能力。在教学活动中将一、二、三课堂有机结合，将知识传授、德法教育、实践转化与创新创业等贯穿于学生培养全过程，其中，社会实践类课程的转化最为关键。为此，学院要与财政部门、税务部门紧密合作，设立教学实习基地，组织学生在基地实习，熟悉有关业务，把理论和实践结合起来，从而提高学生综合素质。学院定期举行案例大赛，组织学生编写案例，进行分析和讨论，促使学生注重信息和资料的收集，主动关心和了解现实社会。此外，学生还可以在比赛的过

程中掌握更多的知识，同时发现新问题，从而激发学生进一步探求知识的愿望，体会到学习的意义，提高学习兴趣。

（三）教学方法上，将理论分析与案例分析相结合

财政学专业的课程具有较强的理论性和抽象性，同时也有着很强的应用性和政策性。在财政学专业中使用案例教学法，有助于调动学生学习的积极性。

在传统的教学过程中，一般高校往往注重教师独角戏式的讲解，较少关注学生的参与和互动。学生在学完之后，大多数认为理论性太强，不好把握，觉得所学的知识与现实生活存在较大差距。案例教学则可以有效地使教师和学生之间形成"多角戏"的关系，调动学生参与教学活动的积极性。另外，教师在课堂上的教学应重视基本知识的讲授，尤其是总论部分理论知识的介绍；在总论以后，许多章节具体内容的讲授，则可以运用案例教学，引导学生运用掌握的理论知识分析、讨论案例的疑难细节，将原理进一步具体化。同时，教师可以通过组织和引导课堂上的案例讨论，增强学生学以致用的能力，激发学生的思考能力，提高他们学习的积极性。

在教学中教师应以学生为导向。学生的主导作用贯穿于教学过程的始终，因此教学工作要围绕学生开展。教师必须认识到：如果知识不能被学生理解并有效吸收，事实上等于教学的失败。在教学中教师以问题为导向，预先提出问题，可以促使学生对每一部分内容做好充分的准备，促进学生在课前进行自主的、主动的和有针对性的研究。

（四）以科学研究的强势带动人才培养

四川大学将现有的科研资源、前沿的科研成果、先进的学术水平、一流的学术大师等同本科教学紧密结合，鼓励教师把科研前沿成果引入教学活动，开设了反映学术前沿的选修课程和讲座。学校实施了创新教育学分制，学生参与的科研活动课计算为创新学分，创新学分不低于2学分才能毕业，科研成果突出的学生可直接保送研究生。学院建立本科生创新基地，组织学生参加各类校园创新创业活动和竞赛活动。学校建立了吴玉章学院，选拔最优秀的学生、最优秀的教师，设置优势学科，创造最好的条件，培养拔尖的创新人才。

学校提出了人才国际化培养的目标，即力争让本科生至少有一次国际交流经历，与国际一流大学联合构建高水平的国际创新平台，以及国际化的学生创新团队，形成具有川大特色的多元化海外学习模式，建立学生的海外学习资助体系。因此，特别优秀的财政学专业本科生获得了海外学习或实习的机会，这

对于学生开阔国际视野有着重要的作用和意义。

（五）建立专业教学团队

四川大学根据综合性大学的学科优势和人才优势，将所有课程分为公共基础课程和专业核心课程，并逐步建立起教学团队。学校采取切实有效的政策与措施，鼓励高水平教师投身公共基础课程教学工作；建设公共基础课程教学与专业课程教学队伍互通，教学与科研兼容，核心骨干相对稳定的、结构合理的公共基础课程教学团队；建立公共基础课程教学队伍知识不断更新的科学有效的培养培训制度。学院主要负责专业课程的教学工作，根据学校的要求，每门专业课由 3~4 位教师负责，共同组成一个教学团队，共同探讨，共同学习，不断提高教学质量和效果。

"十年树木，百年树人。"本科人才的培养是一个系统性的、综合性的工程。我们既要充分利用综合性大学学科互补的优势，又要考虑到综合性大学中的财经专业与财经院校的差距，根据现实需要和发展方向，不断改进课程设置和教学内容，从而培养出适应社会需要的人才。

参考文献

[1] 樊丽明. 对"新文科"之"新"的几点理解 [J]. 中国高教研究，2019 (10)：10—11.

[2] 马骁. 关于新文科建设的思考 [J]. 中国高教研究，2019 (10)：12.

[3] 刘小兵. 对新文科的思考和看法 [J]. 中国高教研究，2019 (10)：12—13.

[4] 吴岩. 全面推进新文科建设 [EB/OL]. （2020—11—03）[2022—10—23]. https://baijiahao.baidu.com/s?id=1682389610055382803&wfr=spider&for=pc.

[5] 樊丽明，石绍宾，李华. 新时代财政学教育之变：从专业教育到"三圈层"教育 [J]. 中国高教研究，2022 (3)：1—5.

财政学专业建设的思考

傅志明[*]

摘 要：基于四川大学财政学专业的一线教学经验，结合财政学专业人才培养目标，本文指出在教学工作中应强调最优税收理论及新公共财政理论等知识的重要作用，夯实学生的理论基础。在此基础上，强化学生对现实经济运行、财政制度及财政税收政策的理解，提高学生运用专业知识分析政策制定者事前选择政策工具的能力，以及事后评估现有财政税收政策的能力。

关键词：财政学；专业建设

财政学作为应用经济学的重要分支学科之一，是经济学学科重要的组成部分。财政是随着国家的产生而形成的一种经济关系及特殊分配关系，财政学就是研究以国家（或政府）为主体的财政分配关系的科学。财政学作为研究财政分配关系的科学，其研究对象是财政分配活动及其规律性。研究财政学，就是要从纷繁复杂的社会经济运行及现象中梳理、归纳出财政分配活动，着重研究财政职能定位、财政分配的过程及其内容、财政分配与社会经济活动的相互关联等，揭示财政分配的规律性，进而为制定财政制度和财政政策提供科学的理论指导，以更好地引领财政实践，实现国家的既定目标。

一、背景及现状介绍

（一）培养目标

自1994年1月财政税务系建系以来，四川大学经济学院以"培养践行社会主义核心价值观，具有社会责任感、公共意识和创新精神，掌握经济学和财政税收基本理论和方法、熟悉我国财税政策法规、了解我国财经运行状况，具

---

[*] 作者简介：傅志明（1983—），四川大学经济学院副教授、硕士生导师，主讲动态宏观经济学与最优税收理论等课程。

备综合运用专业知识分析和解决公共经济问题能力的应用型、复合型、创新创业型人才"为目标，为财政、税务、公共投资、国有资产管理、社会保障等公共经济管理部门和各类企事业单位、非营利性组织等相关单位输送了大量的优秀毕业生。从专业的角度，毕业生应获得以下几方面的知识和能力：掌握财政、税收基本理论和基本知识；具有处理财政、税务实践的基本能力；熟悉国家有关财政和税收的方针、政策、法规；了解财政、税收理论前沿和发展动态；掌握文献检索、资料查询的基本方法，具有一定的科学研究和实际工作能力；具有娴熟的计算机运用能力，能够从事财政、税务及相关管理工作。

（二）培养要求

为实现本科专业培养目标，学院从以下几个方面制定了专业培养要求：

第一，理论方面，注重现代经济理论在财政领域的深化和拓展，关注财政学理论发展最前沿，把握国家宏观财经政策，以及现实中政府重大的制度变革和政策调整等。

第二，实践方面，强调财政和税务管理能力的培养，具有政府机构及企事业单位财务税务管理的基本技能。

第三，在夯实学生理论知识和培养学生实践能力的基础上，财政学专业进一步要求学生熟悉国家财税政策，使学生具有财税及相关领域实际工作的基本能力；具备独立自主地获取和更新知识的学习能力；具备将专业理论知识融会贯通，综合运用专业知识和方法分析解决问题的能力；具备较强的沟通协调能力、团队合作能力和开拓创新能力；具有较高的计算机水平，熟练地掌握英语和经济数学。

（三）专业课程

根据专业培养要求，学院财政学学科的专业课程从我国现实国情出发，在强调马克思主义政治经济学与中国特色社会主义政治经济学的前提下，讲授数理经济分析方法和西方经济学基本分析方法，其基础课程包含微积分（Ⅲ）－1、微积分（Ⅲ）－2、线性代数（Ⅲ）、概率统计（Ⅲ）、统计学、微观经济学、宏观经济学、金融学、财政学、计量经济学。在完成基本分析方法的学习后，学生将进一步学习理论经济学课程（包括政治经济学、中国特色社会主义政治经济学、财税理论前沿、国际经济学等），以及专业实践课程［包括经济法、会计学、财务管理、市场营销、中国税制、国际税收、税收管理、政府预算、财政管理、财政制度比较研究、地方财政学（全英文）、投资项目评估等］。

（四）小结

学院财政学专业学科建设立足于培养具备综合运用专业知识分析和解决公共经济问题能力的应用型、复合型、创新创业型人才。学院财政学专业课程设置充分考虑学科建设目标的需要，强调理论联系实际，提高学生掌握专业基础知识，以及独立分析问题和解决问题的能力。近年来，特别是金融危机之后，财政税收理论经历了较大的发展，在理论结合实践上，新的财政、税收及货币政策层出不穷。同时，在参与制定财政税收政策时，经济学家越来越倾向于将其与货币政策结合，考虑财政货币政策的协同。这些都为我们学科建设提出了新的挑战。

二、理论发展、政策环境与当前教学工作

在教学过程中，我们发现，大多数学生对税收和公共财政理论的理解停留在"微观经济学"和"财政学"的基础上，对相关知识的理解较为宽泛。这主要是由于财政税收专业属于应用经济学二级学科，教师在教学中更加注重实践。随着当前国际环境及经济形势的变化，政策工具的选择需要适应经济环境内在变化。这需要学生从更专业的角度去理解最优税收理论和公共财政理论，同时也给财政税收专业的教学工作提出了挑战。

下面第一部分将从最优税收和公共财政理论发展的视角，结合本科教学的课程设置提出理论教学的相关问题及解决方案。第二部分将通过分析国内外经济形势变化所导致的宏观经济政策选择的变化，来分析实践教学的相关问题及解决方案。

（一）理论发展与教学工作

1. 最优税收理论

最优税收的基本思想诞生于1848年 J. S. Mill 提出的税收分配的均等牺牲原理。后来，Edgeworth（1897）基于功利主义政治哲学的福利最大化原理，认为征税应该产生最低的福利损失，这就要求税收对每个人产生的边际负效用相同。从上述原理提出开始，最优税收理论得到了长足的发展。

首先，关于如何对商品征税，Ramsey（1927）基于效率的角度提出了税收基本的 Ramsey 法则，即税收使得各种商品的需求等比例下降。在 Ramsey

法则基础上，Samuelson（1951）认为衡量最优税收的标准应该是补偿需求的等比例变化，Baumol 和 Bradford（1970）提出了税收的逆弹性法则，Atkinson 和 Stiglitz（1976）给出了所有商品相同税率的统一商品税法则。Diamond 和 Mirrlees（1971）、Diamond（1975）、Mirrless（1975）将 Ramsey 法则扩展到多个消费者情形，说明税收在效率与公平（或保险）之间的权衡，给出了最优商品税原理。这些结论构成了税收理论的基本原理，并奠定了公共财政理论的基础。

其次，劳动收入税的设计意在有效提供社会保险和在个人之间有效地进行资源再分配，这是公共财政理论最重要和最具挑战性的问题之一。Mirrlees（1971）将不完全信息情形下的最优配置问题转化成一个最优控制问题，为研究最优劳动税问题做出了开创性的贡献。Diamond（1998）、Saez（2001）在 Mirrlees（1971）基础上，将最优劳动收入税用劳动供给弹性、收入分布函数以及社会福利权重等充分统计量来刻画，将规范研究的问题与实证研究问题结合起来。此外，Stiglitz（1982）、Stern（1982）、Guesnerie 和 Seade（1982）、Homburg（1998）、Hellwig（2007）给出了劳动者能力离散分布下的最优税收问题。通过对非线性劳动收入税的讨论，我们不仅可以看到最优政策在效率和保险或公平之间的权衡，也会看到公共财政理论如何将关于最优政策的规范研究与实证研究结合在一起。

再次，如何设定多商品消费下的最优线性商品税和非线性劳动收入税组合？在这种情况下，Atkinson 和 Stiglitz（1976）给出了一致商品税定理：如果消费者的劳动能力存在差异，而且偏好关于劳动和消费可分，关于消费一次齐次（或者位似），那么在商品上的税率相等，最优资源配置结果可以通过非线性劳动收入税来实现。在政策层面，Atkinson–Stiglitz 定理给出了一个极简的税制结构。在理论层面，它也成为规范公共财政领域里程碑式的工作。

最后，关于如何对资本征税的问题，是公共财政领域的经典问题，同时也是争议很多的问题。Chamley（1986）在新古典增长模型中假定无限期限代表性消费者选择储蓄和劳动供给，得出了长期资本收入税等于零的结论。Judd（1985）、Lucas（1990）都认为最优资本收入税为零。这三个研究产生了非常大的影响力。从公共财政经典理论的角度来看，资本收入税为零也是 Atkinson 和 Stigitz（1976）的一致商品税定理的应用。然而，后续研究却提出了不同的结论。

2. 新公共财政理论

在21世纪初，Werning（2002）、Golosov et al.（2003）等将静态Mirrlees（1971）模型扩展到动态背景，并充分考虑消费者在偏好、劳动生产能力、人力资本水平、个人劳动力市场特性或者运气等诸多方面的异质性，以及消费者异质性随着时间变化而随机演化，最终建立了新公共财政理论。相对于静态模型，动态分析方法能够在一般的情形下研究最优政策问题。同时，它不需要外生假设税收的具体形式，这与广泛使用的宏观代表性消费者的Ramsey方法是不同的。

具体而言，新公共财政理论可以在三个方面拓展以往用于代表性消费者的Ramsey方法。以下，我们将简单介绍运用新公共财政理论方法与Ramsey方法所得到的传导机制和直觉的不同。

首先，在新公共财政理论的动态分析框架中，通过引入税收对经济个体抑制储蓄是最优的政策（Diamond and Mirrlees，1978；Golosov et al.，2003）。这与Chamley-Judd（Judd，1985；Chamley，1986）强调的不该对资本征税的结论是相互矛盾的。

其次，当劳动者技能由于受到不可观测的外部冲击而随机变化的时候，最优劳动收入税率应该考虑总冲击的影响。而在Ramsey方法中，最优劳动收入税与宏观经济总冲击没有关系。

最后，关于政策时间不一致问题，新公共财政理论与Ramsey方法产生时间不一致的本质是完全不同的。在新公共财政理论中，时间不一致问题是由于学习和信息获取的过程导致的，而不是由于对沉没成本征税产生的。

3. 公共财政理论及最优税收的基本方法

经济学家从不同的视角研究公共财政及最优税收理论，他们用到的方法可以归为两类。第一类方法是基础方法（Primal Approach），这类方法沿袭福利经济学第一定理的思路，先确定在有扭曲税情况下的社会次优资源配置结果，通过最优税收在竞争均衡下实现这一社会次优。第二类方法是对偶方法（Dual Approach），这类方法通过政府直接选择税收最大化社会福利。简单地说，基础方法是选择最优资源配置，对偶方法是选择最优的价格。如果政府政策是改变价格（比如税收、补贴、利率、通货膨胀等），那么在最优政策的分析中，基础方法和对偶方法几乎是唯二方法。

4. 理论背景下的教学工作

通过回顾最优财政理论、公共财政理论及基本方法，结合当前教学经历，本文对学科建设提出以下几点建议：

第一，夯实学生微观经济学理论基础，特别要强化学生对市场配置资源及运行规律的理解。在此基础上，学生需要理解引入政府干预的原因、政府干预的手段，并能够评估政府干预的效果。对于财政税收专业的学生而言，这需要他们深入了解福利经济学第一、第二定理，市场失灵、信息不对称引起的道德风险和逆向选择问题，以及社会选择等理论。

第二，为财政税收专业学生开设动态经济分析的课程。经济学分析，特别是宏观经济政策分析，离不开动态经济方法，其中主要涉及动态规划和动态优化的方法。尽管本科生在技术上掌握这些方法存在一定的难度，但在教学中可以将无限维或无穷期问题简化为有限期的生命周期问题。这既简化了分析方法，也向学生介绍了动态经济分析的思想和直觉。同时，生命周期问题也是分析失业、养老、个人跨期决策、健康、最优资本税及政策时间不一致性等一系列问题的基本框架。

第三，开设公共财政和最优税收理论课程，进一步提升学生专业知识储备。

（二）财政税收政策变迁与教学工作

由于体制、市场化程度以及经济发展阶段的不同，各个国家的财政税收政策呈现出不同的特征。同时，政策也会受到经济周期和政府发展目标的影响。在计划经济时期，我国以马克思主义政治经济学为基础，总结了一套财政税收的实践经验，形成了具有中国特色的财政学。改革开放以后，随着市场经济的兴起，西方国家财政理论被引入中国，并为财政税收政策的制定者提供理论支持。随着经济的快速发展，我国的财政税收制度经历了多次变化。我们将在下面回顾我国财税制度的变迁，并给出教师教学工作的解决方案。

1. 政策变迁

楼继伟（2019）将我国过去四十多年的财税改革分为四个阶段：第一，改革开放初期，财税改革试图在计划经济框架下进行"放权"和"让利"，通过利益来刺激国有企业和地方政府的积极性。第二，1994年开始实行的分税制改革，目的是奠定社会主义市场经济体制的基础。第三，1998年以来，公共财政成为基于市场化的预算改革目标模式。公共财政改革的目的包含解决政府越位和缺位问题，形成健全的预算制度，扩大社会性支出促进基本公共服务均等化，公共财政参与和支撑关键领域的市场化改革，利用财政政策管理宏观经济。第四，党的十八大之后，财税政策改革推动国家治理现代化。为实现上述改革目标，政府在不同阶段制定了不同的财税政策。

2. 政策选择、政策评估与教学

当政府面临多种政策工具选择时，政策制定者在事前应该如何选择政策工具，事后应该如何评估政策制定者的政策选择呢？要回答上述问题，我们需要从以下几个方面培养学生的能力：

第一，加深学生对现实经济运行、财政制度及财政税收政策的理解。在教学过程中，我们发现学生的知识大多停留在课本上，并没有将理论知识与现实经济运行规律相结合。同时，学生不太了解现实经济和新出台的财政税收政策。因此，在授课过程中，我们需要培养学生对经济运行规律的兴趣以及学习积极性。

第二，提高学生运用专业知识分析政策制定者事前选择政策工具的能力。这需要建立在学生扎实的专业基础知识、良好的洞察力，以及对现实经济运行的理解等基础之上。

第三，关于评估现有财政税收政策，学生需要提高数据采集、数据分析、统计学、计量经济学等方面的能力。以此作为分析工具，识别政策的影响。

参考文献

[1] 樊丽明. 公共财政概论 [M]. 北京：高等教育出版社，2019.

[2] Atkinson A B, Stiglitz J E. The design of tax structure: Direct versus indirect taxation [J]. Journal of Public Economics，1976，6 (1-2)：55-75.

[3] Baumol W J, Bradford D F. Optimal departures from marginal cost pricing [J]. The American Economic Review，1970，60 (3)：265-283.

[4] Diamond P A, Mirrlees J A. Optimal taxation and public production I: Production efficiency [J]. The American economic review，1971 (1)：8-27.

[5] Edgeworth F Y. The pure theory of taxation [J]. The Economic Journal，1987，7 (25)：46-70.

[6] Golosov M, Troshkin M, Tsyvinski A, et al. Preference heterogeneity and optimal capital income taxation [J]. Journal of Public Economics，2013，97：160-175.

[7] Guesnerie R, Seade J. Nonlinear pricing in a finite economy [J]. Journal of Public Economics，1982，17 (2)：157-179.

[8] Hellwig M F. The undesirability of randomized income taxation under decreasing risk aversion [J]. Journal of Public Economics, 2007, 91 (3-4): 791-816.

[9] Homburg S. An axiomatic proof of Mirrlees' formula [J]. Public Finance/Finances Publiques, 1998, 53 (3/4): 285-295.

[10] Judd K L. Redistributive taxation in a simple perfect foresight model [J]. Journal of Public Economics, 1985, 28 (1): 59-83.

[11] Lucas Jr R E. Supply-side economics: An analytical review [J]. Oxford economic papers, 1990, 42 (2): 293-316.

[12] Mirrlees J A. An exploration in the theory of optimum income taxation [J]. The review of economic studies, 1971, 38 (2): 175-208.

[13] Mirrless J A. Optimal commodity taxation in a two-class economy [J]. Journal of Public Economics, 1975, 4 (1): 27-33.

[14] Saez E. Using elasticities to derive optimal income tax rates [J]. The review of economic studies, 2001, 68 (1): 205-229.

[15] Stern N. Optimum taxation with errors in administration [J]. Journal of Public Economics, 1982, 17 (2): 181-211.

[16] StiglitzJ E. Self-selection and Pareto efficient taxation [J]. Journal of Public economics, 1982, 17 (2): 213-240.

第二篇 DIERPIAN
课程建设

国民经济管理课程教学融入学术训练的实施方案

杨 艳[*]

摘 要：在专业课教学中有机融入学术训练是培养高素质人才和建设一流课程的关键环节。四川大学国民经济管理课程将学术训练与专业教学紧密结合，以全过程学习和系统性学术训练提升学生的批判思维能力和学术写作能力。文章总结了四川大学国民经济管理课程教学融入学术训练实施方案提出的背景、解决的主要问题、实施过程、成效与反思。

关键词：国民经济管理；专业课教学；学术训练

自 1982 年四川大学开始招收国民经济管理本科生以来，国民经济管理一直是国民经济管理专业的核心专业课，最初课程名为"国民经济计划与管理"，后更名为"国民经济管理"。国民经济管理课程教学贯彻以学为中心理念，将价值塑造、知识传授和能力培养融为一体，落实立德树人根本任务，全面培养综合性素质人才。该课程目标为培养学生具备扎实的理论基础，掌握国民经济分析方法，能全面认识国民经济运行规律和主要矛盾，熟悉发展战略规划和国民经济各构成要素间的有机联系；培养学生深刻理解国民经济运行和管理体系的中国特色，具备开阔的国际视野和开放、多元、包容的整体宏观思维，激发当代大学生的家国情怀和使命担当；培养学生具备观察和分析现实经济问题的能力，主动关注治国理政具体政策、国民经济宏观调控手段和效果，有较强的学术论文写作能力。为此，四川大学制定和践行了专业课程教学融入学术训练的实施方案，将学术训练与专业教学紧密结合，以全过程学习和系统性学术训练提升学生的批判思维能力和学术写作能力。同时，要求学生熟悉国民经济宏观调控原理和运行机制，在纷杂的现实世界发现问题并独立思考；在专业知识

---

[*] 作者简介：杨艳（1971—），四川大学经济学院教授、博士生导师，主讲国民经济管理、宏观经济分析与调控等课程。

学习中分阶段进行系统性学术训练，提升学生发现、分析思考并解释问题的能力。

一、方案实施背景

（一）时代背景

世界百年未有之大变局加速演进，中国特色社会主义理论和实践提出了大量亟待解决的新问题，随着全球化、信息化和学习型社会的到来，整个社会对经济类人才教育在发展战略、布局结构、培养目标等方面提出了新的要求。2018年6月教育部召开新时代全国高等学校本科教育工作会议，指出人才培养是大学的本质职能，本科教育是大学的根和本，在高等教育中是具有战略地位的教育、是纲举目张的教育，要把人才培养的质量和效果作为检验一切工作的根本标准。高校要围绕学生刻苦读书来办教育，引导学生求真学问、练真本领；提升大学生的学业挑战度，激发学生的学习动力和专业志趣，真正把内涵建设、质量提升体现在每一个学生的学习成果上。建设高水平本科教育，高校要推动重点领域、关键环节改革不断取得突破，不断推进课程内容更新，推动课堂教学改革，提升教学质量。

培养经济类专业的人才必须适应时代变迁，以中国为观照、以时代为观照，立足中国实际，解决中国问题。未来对经济学人才的要求必将是具有知识性、分析型、复合型的人才，这要求经济学专业的课程体系、人才素质、知识结构和技能训练等不能再维持在原有的框架内，必须为时代变化和中国实践提供足够的理论支撑和趋势把握。因此，全面提高本科教学质量，加强科研训练、学术训练是关键环节。

（二）学校定位

四川大学倾力办最好本科，坚守立德树人根本，实施"精英教育、个性化教育、全面发展教育"，全要素、全过程、全方式、全师资、全方位开展一流本科教育，实施"课程体系、教学方式、学业评价、教学激励、条件保障"全要素课堂教学改革，打造"高阶学习"课堂；以"非标准答案考试"为牵引，开展关注学生自主学习的全过程学业评价；真正让每位学子都能享受最适合自己的优质教育，成为具备独立思考能力、创新创业能力、协作精神和社会担当能力的一流人才。

四川大学本科教育教学实现了六个转变：从注重知识点传授的"以教为中心"向"知识+思维方式+想象力"并重的"以学为中心"教学模式转变，从"灌输式""片面追求专业化"向探究式、个性化的培养方式转变，从重死记硬背、"期末一考定成绩"向重独立思考、"全过程学业评价—非标准答案考试"的学业评价转变，教师从"知识传播者"到激发学生创新创造的"引导者"的角色转变，学生从被动学习、"考试型学霸"向主动学习、"创新型学霸"的行为转变，从教学投入单一、偏少到全方位教学投入的机制转变。

加强本科生学术训练是实现上述转变的关键环节。四川大学作为一所研究型大学，要跻身世界一流大学行列，培养研究型的本科生就是其最重要的任务。事实证明，研究型大学本科教育不但能够培养出大批富于探索意识和创新能力的高素质人才，而且对于研究生教育、科学研究以及社会服务等其他职能的履行也起着重要支撑作用。

（三）专业要求

国民经济管理专业是东西方经济理论思想的精华与中国改革开放、建设社会主义市场经济的实践经验相结合的结晶。四川大学国民经济管理本科专业是1998年教育部批准在全国保留的8个专业点之一，是四川省本科高校特色专业，一直以培养高层次、应用型的经济管理人才为目标。紧密结合全国和区域的经济社会发展实际，直接为地方经济建设服务，是国民经济管理专业最突出的特色。国民经济管理是与社会经济结合非常紧密的学科，因此国民经济管理专业的教学一直重实用、重分析，重视将理论应用于宏观经济社会的发展管理当中，课堂教学和学术训练更是要体现这一特点，这也是重要的必不可少的环节。

当代中国正经历着历史上最为广泛而深刻的社会变革，也正在进行着人类历史上最为宏大而独特的实践创新。这种前无古人的伟大实践，给国民经济管理理论创新提供了肥沃的实践土壤。当前我们要建立中国特色的有独立知识体系的国民经济学和国民经济管理专业，中国伟大成功的经济发展实践，为中国特色国民经济学学科体系、学术体系和话语体系提供了丰富的土壤和强有力的支撑。同时，新时期中国经济社会发展的目标与任务和面临的风险与挑战赋予了国民经济管理专业新的历史使命，我们在教学中需要将现代经济学的普遍原理与中国经济的具体实践相结合，引导学生关注中国实践、中国故事，主动思考，并将这种思考反映在教学和科研训练中，满足社会对分析型高素质战略型人才的需求。

（四）课程属性

国民经济管理是四川大学国民经济管理专业的核心课程，讲授内容为国民经济运行规律和国民经济管理实践，具体包括国民经济系统与管理体系、国民经济发展战略与规划、国民经济需求动力和供给推力分析、产业结构和区域结构调整、财政政策和货币政策宏观调控，要求学生全面掌握国民经济运行和管理原理，避免碎片化。

国民经济管理课程开设时间在大三上学期，此时学生已完成所有平台课的学习，具备比较全面的经济学基础和初步的计量分析方法，课程本身的内容具备综合性、现实性等特点，很适合进行学术训练，有利于学生整合前四学期所学的知识，培养学生发现问题、思考问题、分析问题和解决问题的能力。

二、方案要解决的主要问题

（一）解决传统教学割裂课本内容和国民经济改革发展历程、脱离经济社会现实的问题

传统教学模式下，许多经济学课程只讲授相关原理方法，如何用于实际问题分析被搁置一边，学生看待经济问题简单化、线性化。四川大学国民经济管理课程坚持扎根中国大地，紧密追踪改革实践与当前宏观经济现实问题，在课堂教学、案例选择和学术写作中引导学生关注中央经济工作会议、重要经济政策和重大经济事件，提升学生认识、分析并解决问题的能力，以及创新创造等高阶学习能力。

长期以来思政教育未能有机融入专业课教学，国民经济管理课程在深入阐释当前国民经济宏观调控原理和方法过程中，梳理总结治国理政经验，寓价值观引导于知识传授和能力培养之中，在课程论文选题、开题和案例讨论中培育学生经世济民的家国情怀，树立正确的价值观。例如，在学术论文选题中，告诉学生选题可以包含以下两个方面：一是中国国民经济发展中所面临的重大理论和实践问题，包括重大经济问题和政策问题，也包括从经济学的视角和分析方法研究政治、文化、社会和生态等领域的重大问题；二是从细微处着手，解构消费、投资、进出口、要素投入产出，以及政策选择与实施中的具体问题。通过理论联系实际，加强学生学习主动性，塑造整体宏观思维，提升学生应用知识分析、评判并解决问题的能力。

（二）解决专业课教学与学术训练脱节的问题

传统教学方法、教学手段和课程内容并没有把培养学生的综合素质和基本能力作为首要的任务和目标，紧密联系实际和反映学科最新进展的内容不多；各门课程自成体系，忽视课程之间的相互联系与衔接，造成课程分割和内容重复。经济学院大三的本科生已经系统学习了宏观经济学、微观经济学、财政学、金融学、国际经济学、计量经济学、统计学等课程，但是对撰写论文的知识和技巧知之甚少。很多学生反映，不少课程也要求交课程论文，但题目和选题是教师根据教学内容给定，更多的是完成作业，而不是学术训练；学生学了不少理论、方法，却分散在不同的课程里，不知道怎样写一篇符合学术规范的高质量论文。以上问题都反映出当前我们本科生的教学还未转向以科学研究为导向，学生的科研能力还处在培养形成的过程中，经济学专业学术论文的规范性相对于创新性而言意义更为重大。

学生单纯学习经济理论过于抽象且易陷入死记硬背的误区，而单纯学习各种实证方法则枯燥又缺乏与实际问题结合。国民经济管理这门课程内容具备综合性、现实性等特点，选题范围广阔，很适合通过全过程学习和系统性学术训练提升学生专业素养。通过系统学术训练，培养学生的开拓精神、创新创造和细致入微进行观察的能力，提升分析问题、解释问题、解决问题的能力。

（三）解决过程考核流于形式的问题

四川大学本科生绝大部分课程要求严格过程考核，并规定了平时成绩要占到总成绩的50%。这种全过程考核对教师的教学提出了更高要求。不少社会科学类课程都以课程论文的形式来检验学生平时学习的情况，但从实施的效果来看并不是很理想，主要原因：从教师层面看，只是把课程论文看作平时考核的一个环节，满足于有一个考核记录，没有系统要求课程论文质量，没有指导和评讲，没有反馈；从学生层面来讲，完成作业是第一位的，没有深入分析文献，没有追踪前沿，很多采取的是简单的拼凑，甚至复制粘贴。所以从表面上看，学生写了很多所谓的"论文"，但是对如何写作高质量、规范的经济学论文还是茫然甚至一无所知。

国民经济管理课程提倡并率先践行全过程学业评价，促进学生全程投入，从文献综述练习、开题报告练习和数据实证练习三方面分阶段进行系统性学术训练，细化过程指导和评阅意见，推进论文经验分享和交流学习，有效整合学生所学专业知识，培养学生独立思考、批判思维的能力，提升论文质量。

三、方案实施过程

国民经济管理课程将学生的学术论文训练与教学同步进行，采取讲解＋分解写作训练＋评阅三合一的模式，让学生根据课程内容和自己的兴趣，有方向有条理地接受论文写作训练。借鉴国外大学的做法，所有的作业按规定格式发到公共邮箱，既方便教师和助教查阅管理，也方便学生查看其他人的作业，对比体会，交流互鉴。每次作业写作周期是四周至五周，由教师提前布置并讲解相关要求、各部分安排和写作思路，并要求学生在规定时间之前提交到公共邮箱。

本课程论文训练分为三个部分，按照论文写作的三个主要步骤来划分：文献综述练习、开题报告、完整论文写作。

（一）文献综述练习

教师通过课堂讲授专业理论知识，以及学生小组研讨＋主题分享展示的课堂互动式学习和探究式讨论，有意识地促进学生在现实问题分析中进行经济学理论学习，引导学生关注中央经济工作会议、重要经济政策和重大经济事件，塑造整体宏观思维；鼓励学生针对自己感兴趣的专业领域，大量阅读相关文献研究，联系当前中国经济改革实践，选定主题方向，搜集大量相关资料，然后阅读、分析、提炼、整理当前课题、问题或研究专题的最新进展和学术见解或建议，对其做出综合性介绍和阐述。在此训练中，学生面临的主要难题，一是如何围绕所选题目有选择有方向地深入研读现有文献，二是如何有逻辑有条理地对相关文献研究进行概括总结和评述。为此，教师在布置这个作业前专门用了一节课时间讲解什么是文献综述，做文献综述的意义何在，以及各种文献综述的结构，如何根据选题的不同采用不同叙述结构；将文献综述专题学习课件和优秀的综述性论文发在 QQ 群，方便学生课后进行针对性回顾学习，另附一份评分标准，用于学生自检。学生提交作业后，由教师和助教对每一份作业进行修改评阅，总结归纳学生作业中存在的问题及完善方向，给出详细评价和作业打分，最后汇总成一份文档，共享在 QQ 群文件，以供大家参考和交流学习。

（二）开题报告

教师要求学生在前期查阅大量文献的基础上，针对自己的文献综述相关领域，结合具有中国特色的国民经济管理实践聚焦问题。该问题可以是某个现实社会的痛点，可以是当前文献研究的某个关注点，也可以是自己基于现实发现的某种现象，然后围绕研究的问题深入研读文献，撰写开题报告。开题报告主要包括选题意义、国内外研究现状、研究内容、研究思路和研究进度安排等部分，帮助学生建立起完整论文的研究框架。在此训练中，学生面临的主要难题，一是如何在前期范围较广、内容较杂的文献综述上进行问题聚焦，二是如何针对核心问题设计整体框架并开展研究。为此，教师每次上课时都会在讲授专业理论知识的主线中穿插讲解经济社会的现实问题，采取问题导向式教学模式，引导学生将理论结合实际，启发学生开拓思维、关注现实。在课后，教师和助教也会就学生选题方面的疑惑进行耐心解答。

在学生完成开题报告后，助教会根据教师的时间安排，选取几个合适的时间段，汇总成开题报告时间安排表，采用群文档共享编辑，由学生根据自己的课程安排，自行预约相应时间进行开题报告汇报工作。每位学生带上开题报告纸质稿，依次进行汇报，简单阐述自己的研究内容和研究安排，时间不超过10分钟。在进行汇报时，教师会根据每位学生的研究提出问题、建议，并进行评分，由助教进行记录和总结，形成开题报告评价表，上传到群文件以供大家参考和互鉴。开题报告一次通过的学生可以随即开展完整论文的写作，部分学生需要进行修改并重新汇报。这一学生汇报、教师点评、助教记录的开题过程，有利于师生双向交流，有针对性地解决各位学生的问题，提高教学质量和学术训练成效。

（三）完整论文写作

在经过前期文献综述作业和开题报告练习后，大部分学生都对自己的研究问题有了清晰明朗的认识。论文写作要求学生深入思考和分析要研究的问题，结合前期的积累和顶级期刊论文的学习，完成一篇结构完整、逻辑清晰的论文。在写作时，论文格式要符合规范，语言表达做到流畅准确，命题假设要有相关理论支持或相关模型及公式推导，在理论分析的基础上进行实证检验并剖析内在经济学逻辑，最后对文章研究结论进行总结，可适当提出可行措施。在此训练中，学生面临的主要难题，一是如何从整体上把握核心问题的系统性研究，二是如何利用数据进行实证来检验理论猜想。为此，教师会在课堂上事先讲解一篇完整论文的行文逻辑，以及各部分需要注意的问题；课间学生可以和教师交流论文进展，寻求指导；课后助教也会耐心解答学生在写作上遇到的难题。学生完成论文写作后，将文件按规范格式发送到公共邮箱，交由教师修改评阅，教师和助教对每位学生的论文给出详细评价和打分，汇总成文档分享到群文件；再选取5~7篇优秀论文，由这几位学生和大家分享经验，以便大家清楚认知自身的不足和以后研究需要注意的问题，也可以促进学生之间互相交流学习。

四、方案实施效果与改进

在课程结束时，教师向每位学生发放意见反馈表，匿名收集学生对课程融入学术训练的建议，以期在未来能够进一步完善课堂建设，提高教学效果。总的来说，经过一学期完整的系统性学术训练，在提交期末论文时，大多数学生认为对论文的理解更上一层楼，并且对深入研究抱有很大的兴趣。

本课程在专业理论知识讲授中融入系统性学术训练，改变以往只看结果的考核做法，弥补了经济学课程一直以来偏理论而少应用的缺陷；改变传统的论文教学模式，即一味要求写作练习的方式，而把论文的教学拆分成各个部分，针对练习，针对辅导，针对讲解，促使学生综合运用各学科所学知识，在期末形成一篇完整论文。在论文训练的各个阶段，不断有学生来仔细请教教师，在得到教师或者助教的耐心帮助后，学生基本会表现出跃跃欲试的情绪；越来越多的学生尝试攻克各种困难，拿着新的理论模型来请教或者试图从各种国内外文献中找出新的方法来解决难题，逐渐形成了正确对待论文的心态。

目前存在的主要问题：一是部分学生有畏难情绪，有些学生觉得自己毕业以后不做科研，接受这样严格的科研训练没有必要；有些学生觉得需要调用所学的各门知识和分析方法，甚至需要自学一些高阶知识和方法，太难了。二是部分学生仍然有拼凑、粘贴行为，尽管教师要求论文查重，但学生为了降低重复率只做简单文字调整，部分论文选题避重就轻。三是时间紧，要在一学期内，既要完成既定的课程内容（国民经济管理课程内容比较多），还要完成文献综述、开题和完整论文写作，必须周密安排，授课教师、助教、学生的压力都比较大，这两年最后的论文评讲和展示都比较匆忙。

作为一名高校教师，笔者认为学术训练和学术论文的写作有着极其重要且深远的意义，它是学习成果的综合性检验。国民经济管理专业内容庞杂，既有理论又有实践，所面临的经济问题涵盖了经济生活的方方面面。学生通过阅读文献，调用所学知识和分析手段，完成一篇规范的课程论文，可以极大地提升思考深度，以及分析能力和写作能力。当前经济学专业学术论文存在的各种弊端，有很大一部分原因是缺乏严格、规范的学术训练。未来，国民经济管理课程仍然会坚持这一做法，在专业课程学习中融入规范学术训练，并在以下几个方面进一步改进。

第一，加强各环节的指导。

在文献综述环节，要给学生留一定的阅读内容，指导学生在阅读过程中学会做好读书笔记，学会思考、提炼、总结以及对多余材料的处理等。在选题开题环节，授课教师和助教要对论文选题进行指导，同时还要帮助学生破题，并在选定题目之后对学生如何进行科学研究、如何撰写论文等给予方法指导。在学生完成论文环节，教师要加强和学生的面对面沟通，让每一位学生写完论文后都能得到教师的点评，而不只是有一个平时成绩。

第二，加强反馈，加强学生间的交流。

学术写作的过程是一个思想碰撞的过程。但大多数学生似乎只愿意完成作业、交作业给教师，然后得一个分数，不喜欢学生之间交流，写得还不错的学生怕别人挑剔和提问影响自尊心，写得差的学生怕被别人看不起。所以，要进一步破除这些心理障碍，鼓励学生大大方方展示自己的文章，坦诚进行学术交流，既展示自己的观点、研究成果和研究心得，也向其他学生学习。教师可以在训练过程中模拟一次学术研讨会，启发学生的学术思考，形成良好的学术氛围。

第三，加强课程和教师之间的合作。

国民经济管理专业定位于培养具有扎实的经济学理论基础，掌握现代分析方法，熟悉中国经济运行与改革实践，知识面广、适应性强、多元包容，有家国情怀、系统性与综合性思维、开阔国际视野、宏观经济分析与决策能力的扎根中国大地的新时代国家治理和经济管理高素质人才。本专业各门课程之间有前后关联，相互衔接，共同完成育人目标。学术训练涉及多环节，一个教师一门课程单打独斗是不行的，应该将学术训练的重点环节进行分解，教师结合每门专业课程的特点进行有针对性的训练，例如，有偏重文献归纳的，有偏重理论模型推导的，有偏重实证分析的，有偏重微观经济领域选题的，有偏重宏观分析和政策分析的，这样学生的学术训练才能完整而规范，才能真正实现专业培养目标。

参考文献

[1] 习近平. 习近平谈治国理政 [M]. 北京：外文出版社，2017.
[2] 程霖，张申，陈旭东. 选择与创新：西方经济学说中国化的近代考察 [J]. 经济研究，2018（7）：182-197.
[3] 刘瑞. 中国国民经济学形成、演化及流派 [J]. 中国社会科学评价，2020（2）：26-

39+157.

[4] 杨青龙，李杏. 国民经济学学科建设的困境与出路 [J]. 中国大学教学，2016（4）：21-26.

[5] 赵德起，刘书昊. 国民经济学及其研究对象与研究方法的演进 [J]. 辽宁大学学报（哲学社会科学版），2021（6）：18-38+2.

铸金炼课　守正创新

——四川大学经济学院财经类"金课"问卷调查分析

段海英　仲家琳[*]

摘　要：2022年3月，四川大学"高校'课程思政'引领'金课'建设的研究与实践"课题组向经济学院学生发放了调查问卷，旨在收集学生在财经类课程学习过程中对"课程思政"和"金课"建设的感受和建议，了解学生对教改的接受度、认可度和满意度，从而有效总结教改中"课程思政"促进"金课"建设的成功做法，将教学经验进行推广。

关键词：课程思政；"金课"建设；财经类课程；教学改革

一、问卷基础信息

本次问卷调查主要面向四川大学经济学院内修读过"金课"课程的各专业本科生，问卷通过线上渠道发放。由于对发放问卷的途径进行了控制，一定程度上提高了数据的有效性，共回收到612份有效问卷，有效率为100%。其中男生191人，占总人数的31%；女生421人，占总人数的69%。参加问卷调查的主要为大二、大三的本科生，也有部分修读过"金课"课程的研究生及外专业学生。问卷主要引导学生在经济学院现有的五门"金课"中选择一门自己最喜欢的课程进行评价，其中选择最多的是微（宏）观经济学，选择人数占总人数的55.7%；其次是财政学，选择人数占总人数的25.5%；另外，还有0.6%的同学选择了五门"金课"以外自己最喜欢的课程，如统计学、政治经济学等，为"课程思政"与"金课"建设的思考提出建议。参与问卷调查学生基本情况的频数分析结果见表1。

---

[*] 作者简介：段海英（1972—），四川大学经济学院副教授、硕士生导师，主要研究领域集中在财政赤字、政府绩效、政府基本公共服务、失业与就业等方面。仲家琳（1999—），四川大学经济学院硕士研究生，研究方向为金融财政政策与资本市场。

表1 频数分析结果

名称	选项	频数	百分比（%）
性别	女	421	68.8
	男	191	31.2
年级	本科2021级	139	22.7
	本科2020级	251	41.0
	本科2019级	197	32.2
	本科2018级	20	3.3
	研究生	5	0.8
专业	经济学类	94	15.4
	金融学类	49	8.0
	财政学	102	16.7
	金融学	75	12.3
	经济学	74	12.1
	金融工程	67	10.9
	国民经济管理	96	15.7
	国际经济与贸易	30	4.9
	其他	25	4.0
选择评价的课程	微（宏）观经济学	341	55.7
	财政学	156	25.5
	货币金融学	72	11.8
	国民经济管理	34	5.6
	金融风险管理	5	0.8
	其他	4	0.6
合计		612	100.0

二、信度和效度分析

按照以"课程思政"为引领，以课堂教学和过程考核为载体，"双轮驱动"推动"金课"建设的思路，问卷将课堂教学中的思政元素融入情况、过程考核中的思政元素融入情况、课程整体的思政教育情况、课程整体的水平提升情况四个维度设计为量表题目让学生进行评价。针对四类量表题目，用Cronbach's α系数进行信度检验，用KMO、Bartlett和因子载荷系数进行效度检验，经检验，本问卷的信度和效度都很好，适合进一步分析。

（一）课堂教学情况

1. 课堂教学中使用的教学方法

针对多选题"课堂教学中使用的教学方法"，使用多重响应分析法展示选项的频率分布情况，包括个案数、响应率①及普及率②、显著性 P 值等。多重响应频率分析表显示，各选项卡方拟合优度检验的显著性 P 值为0.000，小于0.05，在1%水平上呈现显著性，拒绝原假设，意味着各项的选择比例比较呈现显著性差异，分布不均匀，如表2所示。

表2 "课堂教学中使用的教学方法"多重响应频率分析表

多选题题项	N（计数）	响应率（%）	普及率（%）	χ^2	P
案例分析/案例展示	457	27.1	74.7		
课堂讨论/小组讨论	341	20.2	55.7		
视频解读/视频演示	106	6.3	17.3		
课堂辩论/课下辩论	110	6.5	18.0		
学术讲座/学术报告	70	4.2	11.4		
线上学习/线上测试	137	8.1	22.4	1456.562	0.000***
情景模拟/角色扮演	31	1.8	5.1		
读书指导/论文指导	140	8.3	22.9		
项目教学/实地调研	23	1.4	3.8		
翻转课堂/学生授课	44	2.6	7.2		
小组任务/小组展示	215	12.8	35.1		
其他	12	0.7	2.0		
总计	1686	100.0	275.6		

注：***、**、*分别代表1%、5%、10%的显著性水平

---

① 响应率为多选题（X）各选项的全部选择项比例情况，例如一个多选题由10人回答，但是收获了36个选项，其中a选项有8个，a的响应率=8/36。

② 普及率为有效样本下的各选项的选择比例，例如一个多选题由10人回答，其中a选项有8个，a的普及率=8/10。

如图1所示,由各选项的响应率饼状图可以看出,案例分析/案例展示、课堂讨论/小组讨论是教师在课堂教学中最常用的教学方法,这两项占了近一半,其次是小组任务/小组展示、读书指导/论文指导、线上学习/线上测试。

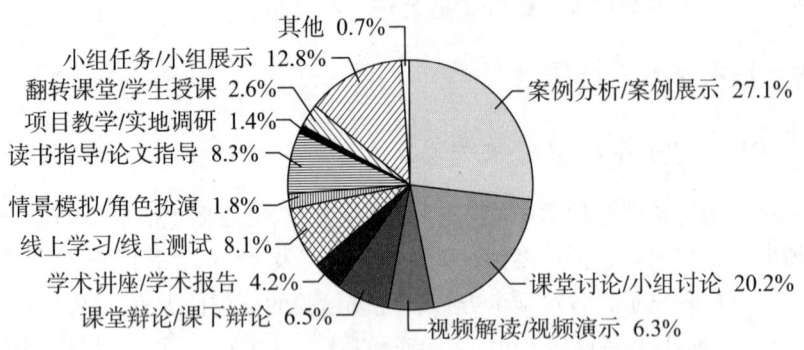

图1 "课堂教学中使用的教学方法"响应率饼状图

加入现有的五门"金课"进行交叉分析,课程多重响应频率交叉分析表显示,卡方检验的显著性 P 值为 0.000,小于 0.05,在 1% 水平上呈现显著性,拒绝原假设,说明不同课程在对"课堂教学中使用的教学方法"的选择上具有显著性差异,如表3所示。

表3 课程多重响应频率交叉分析表

分组题项	财政学	微(宏)观经济学	货币金融学	国民经济管理	金融风险管理	总计
案例分析/案例展示	117	254	53	27	6	457
课堂讨论/小组讨论	84	182	44	27	4	341
视频解读/视频演示	41	45	15	1	4	106
课堂辩论/课下辩论	32	55	12	9	2	110
学术讲座/学术报告	46	21	1	2	0	70
线上学习/线上测试	66	57	9	1	4	137
情景模拟/角色扮演	6	20	3	1	1	31
读书指导/论文指导	49	59	12	19	1	140
项目教学/实地调研	2	16	3	1	1	23
翻转课堂/学生授课	13	21	4	6	0	44
小组任务/小组展示	58	105	22	29	1	215

续表3

分组题项	课程					总计
	财政学	微(宏)观经济学	货币金融学	国民经济管理	金融风险管理	
其他	2	10	0	0	0	12
总数	516	845	178	123	24	1686
χ^2	145.45					
P	0.000***					

注：***、**、*分别代表1%、5%、10%的显著性水平

如图2所示，从课程多重响应频率交叉图可以看出，案例分析/案例展示是教师最常用的课堂教学方式，每门课程都会使用该方式，在微（宏）观经济学课程中尤其明显；其次是课堂讨论/小组讨论与小组任务/小组展示；但情景模拟/角色扮演、项目教学/实地调研、翻转课堂/学生授课等方式运用较少。

2. 课堂教学中的思政元素融入情况

"课堂教学中的思政元素融入情况"板块共有6道题目，分别让学生评价教师在课堂教学中对法治意识、家国情怀、创新意识、政治认同、乡土乡情、道德修养等教育内容的融入情况。对其信度进行检验，Cronbach's α系数值为0.930，通过控制变量法，比较删除某题前后的总体相关性和Cronbach's α系数等指标，表现均较好，说明该问卷的信度非常好，如表4、表5所示。

中国特色国民经济管理人才培养的
思考与探索

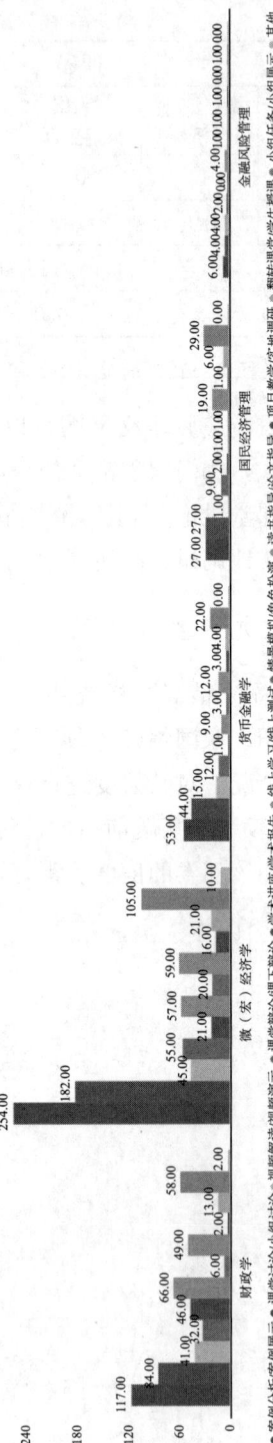

图2 课程多重响应频率交叉图

表 4 "课堂教学中的思政元素融入情况"Cronbach's α 系数表

Cronbach's α 系数	标准化 Cronbach's α 系数	项数	样本数
0.930	0.931	6	612

表 5 "课堂教学中的思政元素融入情况"删除分析项统计汇总

题项名称	删除项后的平均值	删除项后的方差	删除的项与删除项后的总体的相关性	删除项后的Cronbach's α 系数
教师在课堂教学中融入法治意识教育	8.627	9.236	0.747	0.924
教师在课堂教学中融入家国情怀教育	8.709	8.999	0.821	0.914
教师在课堂教学中融入创新意识教育	8.730	9.624	0.726	0.926
教师在课堂教学中融入政治认同教育	8.740	9.119	0.846	0.911
教师在课堂教学中融入乡土乡情教育	8.570	8.625	0.806	0.917
教师在课堂教学中融入道德修养教育	8.739	9.156	0.844	0.912

对其效度进行检验,KMO 的值为 0.918,同时 Bartlett 球形检验的结果显示显著性 P 值为 0.000,小于 0.05,在 1% 水平上呈现显著性,拒绝原假设,各变量间具有相关性,因子分析有效,程度为适合,如表 6 所示。

表 6 "课堂教学中的思政元素融入情况"KMO 检验和 Bartlett 的检验

KMO 值		0.918
Bartlett 球形度检验	近似卡方	2845.369
	df	15.000
	P	0.000***

注:***、**、* 分别代表 1%、5%、10% 的显著性水平

对数据进行因子分析,可以看到所有题项的共同度均大于 0.4,各题项均与预期对应关系一致,且题项的因子载荷系数绝对值均高于 0.4。综合说明研究数据具有良好的结构效度水平,如表 7 所示。

表7 "课堂教学中的思政元素融入情况"因子载荷系数表

旋转后因子载荷系数表		
题项名称	旋转后因子载荷系数	共同度（公因子方差）
教师在课堂教学中融入法治意识教育	0.823	0.677
教师在课堂教学中融入家国情怀教育	0.882	0.777
教师在课堂教学中融入创新意识教育	0.806	0.649
教师在课堂教学中融入政治认同教育	0.900	0.809
教师在课堂教学中融入乡土乡情教育	0.870	0.757
教师在课堂教学中融入道德修养教育	0.897	0.804

（二）过程考核情况

1. 过程考核中使用的考核方式

针对多选题"过程考核中使用的考核方式"，使用多重响应分析法展示选项的频率分布情况，包括个案数、响应率及普及率、显著性 P 值等。多重响应频率分析表显示，各选项卡方拟合优度检验的显著性 P 值为 0.000，小于 0.05，在1%水平上呈现显著性，拒绝原假设，意味着各项的选择比例比较呈现显著性差异，分布不均匀，如表8所示。

表8 "过程考核中使用的考核方式"多重响应频率分析表

多选题题项	N（计数）	响应率（%）	普及率（%）	X^2	P
案例分析/案例展示	267	11.7	43.6		
课堂讨论/小组讨论	299	13.1	48.9		
课堂辩论/课下辩论	94	4.1	15.4		
课堂作业/课后作业	388	17.0	63.4		
考勤签到/课堂点名	369	16.1	60.3		
半期考试/半期考核	274	12.0	44.8	718.356	0.000***
情景模拟/角色扮演	10	0.4	1.6		
学生互动/学生授课	97	4.2	15.8		
读书报告/课程论文	176	7.7	28.8		
线上学习/线上测试	111	4.9	18.1		
小组任务/小组展示	203	8.8	33.2		
总计	2288	100.0	373.9		

注：***、**、*分别代表1%、5%、10%的显著性水平

如图3所示，由各选项的响应率饼状图可以看出，课堂作业/课后作业、考勤签到/课堂点名是教师在过程考核中最常用的考核方式，其次是课堂讨论/小组讨论、案例分析/案例展示、半期考试/半期考核。

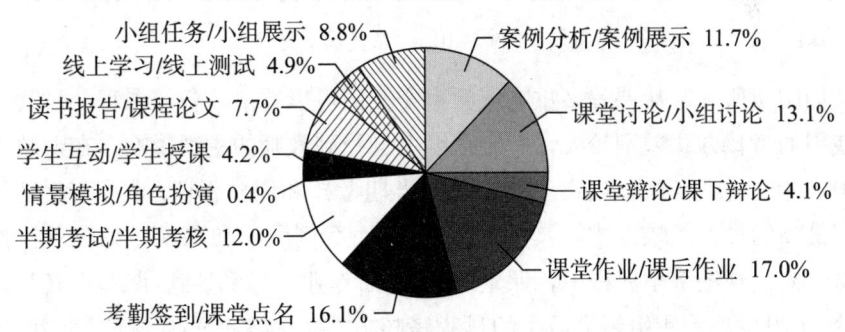

图3 "过程考核中使用的考核方式"响应率饼状图

加入现有的五门"金课"进行交叉分析，课程多重响应频率交叉分析表显示，卡方检验的显著性P值为0.000，小于0.05，在1%水平上呈现显著性，拒绝原假设，说明不同课程在对"过程考核中使用的考核方式"的选择上具有显著性差异，如表9所示。

表 9 课程多重响应频率交叉分析表

分组题项	课程					总计
	财政学	微(宏)观经济学	货币金融学	国民经济管理	金融风险管理	
案例分析/案例展示	83	123	36	20	5	267
课堂讨论/小组讨论	78	158	42	17	4	299
课堂辩论/课下辩论	26	47	11	7	3	94
课堂作业/课后作业	89	237	45	11	6	388
考勤签到/课堂点名	99	200	46	19	5	369
半期考试/半期考核	94	147	23	7	3	274
情景模拟/角色扮演	3	4	0	1	2	10
学生互动/学生授课	22	51	14	7	3	97
读书报告/课程论文	66	73	14	21	2	176
线上学习/线上测试	57	40	9	2	3	111
小组任务/小组展示	45	113	21	22	2	203
总数	662	1193	261	134	38	2288
χ^2	128.506					
P	0.000***					

注：***、**、* 分别代表1％、5％、10％的显著性水平

如图 4 所示，从课程多重响应频率交叉图可以看出，各门课程在过程考核中使用的考核方式差别较大，一定程度上会受到教师的主观影响。在财政学课程中，考勤签到/课堂点名、半期考试/半期考核和课堂作业/课后作业是使用频率最高的过程考核方式，其次是案例分析/案例展示和课堂讨论/小组讨论；在微（宏）观经济学课程中，课堂作业/课后作业、考勤签到/课堂点名和课堂讨论/小组讨论是使用频率最高的过程考核方式，其次是课堂讨论/小组讨论、半期考试/半期考核和小组任务/小组展示；在货币金融学课程中，考勤签到/课堂点名和课堂作业/课后作业是使用频率最高的过程考核方式，其次是课堂讨论/小组讨论和案例分析/案例展示；在国民经济管理课程中，小组任务/小组展示和读书报告/课程论文是使用频率最高的过程考核方式，其次是案例分析/案例展示和考勤签到/课堂点名；在金融风险管理课程中，课堂作业/课后作业、考勤签到/课堂点名和案例分析/案例展示是使用频率最高的过程考核方

式，其次是课堂讨论/小组讨论。但整体而言，课堂辩论/课下辩论、情景模拟/角色扮演、学生互动/学生授课等过程考核方式运用较少。

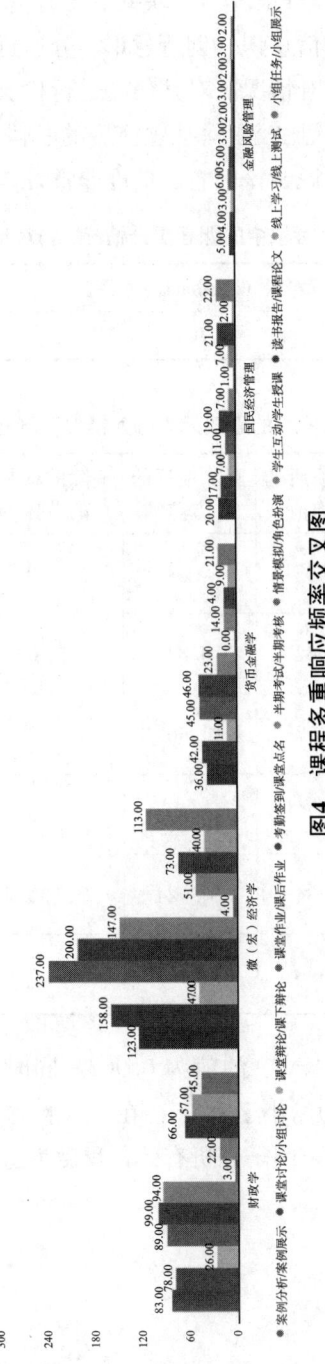

图4 课程多重响应频率交叉图

2. 过程考核中的课程提升情况

"过程考核中的课程提升情况"板块共有 6 道题目，分别让学生评价过程考核对自身包容意识、诚信意识、创造意识、分享意识、团队合作意识、知识产权保护意识等方面的提升情况。对其信度进行检验，Cronbach's α 系数值为 0.936，通过控制变量法，比较删除某题前后的总体相关性和 Cronbach's α 系数等指标，表现均较好，说明该问卷的信度非常好，如表 10、表 11 所示。

表 10 "过程考核中的课程提升情况" Cronbach's α 系数表

Cronbach's α 系数	标准化 Cronbach's α 系数	项数	样本数
0.936	0.936	6	612

表 11 "过程考核中的思政元素融入情况"删除分析项统计汇总

题项名称	删除项后的平均值	删除项后的方差	删除的项与删除项后的总体的相关性	删除项后的 Cronbach's α 系数
过程考核能够增强包容意识	9.005	10.843	0.778	0.928
过程考核能够增强诚信意识	9.062	10.841	0.814	0.924
过程考核能够增强创造意识	8.997	10.609	0.831	0.922
过程考核能够增强分享意识	8.985	10.273	0.876	0.916
过程考核能够增强团队合作意识	9.034	10.924	0.772	0.929
过程考核能够增强知识产权保护意识	8.993	10.494	0.792	0.927

对其效度进行检验，KMO 的值为 0.907，同时 Bartlett 球形检验的结果显示显著性 P 值为 0.000，小于 0.05，在 1% 水平上呈现显著性，拒绝原假设，各变量间具有相关性，因子分析有效，程度为适合，如表 12 所示。

表 12 "过程考核中的课程提升情况" KMO 检验和 Bartlett 的检验

KMO 值		0.907
Bartlett 球形度检验	近似卡方	3028.393
	df	15.000
	P	0.000***

注：***、**、* 分别代表 1%、5%、10%的显著性水平

对数据进行因子分析，可以看到所有题项的共同度均大于 0.4，各题项均与预期对应关系一致，且题项的因子载荷系数绝对值均高于 0.4。综合说明研究数据具有良好的结构效度水平，如表 13 所示。

表 13 "过程考核中的课程提升情况" 因子载荷系数表

旋转后因子载荷系数表		
题项名称	旋转后因子载荷系数	共同度（公因子方差）
过程考核能够增强包容意识	0.847	0.717
过程考核能够增强诚信意识	0.873	0.763
过程考核能够增强创造意识	0.886	0.786
过程考核能够增强分享意识	0.920	0.846
过程考核能够增强团队合作意识	0.841	0.708
过程考核能够增强知识产权保护意识	0.857	0.735

（三）课程整体的思政教育情况

"课程整体的思政教育情况" 板块共有 3 道题目，分别让学生评价目前所学课程中的思政教育在立德树人、价值塑造、能力培养等方面的情况。对其信度进行检验，Cronbach's α 系数值为 0.837，通过控制变量法，比较删除某题前后的总体相关性和 Cronbach's α 系数等指标，表现均较好，说明该问卷的信度非常好，如表 14、表 15 所示。

表 14 "课程整体的思政教育情况" Cronbach's α 系数表

Cronbach's α 系数	标准化 Cronbach's α 系数	项数	样本数
0.837	0.838	3	612

表 15 "课程整体的思政教育情况"删除分析项统计汇总

题项名称	删除项后的平均值	删除项后的方差	删除的项与删除项后的总体的相关性	删除项后的Cronbach's α系数
目前所学课程中的思政教育在立德树人方面做得如何	8.356	2.757	0.737	0.738
目前所学课程中的思政教育在价值塑造方面做得如何	8.369	2.620	0.767	0.706
目前所学课程中的思政教育在能力培养方面做得如何	8.405	2.899	0.602	0.869

对其效度进行检验，KMO 的值为 0.685，同时 Bartlett 球形检验的结果显示显著性 P 值为 0.000，小于 0.05，在 1% 水平上呈现显著性，拒绝原假设，各变量间具有相关性，因子分析有效，如表 16 所示。

表 16 "课程整体的思政教育情况"KMO 检验和 Bartlett 的检验

KMO 值		0.685
Bartlett 球形度检验	近似卡方	821.561
	df	3.000
	P	0.000***

注：***、**、* 分别代表 1%、5%、10% 的显著性水平

对数据进行因子分析，可以看到所有题项的共同度均大于 0.4，各题项均与预期对应关系一致，且题项的因子载荷系数绝对值均高于 0.4。综合说明研究数据具有良好的结构效度水平，如表 17 所示。

表 17 "课程整体的思政教育情况"因子载荷系数表

旋转后因子载荷系数表		
题项名称	旋转后因子载荷系数	共同度（公因子方差）
目前所学课程中的思政教育在立德树人方面做得如何	0.895	0.800
目前所学课程中的思政教育在价值塑造方面做得如何	0.910	0.828
目前所学课程中的思政教育在能力培养方面做得如何	0.803	0.644

（四）课程整体的水平提升情况

"课程整体的水平提升情况"板块共有 3 道题目，分别让学生评价目前所学课程整体而言在创新性、高阶性、挑战性等方面的情况。对其信度进行检验，Cronbach's α 系数值为 0.837，通过控制变量法，比较删除某题前后的总体相关性和 Cronbach's α 系数等指标，表现均较好，说明该问卷的信度非常好，如表 18、表 19 所示。

表 18　"课程整体的水平提升情况" Cronbach's α 系数表

Cronbach's α 系数	标准化 Cronbach's α 系数	项数	样本数
0.842	0.842	3	612

表 19　"课程整体的水平提升情况"删除分析项统计汇总

题项名称	删除项后的平均值	删除项后的方差	删除的项与删除项后的总体的相关性	删除项后的 Cronbach's α 系数
目前所学课程整体而言在创新性方面做得如何	7.943	3.157	0.667	0.819
目前所学课程整体而言在高阶性方面做得如何	7.990	2.822	0.798	0.688
目前所学课程整体而言在挑战性方面做得如何	7.891	3.273	0.661	0.823

对其效度进行检验，KMO 的值为 0.677，同时 Bartlett 球形检验的结果显示显著性 P 值为 0.000，小于 0.05，在 1% 水平上呈现显著性，拒绝原假设，各变量间具有相关性，因子分析有效，如表 20 所示。

表 20　"课程整体的水平提升情况" KMO 检验和 Bartlett 的检验

KMO 值		0.677
Bartlett 球形度检验	近似卡方	813.385
	df	3.000
	P	0.000***

注："***"、"**"、"*"分别代表 1%、5%、10% 的显著性水平

对数据进行因子分析,可以看到所有题项的共同度均大于0.4,各题项均与预期对应关系一致,且题项的因子载荷系数绝对值均高于0.4。综合说明研究数据具有良好的结构效度水平,如表21所示。

表21 "课程整体的水平提升情况"因子载荷系数表

旋转后因子载荷系数表		
题项名称	旋转后因子载荷系数	共同度(公因子方差)
目前所学课程整体而言在创新性方面做得如何	0.848	0.719
目前所学课程整体而言在高阶性方面做得如何	0.921	0.848
目前所学课程整体而言在挑战性方面做得如何	0.846	0.715

三、问卷交叉分析

为了从多个方面探究不同类型的学生对现有课程在"课程思政"和"金课"建设方面的评价与建议,我们使用问卷多重响应对数据进行交叉分析。

(一)学生评价

1. 课堂教学中的思政元素融入情况

"课堂教学中的思政元素融入情况"板块共有6道题目,我们将其与五门"金课"进行交叉分析,查看学生对每门课程在课堂教学中的思政元素融入情况认同度,可以发现绝大多数学生在课程中感到教师在课堂教学中融入法治意识、家国情怀、创新意识、政治认同、乡土乡情、道德修养等内容,且认为课堂教学内容对自己专业的知识学习有所帮助,对自身的思想认识观念也有所改变,如表22所示。

表22 课堂教学中的思政元素融入情况

教师在课堂教学中融入	选项	国民经济管理	微(宏)观经济学	财政学	货币金融学	金融风险管理	总计
法治意识教育	不同意	0(0.0%)	5(100.0%)	0(0.0%)	0(0.0%)	0(0.0%)	5
	不确定	2(2.6%)	58(75.3%)	8(10.4%)	9(11.7%)	0(0.0%)	77
	同意	13(4.2%)	186(60.0%)	72(23.2%)	35(11.3%)	4(1.3%)	310
	完全不同意	0(0.0%)	1(50.0%)	0(0.0%)	1(50.0%)	0(0.0%)	2
	完全同意	19(8.7%)	91(41.7%)	76(34.9%)	27(12.4%)	5(2.3%)	218
家国情怀教育	不同意	0(0.0%)	3(50.0%)	2(33.3%)	1(16.7%)	0(0.0%)	6
	不确定	2(3.8%)	42(79.2%)	5(9.4%)	4(7.5%)	0(0.0%)	53
	同意	11(3.7%)	180(59.8%)	66(21.9%)	40(13.3%)	4(1.3%)	301
	完全不同意	0(0.0%)	1(33.3%)	0(0.0%)	2(66.7%)	0(0.0%)	3
	完全同意	21(8.4%)	115(46.2%)	83(33.3%)	25(10.0%)	5(2.0%)	249
创新意识教育	不同意	0(0.0%)	3(100.0%)	0(0.0%)	0(0.0%)	0(0.0%)	3
	不确定	0(0.0%)	29(69.0%)	7(16.7%)	6(14.3%)	0(0.0%)	42
	同意	13(4.0%)	198(61.3%)	64(19.8%)	45(13.9%)	3(0.9%)	323
	完全不同意	0(0.0%)	0(0.0%)	1(50.0%)	1(50.0%)	0(0.0%)	2
	完全同意	21(8.7%)	111(45.9%)	84(34.7%)	20(8.3%)	6(2.5%)	242
政治认同教育	不同意	0(0.0%)	2(66.7%)	0(0.0%)	1(33.3%)	0(0.0%)	3
	不确定	3(6.2%)	36(75.0%)	3(6.2%)	4(8.3%)	2(4.2%)	48
	同意	11(3.6%)	180(59.0%)	73(23.9%)	39(12.8%)	2(0.7%)	305
	完全不同意	0(0.0%)	1(50.0%)	0(0.0%)	1(50.0%)	0(0.0%)	2
	完全同意	20(7.9%)	122(48.0%)	80(31.5%)	27(10.6%)	5(2.0%)	254
乡土乡情教育	不同意	0(0.0%)	4(66.7%)	1(16.7%)	1(16.7%)	0(0.0%)	6
	不确定	3(2.6%)	82(71.9%)	11(9.6%)	16(14.0%)	2(1.8%)	114
	同意	8(3.0%)	153(58.0%)	70(26.5%)	31(11.7%)	2(0.8%)	264
	完全不同意	0(0.0%)	2(66.7%)	0(0.0%)	1(33.3%)	0(0.0%)	3
	完全同意	23(10.2%)	100(44.4%)	74(32.9%)	23(10.2%)	5(2.2%)	225
道德修养教育	不同意	0(0.0%)	1(50.0%)	0(0.0%)	1(50.0%)	0(0.0%)	2
	不确定	2(4.7%)	31(72.1%)	5(11.6%)	4(9.3%)	1(2.3%)	43
	同意	12(3.8%)	191(60.6%)	70(22.2%)	40(12.7%)	2(0.6%)	315
	完全不同意	0(0.0%)	2(66.7%)	0(0.0%)	1(33.3%)	0(0.0%)	3
	完全同意	20(8.0%)	116(46.6%)	81(32.5%)	26(10.4%)	6(2.4%)	249

续表22

| 教师在课堂教学中融入 | 选项 | 课程 ||||| 总计 |
		国民经济管理	微(宏)观经济学	财政学	货币金融学	金融风险管理	
课堂教学内容对思想认识观念有所改变	不同意	1(11.1%)	7(77.8%)	0(0.0%)	1(11.1%)	0(0.0%)	9
	不确定	1(2.0%)	30(61.2%)	12(24.5%)	5(10.2%)	1(2.0%)	49
	同意	12(3.7%)	190(58.6%)	76(23.5%)	43(13.3%)	3(0.9%)	324
	完全不同意	0(0.0%)	3(75.0%)	1(25.0%)	0(0.0%)	0(0.0%)	4
	完全同意	20(8.8%)	111(49.1%)	67(29.6%)	23(10.2%)	5(2.2%)	226
课堂教学内容对专业知识学习有所帮助	不同意	0(0.0%)	2(100.0%)	0(0.0%)	0(0.0%)	0(0.0%)	2
	不确定	0(0.0%)	6(75.0%)	1(12.5%)	1(12.5%)	0(0.0%)	8
	同意	6(2.5%)	140(57.6%)	62(25.5%)	33(13.6%)	2(0.8%)	243
	完全不同意	0(0.0%)	1(100.0%)	0(0.0%)	0(0.0%)	0(0.0%)	1
	完全同意	28(7.8%)	192(53.6%)	93(26.0%)	38(10.6%)	7(2.0%)	358

2. 过程考核中的课程提升情况

"过程考核中的课程提升情况"板块共有6道题目，我们将其与五门"金课"进行交叉分析，查看学生对每门课程在过程考核中的课程提升情况认同度，可以发现绝大多数学生通过各种类型的过程考核，在包容、诚信、创造、分享、团队合作、知识产权保护等方面的意识都有所提升，且认为过程考核方式对自己在专业知识方面的学习和课外实践能力都有所帮助，如表23所示。

表23 过程考核中的课程提升情况

| 过程考核能够增强 | 选项 | 课程 ||||| 总计 |
		国民经济管理	微(宏)观经济学	财政学	货币金融学	金融风险管理	
包容意识	不同意	0(0.0%)	1(25.0%)	0(0.0%)	3(75.0%)	0(0.0%)	4
	不确定	1(1.3%)	48(62.3%)	16(20.8%)	11(14.3%)	1(1.3%)	77
	同意	15(4.8%)	178(57.4%)	73(23.5%)	39(12.6%)	5(1.6%)	310
	完全不同意	0(0.0%)	5(100.0%)	0(0.0%)	0(0.0%)	0(0.0%)	5
	完全同意	18(8.3%)	109(50.5%)	67(31.0%)	19(8.8%)	3(1.4%)	216

续表23

过程考核能够增强	选项	国民经济管理	微(宏)观经济学	财政学	货币金融学	金融风险管理	总计
诚信意识	不同意	0(0.0%)	3(60.0%)	0(0.0%)	2(40.0%)	0(0.0%)	5
	不确定	3(6.4%)	25(53.2%)	12(25.5%)	7(14.9%)	0(0.0%)	47
	同意	16(4.9%)	194(59.1%)	72(22.0%)	41(12.5%)	5(1.5%)	328
	完全不同意	0(0.0%)	4(66.7%)	2(33.3%)	0(0.0%)	0(0.0%)	6
	完全同意	15(6.6%)	115(50.9%)	70(31.0%)	22(9.7%)	4(1.8%)	226
创造意识	不同意	0(0.0%)	3(75.0%)	0(0.0%)	1(25.0%)	0(0.0%)	4
	不确定	0(0.0%)	52(60.5%)	21(24.4%)	11(12.8%)	2(2.3%)	86
	同意	14(4.7%)	179(59.5%)	67(22.3%)	38(12.6%)	3(1.0%)	301
	完全不同意	0(0.0%)	3(75.0%)	1(25.0%)	0(0.0%)	0(0.0%)	4
	完全同意	20(9.2%)	104(47.9%)	67(30.9%)	22(10.1%)	4(1.8%)	217
分享意识	不同意	0(0.0%)	6(85.7%)	0(0.0%)	1(14.3%)	0(0.0%)	7
	不确定	0(0.0%)	54(63.5%)	17(20.0%)	12(14.1%)	2(2.4%)	85
	同意	13(4.4%)	170(57.2%)	73(24.6%)	37(12.5%)	4(1.3%)	297
	完全不同意	0(0.0%)	4(80.0%)	1(20.0%)	0(0.0%)	0(0.0%)	5
	完全同意	21(9.6%)	107(49.1%)	65(29.8%)	22(10.1%)	3(1.4%)	218
团队合作意识	不同意	0(0.0%)	4(80.0%)	0(0.0%)	1(20.0%)	0(0.0%)	5
	不确定	0(0.0%)	51(72.9%)	8(11.4%)	9(12.9%)	2(2.9%)	70
	同意	12(3.9%)	174(56.7%)	79(25.7%)	39(12.7%)	3(1.0%)	307
	完全不同意	0(0.0%)	2(50.0%)	2(50.0%)	0(0.0%)	0(0.0%)	4
	完全同意	22(9.7%)	110(48.7%)	67(29.6%)	23(10.2%)	4(1.8%)	226
知识产权保护意识	不同意	0(0.0%)	5(62.5%)	1(12.5%)	2(25.0%)	0(0.0%)	8
	不确定	3(3.5%)	54(63.5%)	18(21.2%)	9(10.6%)	1(1.2%)	85
	同意	11(3.9%)	160(56.1%)	71(24.9%)	38(13.3%)	5(1.8%)	285
	完全不同意	0(0.0%)	3(50.0%)	2(33.3%)	1(16.7%)	0(0.0%)	6
	完全同意	20(8.8%)	119(52.2%)	64(28.1%)	22(9.6%)	3(1.3%)	228
过程考核方式对专业知识学习有所帮助	不同意	0(0.0%)	1(50.0%)	0(0.0%)	1(50.0%)	0(0.0%)	2
	不确定	0(0.0%)	14(73.7%)	3(15.8%)	1(5.3%)	1(5.3%)	19
	同意	9(3.1%)	165(57.3%)	76(26.4%)	35(12.2%)	3(1.0%)	288
	完全不同意	0(0.0%)	3(60.0%)	1(20.0%)	1(20.0%)	0(0.0%)	5
	完全同意	25(8.4%)	158(53.0%)	76(25.5%)	34(11.4%)	5(1.7%)	298

续表23

过程考核能够增强	选项	课程					总计
		国民经济管理	微(宏)观经济学	财政学	货币金融学	金融风险管理	
过程考核方式对课外实践能力有所帮助	不同意	1(7.7%)	11(84.6%)	0(0.0%)	1(7.7%)	0(0.0%)	13
	不确定	1(1.2%)	55(64.7%)	16(18.8%)	12(14.1%)	1(1.2%)	85
	同意	10(3.5%)	160(56.1%)	76(26.7%)	35(12.3%)	4(1.4%)	285
	完全不同意	0(0.0%)	3(42.9%)	2(28.6%)	2(28.6%)	0(0.0%)	7
	完全同意	22(9.9%)	112(50.5%)	62(27.9%)	22(9.9%)	4(1.8%)	222

3. 课程整体的思政教育情况

"课程整体的思政教育情况"板块共有3道题目，我们将其与五门"金课"进行交叉分析，查看学生对每门课程整体的思政教育情况评价，可以发现绝大多数学生对课程中立德树人、价值塑造、能力培养方面的思政教育持肯定态度，评价大多数在3分以上，如表24所示。

表24 课程整体的思政教育情况

目前所学课程中的思政教育在以下方面做得如何	选项	课程					总计
		国民经济管理	微(宏)观经济学	财政学	货币金融学	金融风险管理	
立德树人	4	8(4.1%)	111(56.6%)	49(25.0%)	25(12.8%)	3(1.5%)	196
	5	21(7.3%)	149(52.1%)	80(28.0%)	30(10.5%)	6(2.1%)	286
	1~3	5(3.8%)	81(62.3%)	27(20.8%)	17(13.1%)	0(0.0%)	130
价值塑造	4	8(4.0%)	121(60.5%)	50(25.0%)	17(8.5%)	4(2.0%)	200
	5	22(7.7%)	147(51.8%)	74(26.1%)	36(12.7%)	5(1.8%)	284
	1~3	4(3.1%)	73(57.0%)	32(25.0%)	19(14.8%)	0(0.0%)	128
能力培养	4	5(2.7%)	110(60.4%)	41(22.5%)	23(12.6%)	3(1.6%)	182
	5	24(8.5%)	147(51.8%)	74(26.1%)	34(12.0%)	5(1.8%)	284
	1~3	5(3.4%)	84(57.5%)	41(28.1%)	15(10.3%)	1(0.7%)	146

4. 课程整体的水平提升情况

"课程整体的水平提升情况"板块共有3道题目，我们将其与五门"金课"进行交叉分析，查看学生对每门课程整体的水平提升情况评价，可以发现绝大多数学生对课程整体而言的创新性、高阶性和挑战性持肯定态度，评价大多在

3分及以上，如表25所示。

表25 课程整体的水平提升情况

目前所学课程整体而言在以下方面做得如何	选项	国民经济管理	微(宏)观经济学	财政学	货币金融学	金融风险管理	总计
创新性	3	5(3.3%)	92(60.5%)	34(22.4%)	21(13.8%)	0(0.0%)	152
	4	5(2.6%)	110(57.0%)	53(27.5%)	21(10.9%)	4(2.1%)	193
	5	24(10.7%)	112(49.8%)	61(27.1%)	23(10.2%)	5(2.2%)	225
	1~2	0(0.0%)	27(64.3%)	8(19.0%)	7(16.7%)	0(0.0%)	42
高阶性	3	4(2.4%)	91(54.8%)	45(27.1%)	26(15.7%)	0(0.0%)	166
	4	7(3.7%)	118(62.1%)	45(23.7%)	16(8.4%)	4(2.1%)	190
	5	23(10.8%)	107(50.2%)	54(25.4%)	24(11.3%)	5(2.3%)	213
	1~2	0(0.0%)	25(58.1%)	12(27.9%)	6(14.0%)	0(0.0%)	43
挑战性	3	3(2.2%)	78(56.5%)	36(26.1%)	21(15.2%)	0(0.0%)	138
	4	7(3.4%)	116(55.8%)	61(29.3%)	20(9.6%)	4(1.9%)	208
	5	24(10.4%)	128(55.7%)	50(21.7%)	23(10.0%)	5(2.2%)	230
	1~2	0(0.0%)	19(52.8%)	9(25.0%)	8(22.2%)	0(0.0%)	36

（二）学生建议

1. 学生喜欢一门课程的主要因素

教师授课方式吸引人、课程专业性强、教师的人格魅力强是学生喜欢一门课程的三个最主要因素。针对多选题"最喜欢这门课程的原因"，使用多重响应分析法展示选项的频率分布情况，包括个案数、响应率及普及率、显著性 P 值等。多重响应频率分析表显示，各选项卡方拟合优度检验的显著性 P 值为 0.000，小于 0.05，在 1‰水平上呈现显著性，拒绝原假设，意味着各项的选择比例比较呈现显著性差异，分布不均匀，如表26所示。

表 26 "最喜欢这门课程的原因"多重响应频率分析表

多选题题项	N（计数）	响应率（%）	普及率（%）	χ^2	P
课程思政做得好	117	7.2	19.1		
教师授课方式吸引人	378	23.4	61.8		
教师的人格魅力强	346	21.4	56.5		
考核方式比较容易	81	5.0	13.2		
考核方式花样多	46	2.8	7.5		
不仅能学到专业知识，还能学到人生道理	135	8.4	22.1	1132.994	0.000***
考核方式比较有挑战性	72	4.5	11.8		
课程专业性强，能学到专业知识	361	22.4	59.0		
教师给分比较高	71	4.4	11.6		
其他	8	0.5	1.3		
总计	1615	100.0	263.9		

注：***、**、*分别代表1%、5%、10%的显著性水平

如图 5 所示，由各选项的响应率饼状图可以看出，"教师授课方式吸引人、课程专业性强和教师的人格魅力强"是学生喜欢一门课程的重要因素，其次是"能学到人生道理、课程思政做得好和考核方式比较容易"。

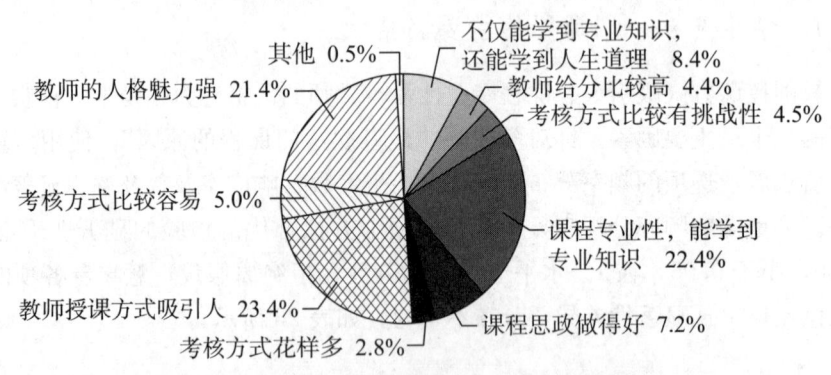

图 5 "最喜欢这门课程的原因"响应率饼状图

加入学生的性别、专业、选专业的方式、高中分科、成绩排名、获取新闻的方式、喜欢浏览的网络内容、在网上发表观点等个人特征进行交叉分析，"教师授课方式吸引人、课程专业性强和教师的人格魅力强"仍然是学生喜欢一门课程的主要因素。其中，不论是通过何种方式选择就读当前专业、不论高中分科是（偏）文

科还是（偏）理科、不论处于哪个成绩段，学生喜欢一门课程排名前三的因素均与整体样本一致；在性别、专业、获取新闻的方式、喜欢浏览的网络内容、在网上发表观点等其他方面，不同类型学生的侧重点不同，如图6、图7、图8所示。

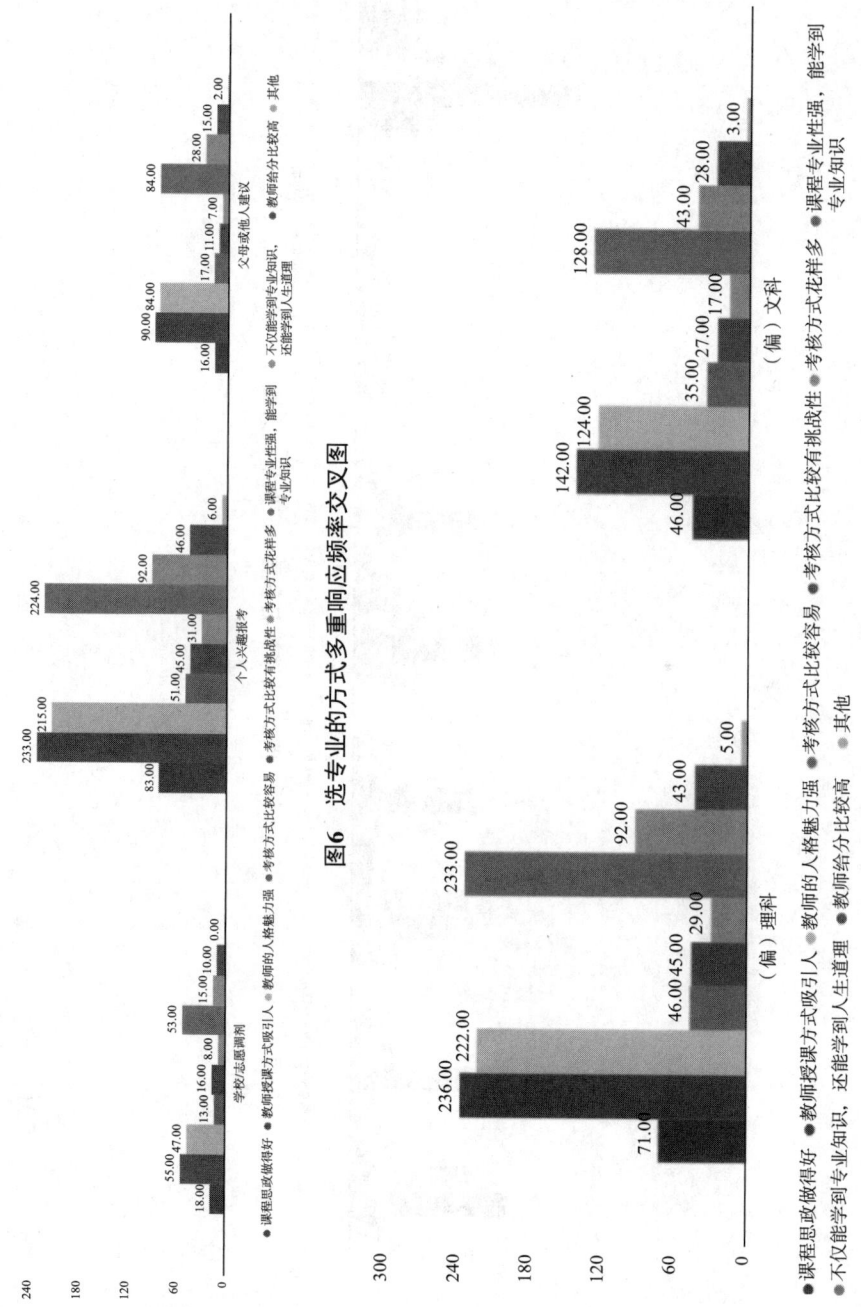

图6 选专业的方式多重响应频率交叉图

图7 高中分科多重响应频率交叉图

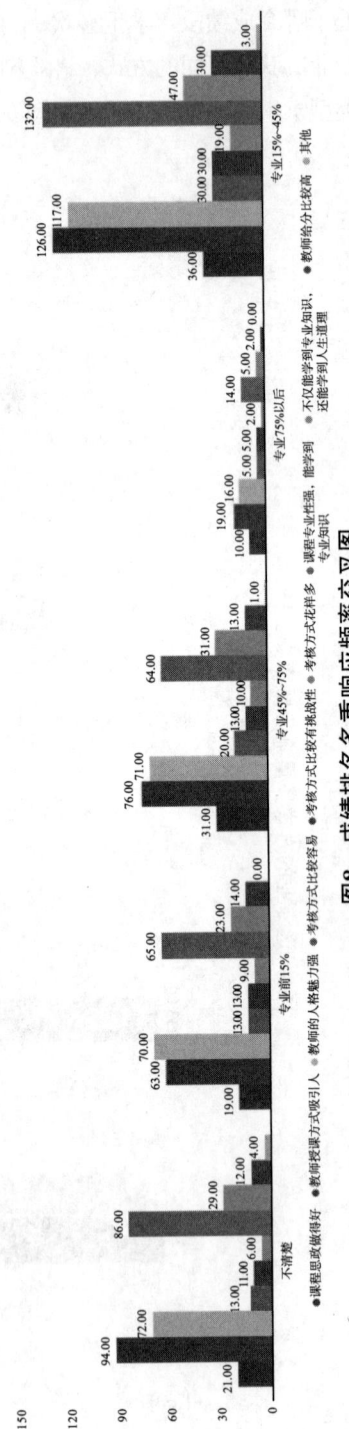

图8 成绩排名多重响应频率交叉图

(1) 性别。

性别多重响应频率交叉分析表显示，卡方检验的显著性 P 值为 0.000，小于 0.05，在 1% 水平上呈现显著性，拒绝原假设，说明不同性别的学生对"最喜欢这门课程的原因"的选择具有显著性差异，如表 27 所示。

表 27　性别多重响应频率交叉分析表

分组题项	性别 女	性别 男	总计
不仅能学到专业知识，还能学到人生道理	86	49	135
教师给分比较高	38	33	71
考核方式比较有挑战性	38	34	72
课程专业性强，能学到专业知识	260	101	361
课程思政做得好	69	48	117
考核方式花样多	22	24	46
教师授课方式吸引人	246	132	378
考核方式比较容易	48	33	81
教师的人格魅力强	227	119	346
其他	8	0	8
总数	1042	573	1615
χ^2	29.785		
P	0.000***		

注：***、**、* 分别代表 1%、5%、10% 的显著性水平

如图 9 所示，从性别多重响应频率交叉图可以看出，不论是男生还是女生，"教师授课方式吸引人、课程专业性强和教师的人格魅力强"仍然是学生喜欢一门课程的重要因素，但女生更看重课程的专业性，能否学到专业知识；男生更看重教师的授课方式是否吸引人。

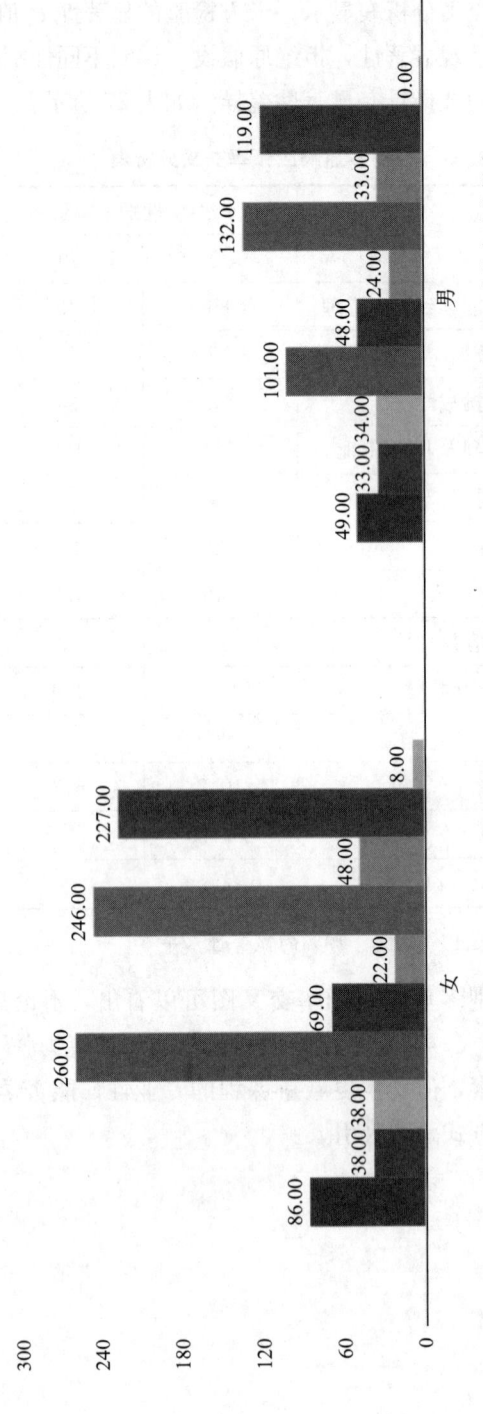

图9 性别多重响应频率交叉图

（2）专业。

专业多重响应频率交叉分析表显示，卡方检验的显著性 P 值为 0.482，大于 0.05，不呈现显著性，接受原假设，说明不同专业的学生对"最喜欢这门课程的原因"的选择不具有显著性差异，如表 28 所示。

表 28 专业多重响应频率交叉分析表

分组题项	经济学	国民经济管理	金融工程	金融学	财政学	国际经济与贸易	金融学类	经济学类	其他	总计
课程思政做得好	14	22	11	18	22	5	6	14	5	117
教师授课方式吸引人	39	64	38	50	66	14	28	67	12	378
教师的人格魅力强	36	62	38	42	66	16	19	54	13	346
考核方式比较容易	11	16	4	14	16	7	5	6	2	81
考核方式比较有挑战性	11	22	7	6	9	4	3	7	3	72
考核方式花样多	8	12	3	6	9	1	3	4	3	46
课程专业性强，能学到专业知识	50	54	45	44	53	16	30	54	15	261
不仅能学到专业知识，还能学到人生道理	19	18	17	20	22	3	7	22	7	135
教师给分比较高	10	9	6	13	14	6	4	6	3	71
其他	1	1	0	1	1	0	3	1	0	8
总数	199	280	169	214	275	72	108	235	63	1615
χ^2	\multicolumn{10}{c	}{71.863}
P	\multicolumn{10}{c	}{0.482}

注：***、**、* 分别代表 1%、5%、10% 的显著性水平

如图 10 所示，从专业多重响应频率交叉图可以看出，不论是哪个专业的学生，"教师授课方式吸引人、课程专业性强和教师的人格魅力强"仍然是学生喜欢一门课程的重要因素，但经济学、金融工程、国际经济与贸易、金融学类和外专业的学生更看重课程的专业性，国民经济管理、金融学、财政学和经济学类的学生更看重教师的授课方式是否吸引人，财政学和国际经济与贸易专业的学生更看重教师的个人魅力。

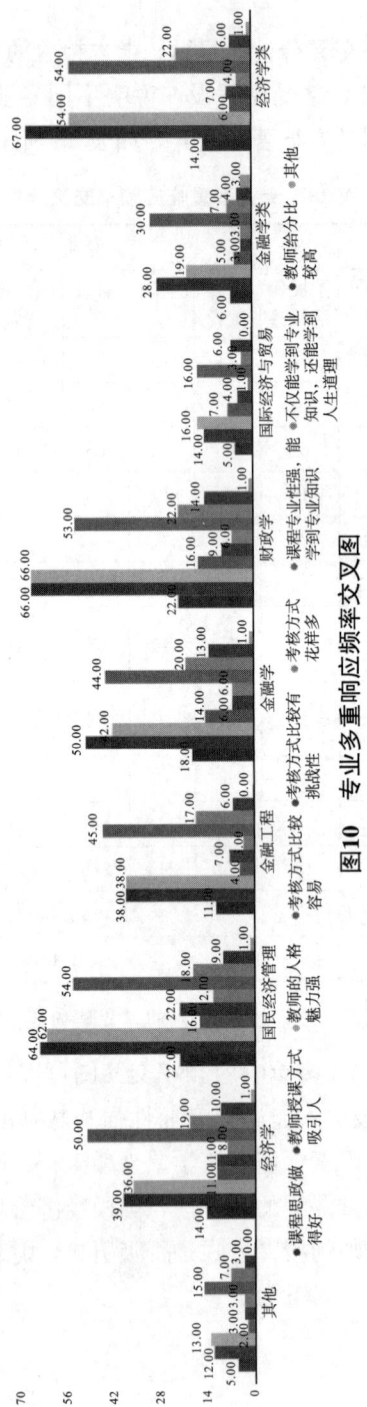

图10 专业多重响应频率交叉图

(3) 获取新闻的方式。

获取新闻的方式多重响应频率交叉分析表显示,卡方检验的显著性 P 值为 0.749,大于 0.05,不呈现显著性,接受原假设,说明学生获取新闻的方式对"最喜欢这门课程的原因"的选择不具有显著性差异,如表 29 所示。

表 29 获取新闻的方式多重响应频率交叉分析表

分组题项	在浏览社交软件热搜时刷到	社交软件推送到就点开看看	教师在课堂上会涉及	定期主动查看新闻	身边的人都在讨论才了解到	总计
课程思政做得好	25	42	17	30	3	117
教师授课方式吸引人	105	119	53	88	13	378
教师的人格魅力强	115	103	39	73	16	346
考核方式比较容易	19	28	11	19	4	81
考核方式比较有挑战性	22	18	13	17	2	72
考核方式花样多	10	16	6	11	3	46
课程专业性强,能学到专业知识	110	122	47	74	8	261
不仅能学到专业知识,还能学到人生道理	31	48	16	36	4	135
教师给分比较高	21	22	5	18	5	71
其他	2	2	2	1	1	8
总数	460	520	209	367	59	1615
X^2	\multicolumn{5}{c	}{29.993}	
P	\multicolumn{5}{c	}{0.749}	

注:***、**、* 分别代表 1%、5%、10%的显著性水平

如图 11 所示,从获取新闻的方式多重响应频率交叉图可以看出,"教师授课方式吸引人、课程专业性强和教师的人格魅力强"仍然是学生喜欢一门课程的重要因素,但习惯主动获取新闻的学生相对来说更看重课程的专业性,习惯被动获取新闻的学生相对来说更看重教师的授课方式与人格魅力。

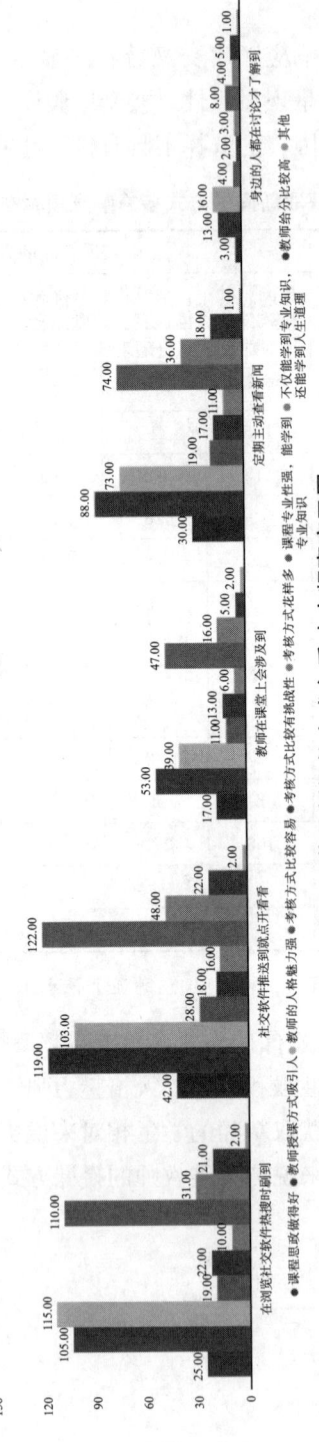

图11 获取新闻的方式多重响应频率交叉图

（4）喜欢浏览的网络内容。

喜欢浏览的网络内容多重响应频率交叉分析表显示，卡方检验的显著性 P 值为 0.961，大于 0.05，不呈现显著性，接受原假设，说明学生喜欢浏览的网络内容对"最喜欢这门课程的原因"的选择不具有显著性差异，如表 30 所示。

表 30 喜欢浏览的网络内容多重响应频率交叉分析表

分组题项	新闻知识类	休闲娱乐类	生活类	游戏类	科技类	影视类	总计
课程思政做得好	87	76	68	26	24	66	347
教师授课方式吸引人	214	223	210	73	58	195	973
教师的人格魅力强	237	236	197	89	70	207	1036
考核方式比较容易	205	222	185	81	64	184	941
考核方式比较有挑战性	43	45	43	19	18	38	206
考核方式花样多	86	80	76	29	30	79	380
课程专业性强，能学到专业知识	56	58	42	23	24	47	250
不仅能学到专业知识，还能学到人生道理	34	27	29	13	17	27	147
教师给分比较高	49	36	42	21	22	44	214
其他	3	5	5	0	0	4	17
总数	1014	1008	897	374	327	891	4511
X^2	29.780
P	0.961

注：***、**、* 分别代表 1%、5%、10% 的显著性水平

如图 12 所示，从喜欢浏览的网络内容多重响应频率交叉图可以看出，"教师授课方式吸引人、课程专业性强和教师的人格魅力强"仍然是学生喜欢一门课程的重要因素，但喜欢浏览生活类内容的学生更看重课程的专业性，喜欢浏览其他内容的学生更看重教师的授课方式。

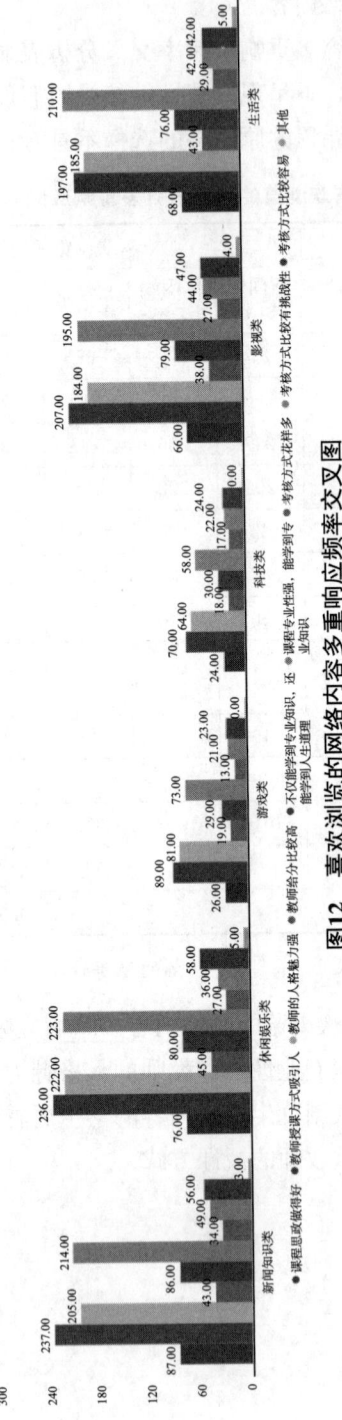

图12 喜欢浏览的网络内容多重响应频率交叉图

(5) 在网上发表观点。

在网上发表观点多重响应频率交叉分析表显示，卡方检验的显著性 P 值为 0.613，大于 0.05，不呈现显著性，接受原假设，说明学生在网上发表观点对"最喜欢这门课程的原因"的选择不具有显著性差异，如表 31 所示。

表 31　在网上发表观点多重响应频率交叉分析表

分组题项	懒得评论	尝试讨论	批判他人	保持中立	远离讨论	不敢评论	看情况	总计
课程思政做得好	14	36	4	28	26	8	1	117
教师授课方式吸引人	50	99	8	92	90	36	3	378
教师的人格魅力强	56	90	5	88	81	25	1	346
考核方式比较容易	14	25	1	18	19	4	0	81
考核方式比较有挑战性	13	11	1	27	16	3	1	72
考核方式花样多	10	12	0	13	8	3	0	46
课程专业性强，能学到专业知识	62	69	2	104	82	39	3	261
不仅能学到专业知识，还能学到人生道理	22	37	1	27	33	14	1	135
教师给分比较高	16	13	0	19	15	7	1	71
其他	3	1	0	2	1	1	0	8
总数	260	393	22	418	371	140	11	1615
X^2	\multicolumn{7}{c	}{50.420}	
P	\multicolumn{7}{c	}{0.613}	

注：***、**、* 分别代表 1%、5%、10% 的显著性水平

如图 13 所示，从在网上发表观点多重响应频率交叉图可以看出，"教师授课方式吸引人、课程专业性强和教师的人格魅力强"仍然是学生喜欢一门课程的重要因素，但喜欢在网络上主动与他人分享观点的学生更看重教师的授课方式，不喜欢在网络上主动发言的学生更看重课程的专业性。

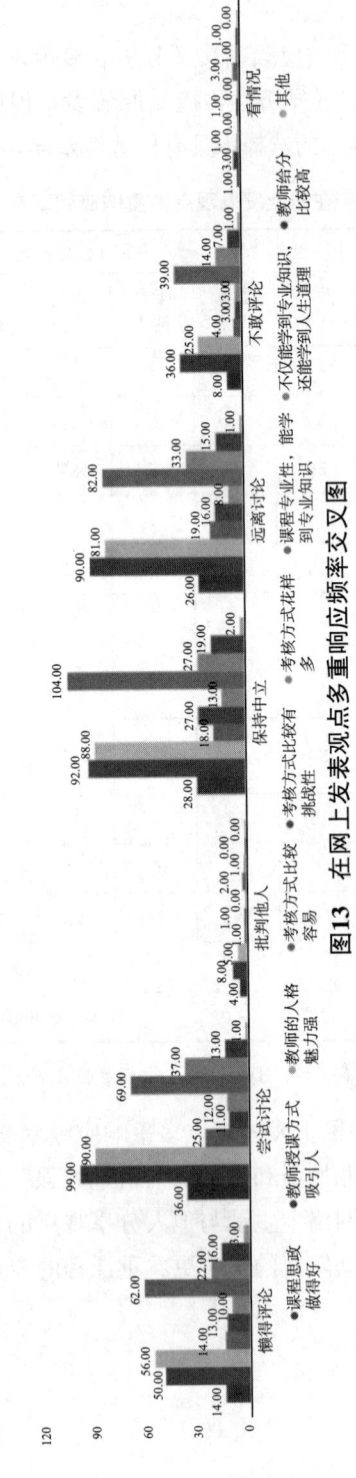

图13 在网上发表观点多重响应频率交叉图

2. 学生希望在课程中加入的思政元素

国际视野、国情教育、时政新闻、家国情怀、法治观念、人类命运共同体理念是学生最希望在课程中加入的六个主要思政元素。针对多选题"希望课程思政包括什么内容",使用多重响应分析法展示选项的频率分布情况,包括个案数、响应率及普及率、显著性 P 值等。多重响应频率分析表显示,各选项卡方拟合优度检验的显著性 P 值为 0.000,小于 0.05,在 1% 水平上呈现显著性,拒绝原假设,意味着各项的选择比例比较呈现显著性差异,分布不均匀,如表 32 所示。

表 32 "希望课程思政包括什么内容"多重响应频率分析表

多选题题项	N(计数)	响应率(%)	普及率(%)	χ^2	P
国情教育	352	8.8	57.5		
家国情怀	343	8.6	56.0		
法治观念	346	8.7	56.5		
奉献精神	137	3.4	22.4		
"三观"引导	275	6.9	44.9		
时政新闻	350	8.8	57.2		
社会责任	286	7.2	46.7		
生态文明	179	4.5	29.2		
拼搏精神	143	3.6	23.4	401.307	0.000***
敬业精神	131	3.3	21.4		
创新精神	298	7.5	48.7		
道德品质	204	5.1	33.3		
人类命运共同体理念	311	7.7	50.8		
国际视野	387	9.7	63.2		
理想信念	247	6.2	40.4		
总计	3989	100.0	651.6		

注:***、**、* 分别代表 1%、5%、10% 的显著性水平

如图 14 所示,由各选项的响应率饼状图可以看出,"国际视野、国情教育、时政新闻"是学生最希望在专业课中结合的思政元素,其次是"法治观

念、家国情怀、人类命运共同体理念",希望结合奉献、敬业、拼搏等精神的诉求较少。

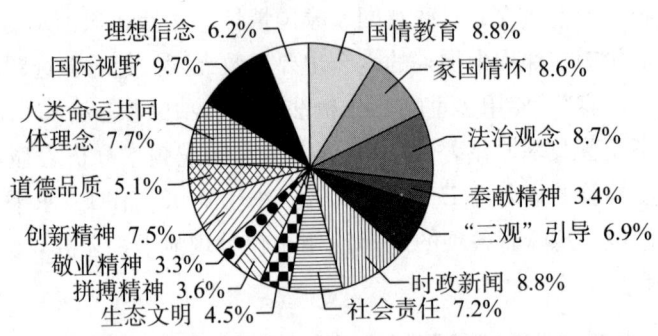

图 14 "希望课程思政包括什么内容"响应率饼状图

加入学生的性别、专业、选专业的方式、高中分科、成绩排名、获取新闻的方式、喜欢浏览的网络内容、在网上发表观点等个人特征进行交叉分析,"国际视野、国情教育、时政新闻、法治观念、家国情怀"依然是学生希望在课程中融入的思政元素。其中,不论通过何种方式选择当前专业、高中分科是(偏)文科还是(偏)理科,不论喜欢在网络上浏览何种类型的内容,学生希望在课程中融入的思政元素均与整体样本一致;在成绩排名方面,由于不清楚自己专业排名的学生较多而缺少一定的规律性;在性别、专业、选专业的方式、获取新闻的方式、喜欢浏览的网络内容、在网上发表观点等方面,不同类型学生的侧重点不同,如图15、图16所示。

第二篇 课程建设

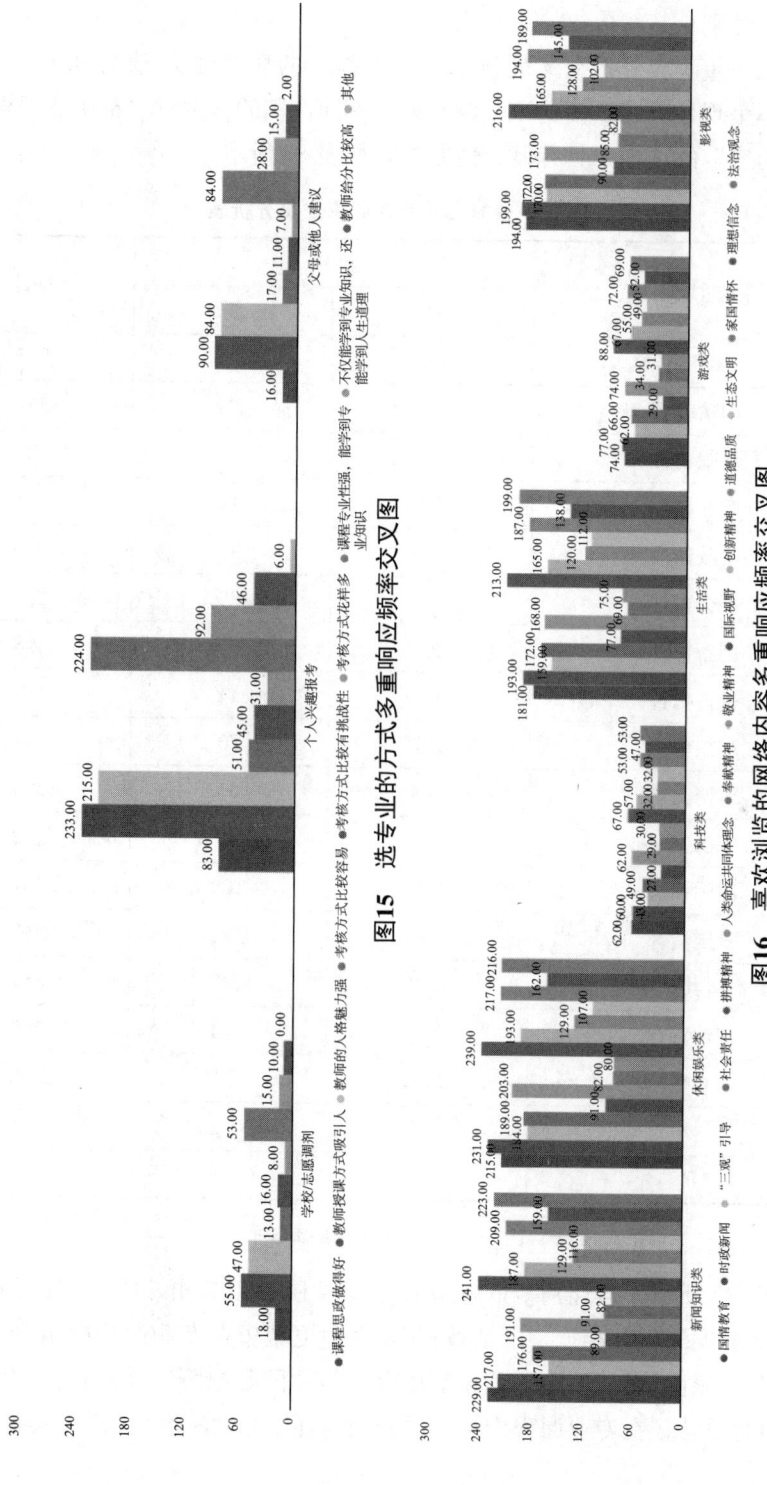

图15 选专业的方式多重响应频率交叉图

图16 喜欢浏览的网络内容多重响应频率交叉图

(1) 性别。

性别多重响应分析交叉表显示，卡方检验的显著性 P 值为 0.741，大于 0.05，不呈现显著性，接受原假设，说明不同性别的学生对"希望课程思政包括什么内容"的选择不具有显著性差异，如表 33 所示。

表 33 性别多重响应频率交叉分析表

分组题项	性别 女	性别 男	总计
"三观"引导	196	79	275
国情教育	235	117	352
奉献精神	90	47	137
敬业精神	90	41	131
时政新闻	259	91	350
社会责任	204	82	286
创新精神	208	90	298
拼搏精神	99	44	143
理想信念	177	70	247
道德品质	143	61	204
生态文明	134	45	179
国际视野	278	109	387
家国情怀	239	104	343
人类命运共同体理念	209	102	311
法治观念	242	104	346
总数	2803	1186	3989
χ^2		10.29	
P		0.741	

注："***"、"**"、"*"分别代表1%、5%、10%的显著性水平

如图 17 所示，从性别多重响应频率交叉图可以看出，除了"国际视野"与"时政新闻"外，相比"国情教育"，女生更希望在专业课程中结合"法治观念"与"家国情怀"；除了"国情教育"与"国际视野"外，相比"时政新闻"，男生更希望在专业课程中结合"家国情怀"与"法治观念"。

第二篇 课程建设

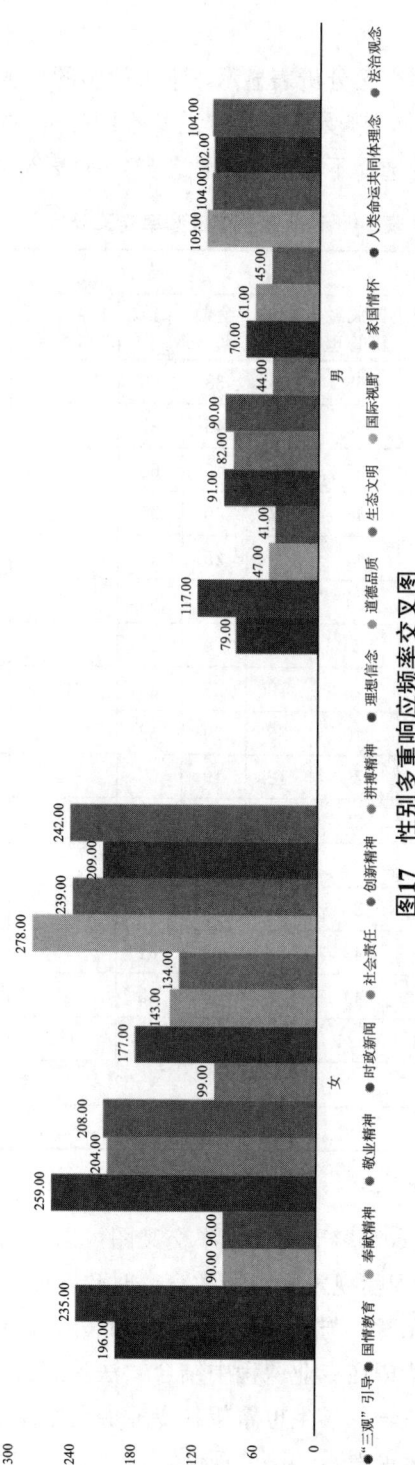

图17 性别多重响应频率交叉图

(2) 专业。

专业多重响应频率交叉分析表显示,卡方检验的显著性 P 值为 1.000,大于 0.05,不呈现显著性,接受原假设,说明不同专业的学生对"你希望课程思政包括什么内容"的选择不具有显著性差异,如表 34 所示。

表 34 专业多重响应频率交叉分析表

分组题项	专业									总计
	经济学	国民经济管理	金融工程	金融学	财政学	国际经济与贸易	金融学类	经济学类	其他	
国情教育	44	55	35	38	63	19	30	61	7	352
家国情怀	42	55	33	46	67	15	22	53	10	343
法治观念	38	55	31	45	60	22	27	57	11	346
人类命运共同体理念	34	48	27	40	57	13	27	55	10	311
理想信念	27	40	29	25	43	10	28	39	6	247
国际视野	45	54	42	46	68	20	32	63	17	387
生态文明	17	28	12	24	37	10	12	32	7	179
道德品质	19	43	19	23	33	12	18	31	6	204
创新精神	41	40	35	29	52	14	30	45	12	298
奉献精神	13	29	12	19	22	4	10	23	5	137
敬业精神	10	22	16	20	25	4	9	21	4	131
拼搏精神	13	24	14	19	26	5	13	23	6	143
社会责任	31	38	28	35	59	11	24	45	15	286
时政新闻	36	49	38	49	61	15	33	53	16	350
"三观"引导	28	44	29	35	45	13	24	46	11	275
总数	438	624	400	493	718	187	339	647	143	3989
χ^2	57.407									
P	1.000									

注:***、**、* 分别代表 1%、5%、10% 的显著性水平

如图 18 所示,从专业多重响应频率交叉图可以看出,对于经济学类和金融学类的学生来说,"国际视野、国情教育、时政新闻"仍然是学生最希望与专业课相结合的思政元素,与整体样本一致;此外,国民经济管理、金融学、财政学专业的学生更希望在专业课程中结合"法治观念"与"国情教育",经济学、金融工程、财政学的学生也希望在专业课程中结合"创新精神",国际经济与贸易专业的学生最看重"法治观念"。

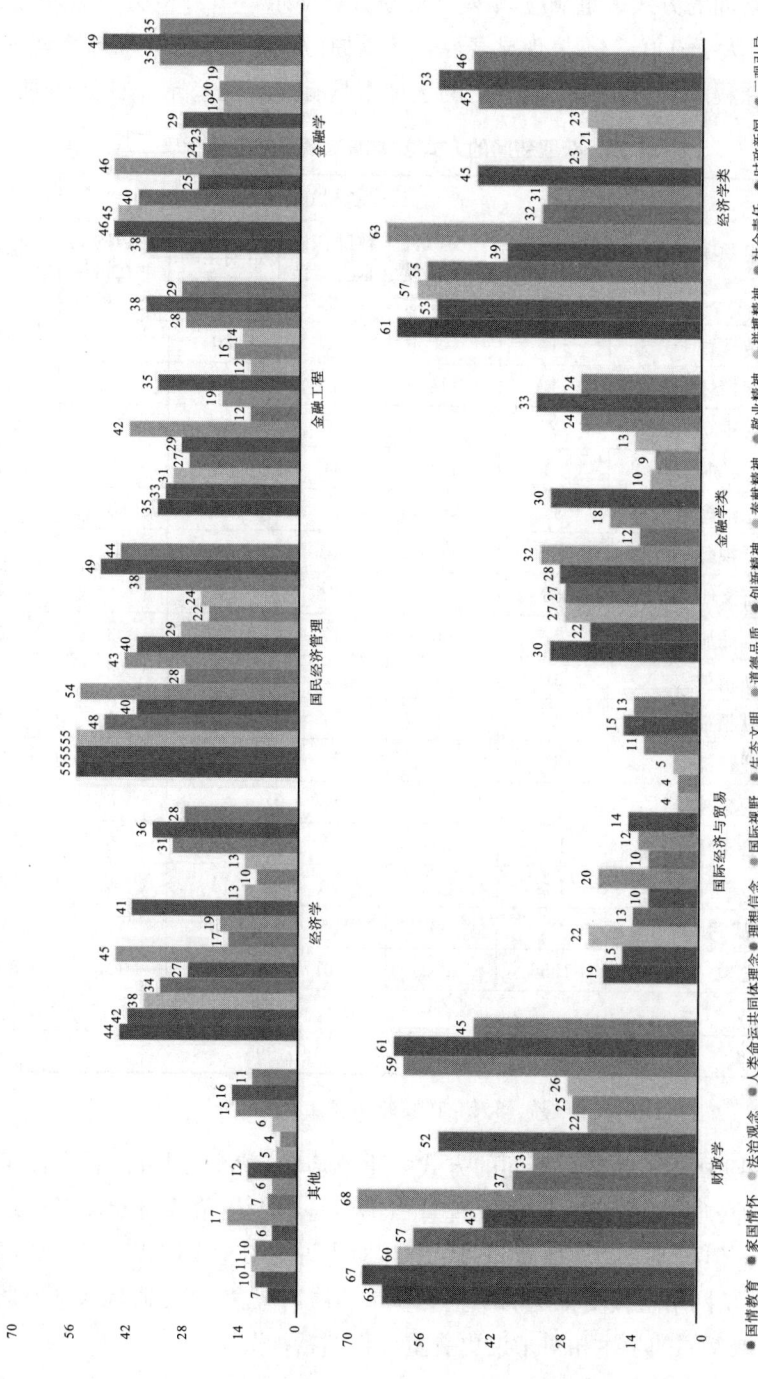

图18 专业多重响应频率交叉图

(3) 获取新闻的方式。

获取新闻的方式多重响应频率交叉分析表显示，卡方检验的显著性 P 值为 0.995，大于 0.05，不呈现显著性，接受原假设，说明学生获取新闻的方式对"希望课程思政包括什么内容"的选择不具有显著性差异，如表 35 所示。

表 35 获取新闻的方式多重响应频率交叉分析表

分组题项	在浏览社交软件热搜时刷到	社交软件推送到就点开看看	教师在课堂上会涉及	定期主动查看新闻	身边的人都在讨论才了解到	总计
国情教育	114	109	40	80	9	352
家国情怀	112	116	37	66	12	343
法治观念	121	117	33	63	12	346
人类命运共同体理念	99	101	41	62	8	311
理想信念	84	83	19	53	8	247
国际视野	125	132	40	78	12	387
生态文明	68	58	18	31	4	179
道德品质	77	65	17	42	3	204
创新精神	101	92	42	57	6	298
奉献精神	44	39	17	33	4	137
敬业精神	41	39	17	30	4	131
拼搏精神	41	52	18	26	6	143
社会责任	103	84	33	60	6	286
时政新闻	123	104	40	71	12	350
"三观"引导	103	90	25	50	7	275
总数	1356	1281	437	802	113	3989
χ^2	\multicolumn{6}{c}{32.67}
P	\multicolumn{6}{c}{0.995}

注：***、**、* 分别代表 1%、5%、10% 的显著性水平

如图 19 所示，从获取新闻的方式多重响应频率交叉图可以看出，不论平时通过何种方式获取新闻，"国际视野"仍然是学生最希望与专业课相结合的思政元素，但习惯主动获取新闻的学生相对来说更希望在课程中融入"国情教育"，习惯从网络上接受推送的学生更看重"法治观念"，习惯从课堂上通过教师讲授获取新闻的学生相对来说更看重"创新精神"。

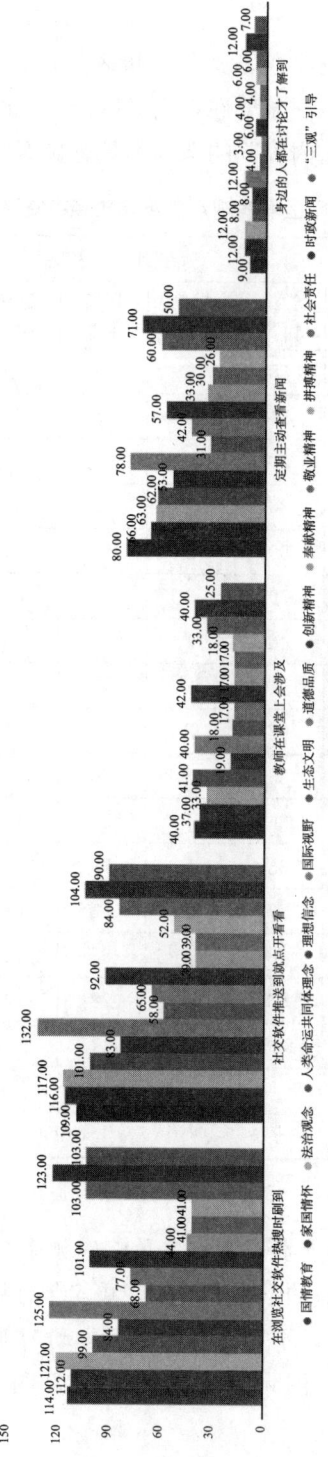

图19 获取新闻的方式多重响应频率交叉图

(4) 在网上发表观点。

在网上发表观点多重响应频率交叉分析表显示，卡方检验的显著性 P 值为 0.999，大于 0.05，不呈现显著性，接受原假设，说明学生在网上发表观点对"希望课程思政包括什么内容"的选择不具有显著性差异，如表 36 所示。

表 36　在网上发表观点多重响应频率交叉分析表

分组题项	懒得评论	尝试讨论	批判他人	保持中立	远离讨论	不敢评论	看情况	总计
国情教育	59	88	5	93	79	27	1	352
家国情怀	58	84	4	88	82	25	2	343
法治观念	51	77	5	103	82	27	1	346
人类命运共同体理念	43	86	5	83	68	23	3	311
理想信念	34	59	2	70	60	22	0	247
国际视野	60	79	3	116	85	42	2	387
生态文明	25	46	1	46	43	17	1	179
道德品质	28	44	2	60	50	17	3	204
创新精神	40	67	2	82	71	34	2	298
奉献精神	16	33	3	38	37	9	1	137
敬业精神	18	36	1	36	30	10	0	131
拼搏精神	23	38	1	39	30	12	0	143
社会责任	48	57	2	88	62	26	3	286
时政新闻	60	78	3	95	73	39	2	350
"三观"引导	44	56	2	78	64	27	4	275
总数	607	928	41	1115	916	357	25	3989
χ^2				50.037				
P				0.999				

注：***、**、* 分别代表 1%、5%、10% 的显著性水平

如图 20 所示，从在网上发表观点多重响应频率交叉图可以看出，喜欢在网络上主动与他人分享观点的学生相对来说更希望在课程中融入"人类命运共同体理念"和"创新精神"，不喜欢在网络上主动与他人分享观点的学生相对来说更希望在课程中融入"国际视野"和"时政新闻"。

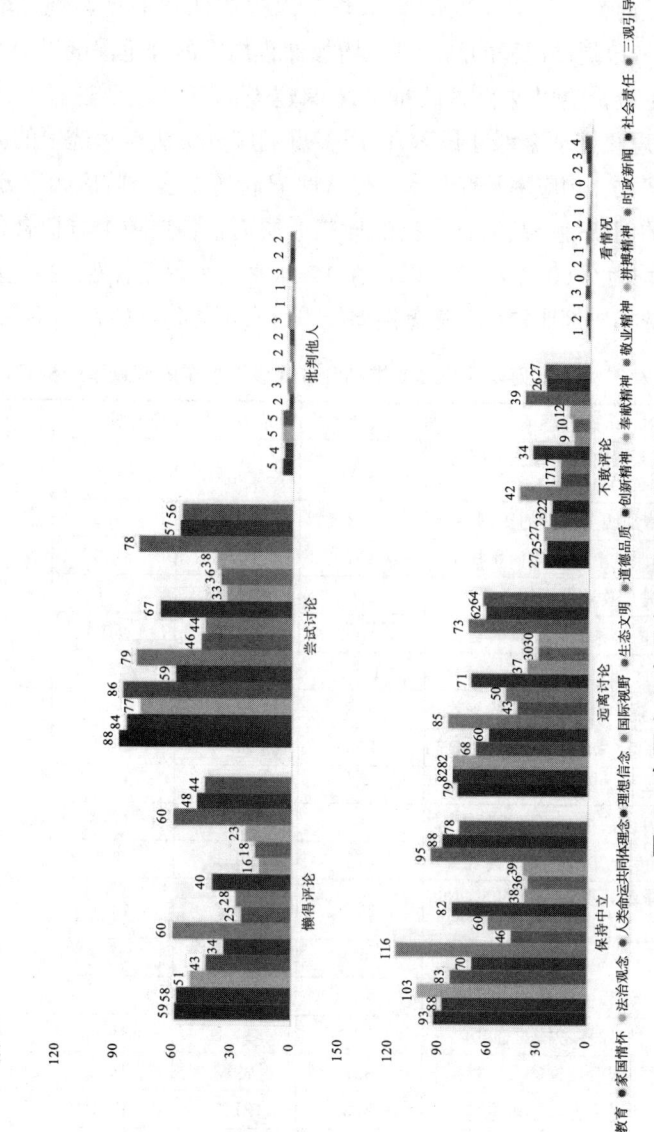

图20 在网上发表观点多重响应频率交叉图

3. 学生希望以课程思政推动金课建设的途径

加强课程内容与社会实践的紧密联系以提高课程的创新性、增强对学生"三观"的培养以提高课程的高阶性、增加课程内容的理论深度以提高课程的挑战性，是学生最希望以课程思政推动金课建设的三个主要途径。针对多选题"如何以课程思政推动金课建设"，使用多重响应分析法展示选项的频率分布情况，包括个案数、响应率及普及率、显著性P值等。多重响应频率分析表显示，在金课建设的创新性、高阶性、挑战性三个层面，各选项卡方拟合优度检验的显著性P值均为0.000，小于0.05，在1%水平上呈现显著性，拒绝原假设，意味着各项的选择比例比较呈现显著性差异，分布不均匀，如表37所示。

表37 "如何以课程思政推动金课建设"多重响应频率分析表

	多选题题项	N（计数）	响应率（%）	普及率（%）	χ^2	P
创新性	加强课程内容与社会实践的紧密联系	499	32.2	81.5	172.684	0.000***
	增加线上教学的比例	203	13.1	33.2		
	增加课堂上的现代信息技术	314	20.2	51.3		
	提升教学大纲的质量	230	14.8	37.6		
	教材内容系统化，及时更新	306	19.7	50		
	总计	1552	100	253.6		
高阶性	增强对学生"三观"的培养	458	23.4	74.8	86.656	0.000***
	加强学生"动口"能力的培养	296	15.1	48.4		
	加强学生"动手"能力的培养	263	13.4	43.0		
	增加可以锻炼逻辑思维的内容	288	14.7	47.1		
	多用专业知识解释社会现象	373	19.1	60.9		
	实事求是，要看到所有东西的两面性	278	14.3	45.4		
	总计	1956	100.0	319.6		
挑战性	增加课程内容的理论深度	459	34.9	75	124.613	0.000***
	增加课程考核的难度	195	14.8	31.9		
	增加课后反馈的及时性	387	29.3	63.2		
	教师增强自身学术素养	276	21.0	45.1		
	总计	1317	100.0	215.2		

注：***、**、* 分别代表1%、5%、10%的显著性水平

如图21所示，由各选项的响应率饼状图可以看出，学生更喜欢以"加强课程内容与社会实践的紧密联系"的方式提高课程的创新性，如实地参观、外出调研等；以"增强对学生'三观'的培养"的方式提高课程的高阶性，如案

例展示等；以"增加课程内容的理论深度"的方式提高课程的挑战性，如增加课程内容的专业理论知识等。

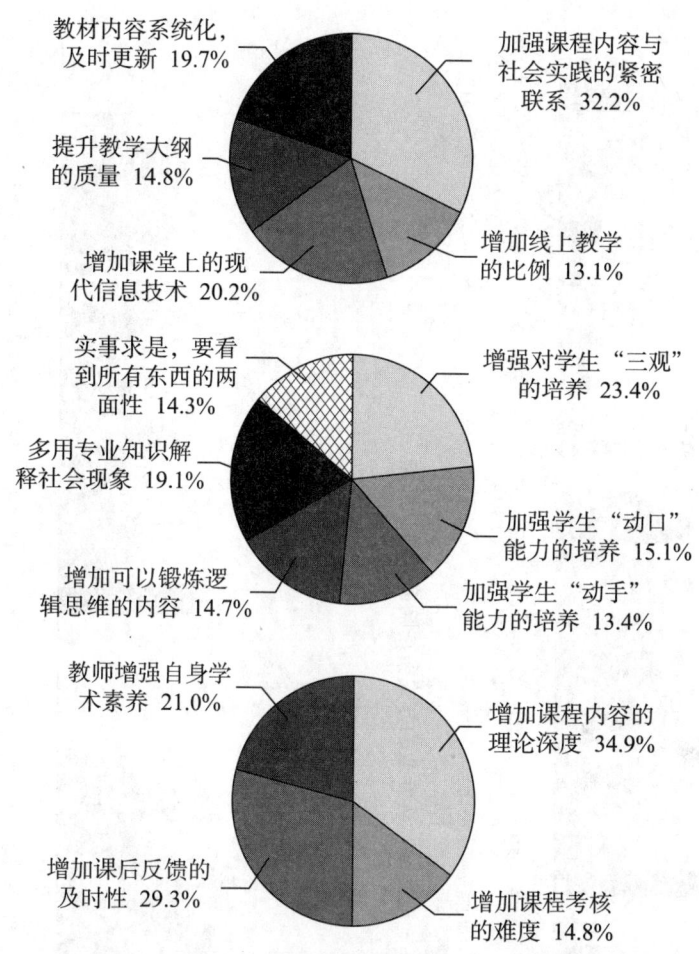

图 21 "如何以课程思政推动金课建设"响应率饼状图

加入学生的性别、专业、选专业的方式、高中分科、成绩排名、获取新闻的方式、喜欢浏览的网络内容、在网上发表观点等个人特征进行交叉分析，加强课程内容与社会实践的紧密联系、增强对学生"三观"的培养、增加课程内容的理论深度，仍然是学生提高课程创新性、高阶性和挑战性的最受欢迎方式。其中，不论以何种方式选择当前专业、不论高中分科为（偏）文科还是（偏）理科、不论处于哪个成绩段、不论通过什么方式获取新闻、不论平时喜欢在网络上浏览什么类型的内容、不论对在网上发表观点的态度如何，学生希望以课程思政推动金课建设的途径与整体样本一致，增加课后反馈的及时性和用专业知识解释社会现象，也是学生希望教师在课程中多加融合的方式；在选专业的方式、高中分科等方面，不同类型学生的侧重点则有所不同，如图22、图23、图24、图25、图26所示。

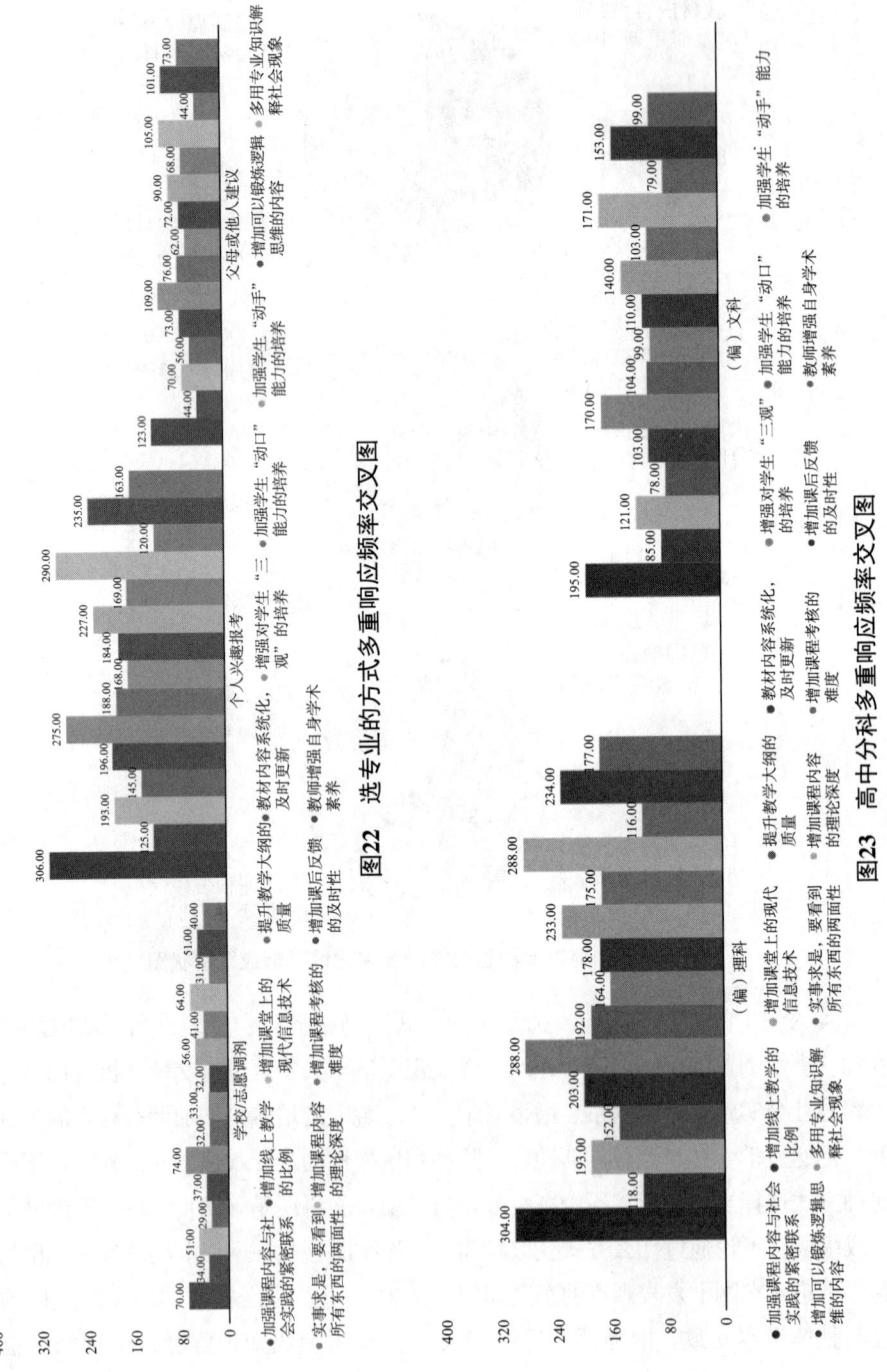

图22 选专业的方式多重响应频率交叉图

图23 高中分科多重响应频率交叉图

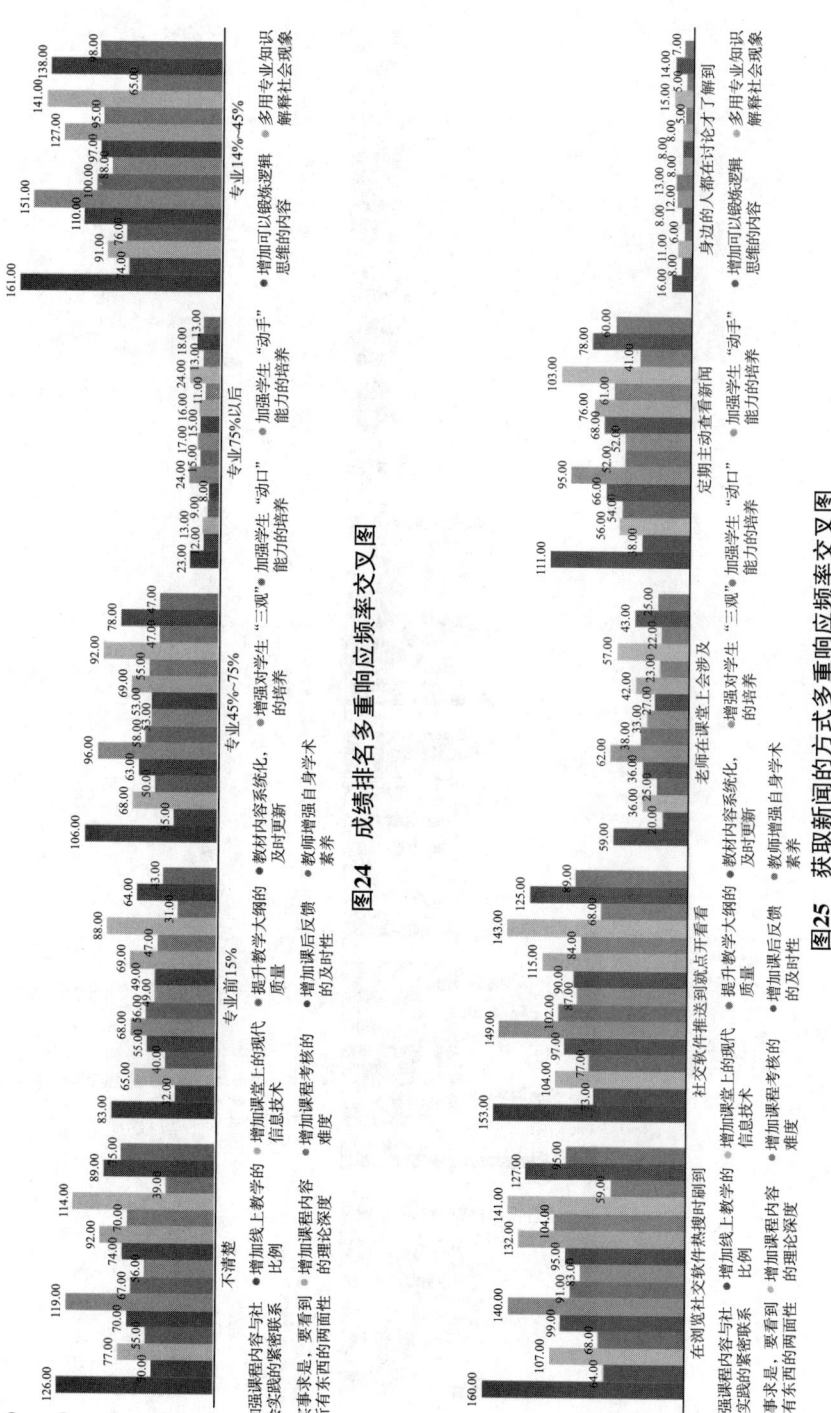

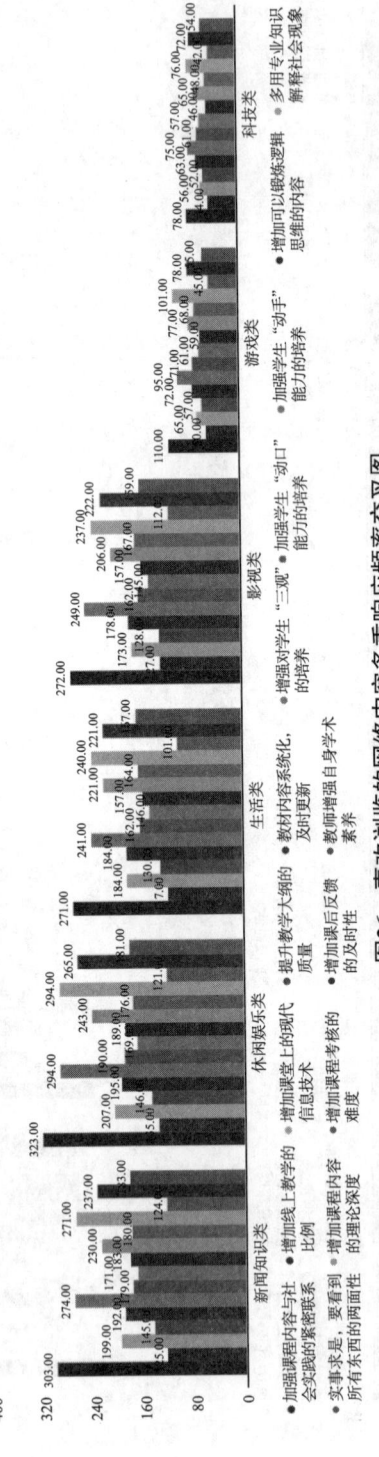

图26 喜欢浏览的网络内容多重响应频率交叉图

(1) 性别。

性别多重响应频率交叉分析表显示，卡方检验的显著性 P 值为 0.147，大于 0.05，不呈现显著性，接受原假设，说明不同性别的学生对"如何以课程思政推动金课建设"的选择不具有显著性差异，如表 38 所示。

表 38 性别多重响应频率交叉分析表

分组题项		性别		总计
		女	男	
创新性	加强课程内容与社会实践的紧密联系	344	155	499
	增加线上教学的比例	135	68	203
	增加课堂上的现代信息技术	218	96	314
	提升教学大纲的质量	145	85	230
	教材内容系统化，及时更新	208	98	306
高阶性	增强对学生"三观"的培养	311	147	458
	加强学生"动口"能力的培养	199	97	296
	加强学生"动手"能力的培养	172	91	263
	增加可以锻炼逻辑思维的内容	201	87	288
	多用专业知识解释社会现象	271	102	373
	实事求是，要看到所有东西的两面性	198	80	278
挑战性	增加课程内容的理论深度	306	153	459
	增加课程考核的难度	120	75	195
	增加课后反馈的及时性	285	102	387
	教师增强自身学术素养	193	83	276
	总数	3306	1519	4825
	χ^2		19.493	
	P		0.147	

注：***、**、* 分别代表 1%、5%、10% 的显著性水平

如图 27 所示，从性别多重响应频率交叉图可以看出，加强课程内容与社会实践的紧密联系、增强对学生"三观"的培养、增加课程内容的理论深度，仍然是学生提高课程创新性、高阶性和挑战性的最受欢迎方式。但对于女生来说，增加课后反馈的及时性和用专业知识解释社会现象，也是学生希望教师在课程中多加融合的方式。

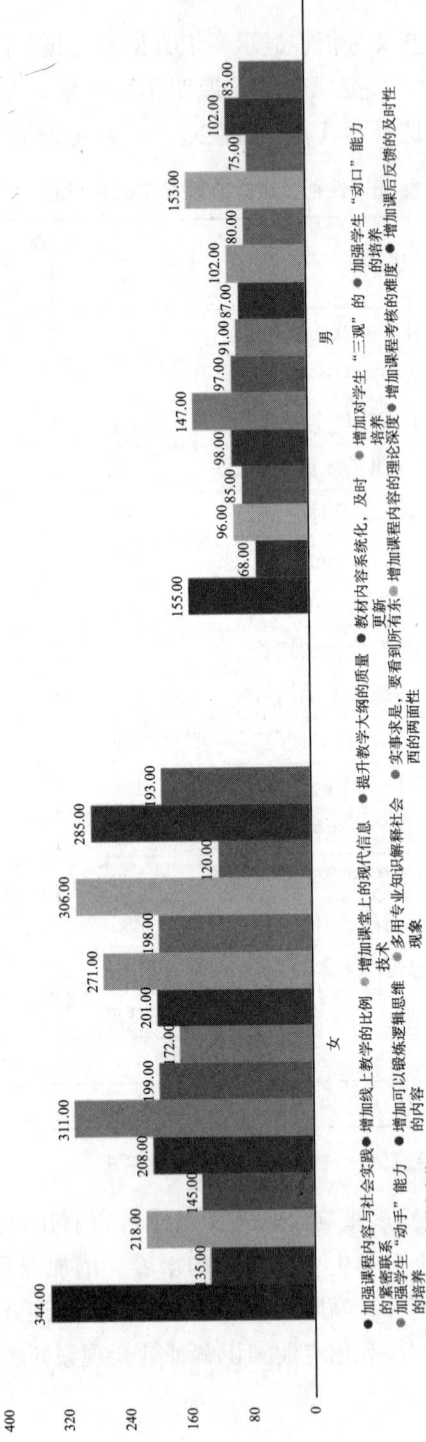

图27 性别多重响应频率交叉图

(2) 专业。

专业多重响应频率交叉分析表显示，卡方检验的显著性 P 值为 1.000，大于 0.05，不呈现显著性，接受原假设，说明不同专业的学生对"如何以课程思政推动金课建设"的选择上不具有显著性差异，如表 39 所示。

表 39 专业多重响应频率交叉分析表

分组题项	经济学	国民经济管理	金融工程	金融学	财政学	国际经济与贸易	金融学类	经济学类	其他	总计
加强课程内容与社会实践的紧密联系	22	60	77	50	58	85	27	41	79	499
增加线上教学的比例	4	17	27	14	32	42	15	12	40	203
增加课堂上的现代信息技术	14	35	51	23	40	57	16	22	56	314
提升教学大纲的质量	4	26	35	23	28	43	10	25	36	230
教材内容系统化，及时更新	10	41	42	34	43	47	16	27	46	306
增加对学生"三观"的培养	17	44	72	48	55	78	25	39	80	458
加强学生"动口"能力的培养	8	36	47	32	38	51	14	22	48	296
加强学生"动手"能力的培养	7	23	46	25	34	55	14	18	41	263
增加可以锻炼逻辑思维的内容	12	32	45	27	32	51	14	27	48	288
多用专业知识解释社会现象	18	46	57	35	51	62	16	31	57	373
实事求是，要看到所有东西的两面性	11	32	35	26	38	45	17	22	52	278
增加课程内容的理论深度	20	53	72	50	52	72	25	41	74	459
增加课程考核的难度	4	24	32	15	29	35	13	13	30	195
增加课后反馈的及时性	13	43	65	36	51	74	18	33	54	387
教师增强自身学术素养	16	24	36	31	32	52	16	19	50	276
总数	180	536	739	469	613	849	256	390	793	4825
χ^2					64.068					
P					1.000					

注：***、**、* 分别代表 1%、5%、10% 的显著性水平

如图 28 所示，从专业多重响应频率交叉图可以看出，加强课程内容与社会实践的紧密联系、增强对学生"三观"的培养、增加课程内容的理论深度，仍然是学生提高课程创新性、高阶性和挑战性的最受欢迎方式。但对财政学专业的学生来说，增加课后反馈的及时性反而超过了增加课程内容的理论深度；对经济学专业的学生来说，教材内容系统化、多用专业知识解释社会现象、增加课后反馈的及时性，也是学生希望教师在课程中多加融合的方式；对国民经

济管理、金融学专业的学生来说,多用专业知识解释社会现象和增加课后反馈的及时性比较重要;对金融学类专业的学生来说,增加课后反馈的及时性比较重要;对外专业的学生来说,多用专业知识解释社会现象比较重要。

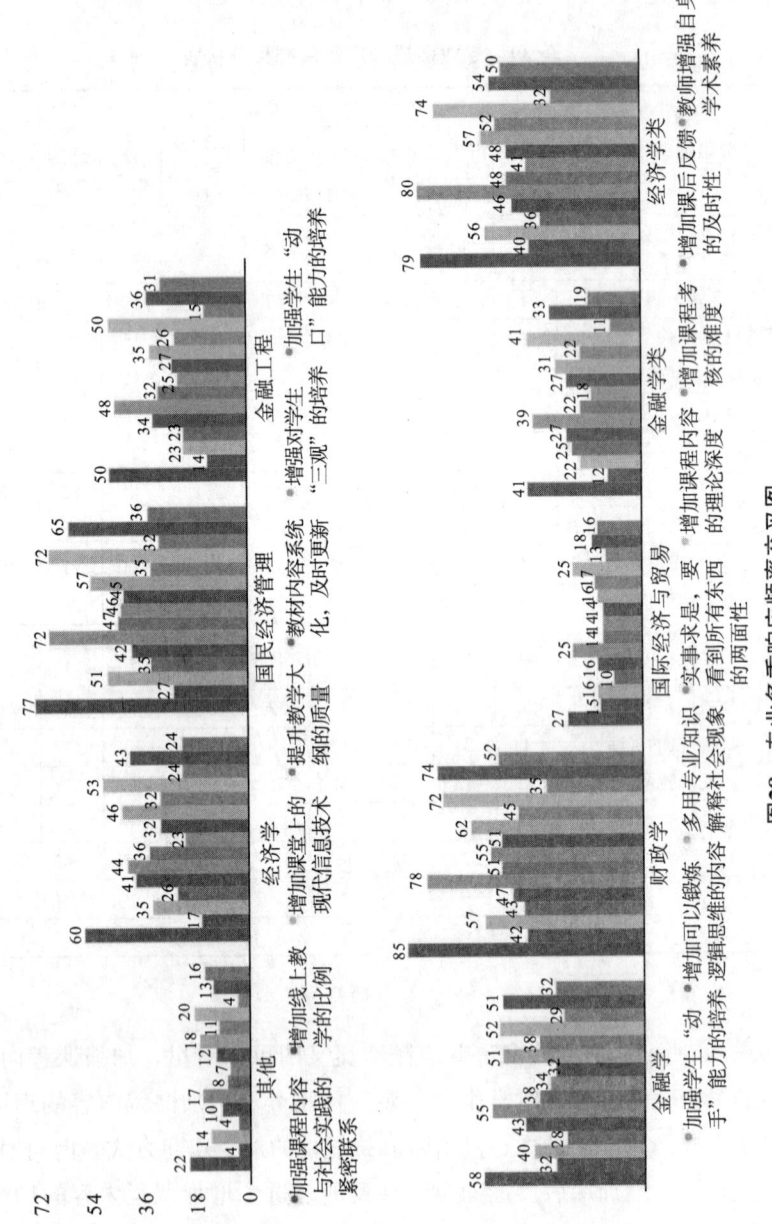

图28 专业多重响应频率交叉图

四、结论与建议

（一）结论

问卷调查发现，学生喜欢一门课程重要的因素有三个：教师的授课方式吸引人、课程具有较强的专业性和教师具有较强的人格魅力。此外，在课程中不仅能学到专业知识，还能学到人生道理，课程思政做得好和考核方式比较容易也是比较受学生欢迎的因素。部分影响因素在学生群体中具有异质性，不同类型的学生侧重点也会有所不同，可以此"因材施教"，进行课程提升。

四川大学经济学院目前有五门国家级/省级金课，在课堂教学中，运用最多的是案例分析/案例展示，每门课中都会使用该方式，在微（宏）观经济学课程中尤其明显；其次是课堂讨论/小组讨论与小组任务/小组展示。情景模拟/角色扮演、项目教学/实地调研、翻转课堂/学生授课等方式明显运用较少，却是在问卷调查中学生反映最希望在教学过程中出现的教学方式。在过程考核中，尽管教师都在逐渐增加考核类型，但基本还是集中在考勤签到/课堂点名、半期考试/半期考核、课堂作业/课后作业、小组任务/小组展示、案例分析/案例展示这些比较常见的考核方式上，然而，这些考核方式却给一部分学生带来压力。另外，过程考核方式一定程度上会受到教师的主观影响，不同教师的侧重点也不同，整体而言，课堂辩论/课下辩论、情景模拟/角色扮演、学生互动/学生授课等学生喜闻乐见的过程考核方式明显运用较少。

近年来在课程思政与金课建设同步推进的过程中，可以发现绝大多数学生在课程中感受到教师在课堂教学中融入思政元素，如法治意识、家国情怀、创新意识、政治认同、乡土乡情、道德修养等内容，且认为课堂教学内容对自己专业知识的学习有所帮助，对自身的思想认识观念也有所改变，比较认同专业课中体现的立德树人、价值塑造、能力培养等理念；绝大多数学生通过各种类型的过程考核，在包容、诚信、创造、分享、团队合作、知识产权保护等方面的意识都有所提升，且认为过程考核方式对自己在专业知识方面的学习和课外实践能力都有所帮助，比较认同逐渐提高专业课程的创新性、高阶性和挑战性。

在专业课程中融入思政元素的调查中，学生最希望在课程中加入的思政元素有国际视野、国情教育、时政新闻、家国情怀、法治观念、人类命运共同体理念等，这些元素在不同专业的学生群体中侧重点不同；在专业课程对标金课的建设中，学生最希望加强课程内容与社会实践的紧密联系以提高课程的创新性，增强对学生"三观"的培养以提高课程的高阶性，增加课程内容的理论深度以提高课程的挑战性。

（二）建议

1. 在课堂教学中融入思政元素，理论联系实际，提高课程的创新性

财经类课程有很多教学内容贴近现实的社会经济问题，学生在关注社会现象的同时，也希望用所学的经济学知识来分析问题和解决问题。这是学生的学习兴趣点，也是教师引导学生的学习兴趣和创新意识的切入点。建议教学一线教师从身边寻找社会喜闻乐见的案例以及现实热点问题，课程反映前沿内容和时代性，用课堂辩论、情景模拟、学生互动等学生喜欢的教学形式来培养学生的逻辑判断和批判思维能力。以常见的教学内容为例，开展一项社会经济政策可推出对公平和效率的权衡分析（辩论）、政府支出的成本收益分析、经济数据比较背后的统计口径分析、运用DID等方法进行社会经济政策效应评估等，鼓励学生提出个性化观点，引发学生讨论，提高课程的创新性，增强学生的创新意识。

2. 在过程考核中使用多维评估，增加理论深度，提高课程的挑战性

学业考核指标和标准是引导学生行为的风向标，考核指标多维度，才会有利于学生全面发展，提升综合素质。四川大学本科教学中的过程考核教学改革经验在全国高校拥有良好的声誉，教师也在自己的专业领域内开发出一些各具特色的考核方法。但是，即便同一课程组的课程，任课教师的考核方法和考核标准也有一些差异，学生在选课时难免想选择一些学习轻松、教师打分又高的课程，存在一定的投机意识。建议课程组在提倡保持教师教学风格多样性的同时，在评估难度和学习挑战性等方面统一要求。建议平台课教师经常进行教学研讨和集体备课，在课程设计方面适当提高课程的难度和挑战性。

3. 课堂教学与过程考核双轮驱动，加强"三观"培养，提高课程的高阶性

金课培养学生解决复杂问题的综合能力和高级思维，案例教学、课堂互

动、参与式学习、线上线下混合式教学等教学模式的运用，可以提高学生的自主学习能力和思辨能力。只要任课教师重视课堂教学细节设计和多维度过程考核，加强学生"三观"培养，将学生知识、能力、素质有机融合的教学目标就不难达到。

参考文献

[1] 董小梅，钭利珍. 高校思政课社会实践"金课"建设路径研究——基于浙江社会实践类国家一流课程认定样本的分析［J］. 教育学术月刊，2021（7）：98-103.

[2] 陈怡琴. 加强财经类高校课程思政建设路径探析［J］. 国家教育行政学院学报，2021（11）：89-95.

[3] 韩丽丽. 经济类专业课程思政建设的实现路径探索［J］. 思想理论教育导刊，2022（5）：126-131.

[4] 王伟，黄颖. 讲好金融故事："金融学"课程思政改革的有效路径［J］. 思想理论教育导刊，2021（3）：112-116.

[5] 王宜刚. 高校经管类专业课程的思政教育路径［J］. 山西财经大学学报，2022（S1）：149-151.

[6] 樊丽明. 财政学类专业课程思政建设的四个重点问题［J］. 中国高教研究，2020（9）：4-8.

[7] 万信，曹洪军. 论高校思政"金课"建设的三维标准及其实践路径［J］. 湖北社会科学，2021（12）：154-158.

[8] 任荣. 新时代高校思政"金课"建构的逻辑理路与基本模型［J］. 学校党建与思想教育，2021（1）：64-67.

[9] 王金河. 《应用型高校"金课"建设研究》评介［J］. 管理学刊，2022（3）：159.

[10] 邹维，张东娇. "金课"就是"受学生欢迎的课"？［J］. 现代大学教育，2020（4）：105-110.

区域经济学课程思政的实践探索

黄 勤[*]

摘 要：基于近 20 年讲授本科区域经济学的实践，笔者认为，区域经济学在课程思政建设上立足课程性质和特点，发挥着独特优势。区域经济学课程思政建设要坚持八个原则，聚焦三大目标，用"六个模块"将知识传播、能力提升和情怀培养融会贯通，采取讲授、讨论、案例、分组主题展示等多种方式，组织和创新教学方法，通过深埋乡土根植性、突出专业支撑性、强化参与互动性、发挥组织自主性、表达形式包容性，实现知识传授和价值引领有机统一，使课程讲授与思想政治理论课同向同行，形成协同效应。

关键词：区域经济学；课程思政；立德树人

实施课程思政是落实立德树人根本任务的关键环节，也是高校育人理念的创新。从全国高校思想政治工作会议到全国教育大会，再到学校思想政治理论课教师座谈会，习近平总书记多次强调把思想政治工作贯穿教育教学全过程，注重发挥所有课程的育人功能、所有教师的育人职责，使各类课程与思想政治理论课同向同行，形成协同效应，为我国高等教育改革明确了方向。2020 年 6 月，教育部颁布的《高等学校课程思政建设指导纲要》指出，不仅要"全面推进课程思政建设"，还要根据学科特点"分类推进课程思政建设"。这对当前高校课程思政建设提出了新要求，一方面，应挖掘思政元素回归到学生的真实需求上，"因课而异"，按照学生的需求调整教学方案，将教与学相统一；另一方面，在教学环节运用多种教学组织方式将思政元素精准融合到专业知识中。

笔者基于近 20 年讲授本科经济学专业核心课程区域经济学的实践经验，分析了区域经济学与课程思政的内在联系，提出区域经济学课程思政建设的原则、目标和内容，并对创新组织方式和教学方法进行大胆探索，以期为丰富和

---

[*] 作者简介：黄勤（1969—），四川大学经济学院教授、博士生导师，主讲区域经济学、国土开发与空间规划等课程。

深化区域经济学课程思政建设做出切实贡献。

一、区域经济学课程思政的独特优势

课程思政建设寓价值观引导于知识传授和能力培养之中,帮助学生塑造正确的人生观、价值观、世界观,实现知识传授和价值引领有机统一。区域经济学的研究对象、思维范式和学科特点,决定了它在课程思政建设中具有独特优势。

(一)立足区域经济学的空间性,有利于触动学生家国情怀的天然情感

如果说经济学是研究资源配置的学科,着重回答资源配置的"2W1H"问题——"生产什么(What)""为谁生产(Who)""怎样生产(How)",那么,区域经济学则回答了"在哪里生产(Where)"的问题。"一切经济活动除了从时间过程来研究以外,还可以从空间,即地理方面的观点来加以考察。"区域经济学就是研究经济活动空间运行规律的学科,或者说,从空间的角度去考察经济活动,是区域经济学区别于其他经济学的根本所在。区域经济学中的"空间",既是抽象的又是具体的。区域是散布于地球表面,具有经度、纬度和高度属性的,有特定地理边界的实体空间。地球上的每个生命体无不生活在具体的空间。空间承载着每个人的故土、乡土,空间也是许多人共同的国土。多元性、差异性是空间独特的魅力,我国是一个幅员辽阔、人口众多的发展中大国,三级阶梯状分布的独特地势,两条世界级大江大河的奔流,无一不在塑造着中国各具特色的自然地理区域。来自五湖四海的师生在课堂上共同感受祖国空间的多彩多元,用专业的眼光再现自己家乡独特的区情、社情。这种爱家乡、爱祖国的家国情怀,就在课堂讲授、分组发言、师生互动中潜移默化,油然而生。

当前,我们正处于"两个大局"历史交汇的伟大时代,既面临着前所未有的机遇,也面对着严峻的考验和挑战。这就更加迫切地需要我们突破认知的局限、拓展自己的格局,才能在变化中认清趋势、在危机中孕育新机、在纷繁中洞悉规律、在苍茫中看到风景。从"空间"的维度看世界,为我们拓展格局打开了一扇窗户。世界那么大,每个鲜活的空间,都以其不一样的形态让人惦念,存在于每个空间的鲜活个体的命运,都足以牵动人心。无穷的远方,无数的人,都和我们相关。

（二）把握区域经济学的实践性，有利于提升学生理论联系实际的能力

区域经济学作为应用经济学的一门分支学科，其产生和发展都带着强烈的问题导向特征，具有鲜明的实践性、时代性。区域经济研究从微观层面的区位论向宏观层面的区域经济学转变，就是为了解决现实中的经济问题。以农业区位论、工业区位论和市场区位论为主的古典区位论，在市场完整性假设、采用局部均衡、静态分析方法等方面存在明显局限性，难以解释和解决20世纪30年代以来出现的老工业区衰退、大城市病、城乡差距拉大、流域开发等现实问题。为应对现实问题，已有研究从区位研究转向区域研究，从微观经济分析转向宏观经济分析。随着1956年艾莎德创建区域科学以来，区域经济学逐渐发展成为一门独立的学科。伴随着区域研究由微观领域向宏观领域的不断扩展，以及各国政府为解决区域问题而加强对区域经济活动的干预，各种区域规划工作大规模开展，区域经济学迅速发展。区域经济学对培养学生发现问题、分析问题和解决问题的能力，具有非常直接的促进作用。

（三）领会区域经济学的综合性，有利于实现学生专业知识与核心素养能力的协同发展

经济类专业课程承担着培养适应我国社会主义经济发展和现代化建设需要，具有扎实的马克思主义经济学理论基础，具有较强观察、分析和解决实际经济问题能力的专门人才的任务。区域经济学是研究经济活动空间组织及其相互关系的综合性应用科学，是一门综合性很强的学科，主要体现在，一是学科的综合性，区域经济学在区位论、经济地理学、城市经济学、发展经济学、生产力布局理论等基础上形成，与国民经济学、产业经济学等密切相关。二是研究内容的复杂性，涉及经济活动空间聚集的理论与分析方法、区域空间结构、区域经济增长、区域差异与协调发展、区域分工与合作，以及区域战略与政策等内容，既有单区域问题，也包括多区域关系问题。三是研究对象的多样性，区域经济学研究的"区域"，既有工业化城市化水平较高的城市群、都市区，也有处于工业化初期甚至萌芽期的欠发达地区，既有战略性新兴产业、高科技产业集中的"一线"城市，也有或资源枯竭或动能转化滞后的老工业基地。四是研究方法的多样性，需要运用实证分析与规范分析相结合、定性与定量分析相结合的方法。区域经济学课程一般对已经具备一定经济学基础理论的大三学生开设，课程学习有利于学生将已经学习过的不同学科之间的知识融会贯通，

对完善学生经济学专业理论体系框架起到良好作用；有利于培养学生的思辨能力和探索问题的意识、能力，实现学生专业知识与核心素养能力的协同发展。

（四）中国区域经济的生动实践，为课程思政提供了丰富"矿藏"和鲜活素材

我国区域经济研究起步晚，但在中国共产党的领导下，已经走出了一条具有中国特色的区域经济研究和发展道路。中国共产党领导下的区域经济，产生了很多具有中国特色的规律性总结，逐渐形成了系统的中国方案。一个区域如何实现经济发展？不同地区在全国生产地域分工中各自具有哪些优势，应处于什么地位，承担何种功能？一个区域应该与其他区域建立怎样的经济联系，如何建立这种联系？中央和地方两级政府如何规划特定区域的发展方向，并协调不同区域间的关系？通过改革开放以来四十多年的理论与实践探索，这些问题已经有了一些初步的答案。

新中国成立后，以毛泽东同志为核心的第一代中央领导集体结合当时国情，提出了沿海、内地工业均衡布局的思想，强调要处理好沿海和内地之间的发展关系；20 世纪 80 年代以邓小平同志为核心的第二代中央领导集体将区域发展问题与中国特色社会主义发展的时代背景相结合，勾画了"两个大局"的战略构想；以江泽民同志为核心的第三代中央领导集体和以胡锦涛同志为总书记的中央领导集体围绕缩小区域发展差距，提出并实施了"深入推进西部大开发、全面振兴东北等老工业基地、大力促进中部地区崛起、积极支持东部地区率先发展"的区域发展总体战略；以习近平同志为核心的党中央对区域发展问题愈加重视，尤其是党的十八大以来，习近平总书记亲自谋划、亲自部署，提出京津冀协同发展、长江经济带发展、粤港澳大湾区建设、长三角一体化发展、黄河流域生态保护和高质量发展、成渝地区双城经济圈建设等区域重大战略，并对深入推进西部大开发、振兴东北地区等老工业基地、中部地区崛起、东部率先发展等作出新部署，优势互补、高质量发展的区域经济布局正在不断形成（如图 1 所示）。中国共产党领导的中国区域经济发展生动实践，蕴含着重大理论创新，蕴藏着诸多理论"矿产"，为区域经济学课程思政建设提供了鲜活素材。

	区域计划均衡理论主导时期（1949—1977）	区域经济非均衡发展理论主导时期（1978—1999）	区域经济协调发展理论主导时期（2000—2011）	区域经济高质量发展理论主导时期（2012年至今）
区域经济发展战略	生产力均衡布局战略	改革开放 财政分权 东部沿海地区率先发展 经济特区	东北地区等老工业基地振兴战略 中部崛起战略 东部地区率先发展战略 西部大开发战略	"一带一路"倡议 京津冀协同发展战略 长江经济带发展战略 粤港澳大湾区建设战略 长三角一体化发展战略 黄河流域生态保护和高质量发展战略 主体功能区战略 乡村振兴战略
国内区域经济理论发展	国民经济统计与计划理论 生产力均衡布局理论	梯度理论 点轴开发理论 网络开发理论 双核结构理论 层级增长极网络理论	主体功能区理论 产业集群理论 区域协调发展理论 城镇化与城市群理论	城市群理论的扩展应用 区域创新体系的应用 新型城镇化理论 扶贫开发与乡村振兴战略研究
国际区域经济理论基础	● 大推进理论 ● 贫困恶性循环理论 ● 低水平均衡陷阱理论 ● 临界最小努力理论 ● 投入产出部门与空间均衡理论 ● 区位论理论	● 增长极理论 ● 循环累积因果理论 ● 不平衡增长理论 ● 倒U型理论 ● 中心—外围理论	● 区域科学理论 ● 新经济增长理论 ● 新经济地理学 ● 新新经济地理学 ● 区域一体化理论 ● 城市群与都市圈理论	● 创新系统理论 ● 演化经济地理学 ● 世界城市理论 ● 区域经济大数据相关理论
	1949	1977	1999	2012

图1 中国区域经济理论的产生与演进脉络

资料来源：刘秉镰，朱俊丰，周玉龙. 中国区域经济理论演进与未来展望[J]. 管理世界，2020（2）：182－194＋226.

在区域经济学课堂讲授中国共产党关于区域发展的系列部署，不仅可以让学生了解我国区域经济发展历程和最新政策，而且可以让学生坚信我国能够通过总结自己的发展经验来解决自己的问题，坚定信念，坚持走自己的路。

二、区域经济学课程思政建设总体思路

（一）基本原则

根据教育部关于《高等学校思想政治理论课建设标准（2021年本）》"八个相统一"原则，结合区域经济学课程特点，细化统一原则。

一是政治性和学理性相统一。课程建设始终坚持以马克思主义为指导，坚持将习近平新时代中国特色社会主义思想推进课程和课堂，也注重将马克思政治经济学蕴含的区域分析方法、空间思想传达给学生。

二是价值性和知识性相统一。坚持用习近平新时代中国特色社会主义思想铸魂育人，通过知识传授和案例分析，学生了解党情、国情、民情，增强学生对党的大政方针的认同感，引导学生运用专业知识理解和领会我党区域协调发

展战略及其蕴含的理论逻辑。

三是建设性和批判性相统一。注重结合经典工业化和区域经济学相关理论，结合我国在新型工业化和制造强国建设道路上的应用实践，鼓励学生积极拓展学术研究的领域，力求以创新思维拓展学科研究，鼓励学生结合中国实践对经典经济学的研究进行反思和批判。

四是理论性和实践性相统一。在具体授课环节，围绕理论要点的学习，设计中国区域经济发展的案例，引导学生在掌握区域经济学基本理论和思维范式的同时，学会用理论联系中国发展实践，用理论诠释发展，用发展丰富理论。

五是统一性和多样性相统一。注重在教学目标、课程设计、教学管理、教材学习上与党中央决策部署相统一，全面推进马克思主义中国化的最新理论成果进课程；同时，在教学的模式和方法上，采用教师授课、小组讨论、专题研究等方式，丰富教学的形式，增强学生的参与性。

六是主导性和主体性相统一。教师是课程的主导者，学生是课程教育的主体，教师应注意做好课程的统筹安排，对区域经济学所要实现的教育目标进行整体把控；同时，也应注意发挥学生的主体性，利用家乡分组、小组讨论等方法引导学生主动参与课程讨论，让学生更为深入地进入课程学习中。

七是灌输性和启发性相统一。建构系统的区域经济学理论框架，将专业知识和思想灌输给学生；同时，切忌生搬硬套，单向灌输，而是要采用小组讨论和展示、课堂互动等多种方式，引导学生主动思考和主动学习，促进学生理论知识内化于心。

八是显性教育和隐性教育相统一。旗帜鲜明、理直气壮地采用马克思政治经济学来构建学生思考的理论体系，注重将马克思主义中国化的最新成果宣扬给学生，向学生积极展示中国实践和中国成效；同时，将国家的战略方针和思维意志与区域经济学的理论相结合，潜移默化地培育学生对区域发展战略的认同感。

（二）建设目标

围绕课程教学和思政育人的总体目标，结合区域经济学研究对象和学科特点，区域经济学课程思政建设的目标包括知识传授、能力提升和情怀培养三个方面。

知识传授目标。知识传授是思政的基础。区域经济学课程思政知识传授目标包括两个方面：一是掌握区域经济基本理论。区域经济基本理论体系以萌芽于19世纪20年代的区位论、产生于20世纪30年代的区域科学、发展于20

世纪的新经济地理学为线索，包括古典区位论、产业集聚机制、产业布局、区域空间结构、区域产业结构、区域经济增长、区际分工、区际合作、区域协调发展、区域管理与战略等。二是了解我国区域经济实践。既有新中国成立以来区域经济发展的战略取向、发展动力、空间结构、政策手段等的演变历程，也包括融合了马克思政治经济学的分析方法的中国区域经济研究最新成果。

能力提升目标。一是培养学生实事求是、辩证分析的基本能力。二是提高学生理论联系实际的能力，强化经济学基本素养，深化应用经济学综合分析问题的思考能力。三是提高学生运用历史思维观察经济现象的能力，理解并运用历史与逻辑相统一的分析能力。四是培育空间思维的能力。空间性是区域经济学区别于其他经济学课程的根本所在，空间位置、空间差异、空间结构、空间形态等是描述区域、认识区域的基本工具，立足该课程的核心属性，培养学生建立空间思维的习惯，学会运用空间分析的思维方式和具体方法，去洞察、解释并解决现实经济现象。

情怀培养目标。爱国主义是中华民族的优良传统，也是经济学类课程教学应有的情感支撑，但爱国不是抽象的，爱国教育更不应是空洞的。爱国首先要爱家乡。区域经济学课程自然链接学生的家乡情、故土情，自然激发学生家国情怀，自然唤醒"我对这土地爱得深沉"的朴素情感。广阔而多元的空间，促使学生在自我成长的道路上，不断突破认知的局限、拓展自己的格局，将国家命运与个人命运自然地紧密相连。

（三）内容设计

课程教学共有六章，根据课程教学的内容，确定可融入思政教育的元素，对每一个核心知识点都配套设计了思政案例，让思政教育覆盖教学全过程（见表1）。

第一章"导论"，首先揭示区域经济研究的边界和实质，阐明区域经济学课程与其他经济学课程的关系，强调区域经济研究的"空间性"，介绍在经济研究中引入"空间"分析的历程，使学生了解区域经济学的性质、地位、作用，以及区域经济学科产生和发展的演变历程。"导论"直面区域经济学学科特征，向学生展示广阔、多彩的中国国土，引入区域差异性和多样性，从理论来源和现实分析，提出培养学生树立空间思维的意义和要求，初步引发学生对国土、对家乡的感情和感悟。

第二章"区位与产业空间组织"，主要内容有农业区位论、工业区位论、中心地理论和新经济地理论的基本原理，产业集聚的经济学机制，产业布局指向及其类型,让学生运用区位论和新经济地理论解释我国产业布局和产业转移的原因,对我国工业园区建设与产业集群打造进行分析。

第三章"区域产业结构",以经典工业化理论为主讲授产业结构高级化和合理化、区域主导产业等理论。结合我国工业化进程和我国提出的新型工业化理念,引导学生认识经典工业化理论的局限性,思考发达国家或地区"去工业化""再工业化"问题,强化对我国发展实体经济、构建现代产业体系的认同,并引导学生树立正确的就业、择业价值观,避免一味"脱实向虚"。

第四章"区域经济增长",主要介绍经典的经济增长理论,包括增长的源泉、增长的模式和增长的道路。分析改革开放以来我国经济高速增长的原因,以及当前从高速增长到高质量发展的意义,引导学生认识我国迈入高质量发展阶段面临的新形势、新命题。

第五章"区际关系",包括区际经济联系、区域经济差距、区域经济差异、区域空间开发、区域协调发展。分析比较优势理论和马克思地域分工论及其对区际分工的意义,阐释我国建设统一大市场的意义,引导学生对建立区域协调发展新机制、共同富裕有更加专业和深入的认识。

第六章"区域管理和调控",阐述区域管理和调控的必要性及手段,使学生对市场在资源配置中起决定性作用与更好发挥政府作用的关系有更深入的理解,带领学生认识我国区域战略和规划的演变历程,了解当前我国区域发展重大战略和区域协调发展战略。

表1 区域经济学课程思政教学内容设计要点

章节安排	知识要点	思政要素	思政意义
导论	空间与经济学 经济区域的内涵与划分 区域经济存在的基石	中国经济地理特点 中国区域经济差异性和多样性	从空间维度拓展自己的格局,用专业的眼光认识家乡,激发学生家国情怀
区位与产业空间组织	工业区位论 集聚经济效应 产业布局指向	国内产业转移 各地打造区域特色产业集群	解释我国产业布局和产业转移的原因,对设立和建设工业园区的认识
区域产业结构	产业结构高级化 产业结构合理化 区域主导产业理论	我国是否存在过早过快"去工业化"问题 新型工业化 建设制造强国	认识我国从一个农业大国到工业大国的筚路蓝缕,理解新型工业化和现代产业体系的理论逻辑,树立正确的就业、择业价值观
区域经济增长	生产要素流动性 经济增长理论	从经济高速增长到经济高质量发展	认识"中国速度"和"中国质量",理解高质量发展的重大意义

125

续表1

章节安排	知识要点	思政要素	思政意义
区际关系	空间相互作用原理 比较优势理论 马克思地域分工论 发展的平衡性	从缩小区域差距到共同富裕 建立国内统一大市场	建设统一大市场的意义,对建立区域协调发展新机制、共同富裕有更加专业和深入的认识
区域管理和调控	市场与政府的关系 区域政策	我国区域发展重大战略与区域协调发展战略 市场与政府的关系	对我国市场在资源配置中起决定性作用与更好发挥政府作用的关系有更深入的理解

三、区域经济学课程思政组织实施

教学组织方式主要有教师主动讲授教学内容、课堂讨论、课程论文写作、分组主题展示等环节,并采取探索式、启发式、案例化、故事化等具体的教学方法。

"教学内容讲授"是实现课程教学和思政育人的主阵地,教师以知识点讲解、案例启发、故事化叙事、互动式讨论等方式,让思政元素自然融入课堂。例如,在讲授完经济区域的内涵特征后,提问:"长江经济带包括11个省(市),为什么是'9+2'?而不是'10+2'或其他?"通过学生现场积极回答和师生交互式讨论,学生不仅深化了对经济区域是客观性和主观性相统一的理论认识,而且对我国长江经济带发展战略的背景和意义有了深刻领悟;在讲授完区域经济存在的客观基础后,教师现场提问,请学生分享自己家乡的空间差异性,学生不仅提高了理论联系实际的能力,而且运用专业的眼光看家乡,更激发"谁不说咱家乡好"的自豪感,并进一步埋下将来建设家乡的美好愿望。课后很多学生感慨:"教师在教学新知识时循循善诱,充分发挥了学生的主动性,每一次课堂思考题设计很好,引导也很到位。""教师喜欢以举例的方式让我们把书本知识与现实情况联系起来,调动了我们的积极性。"

"课堂讨论"力求提高和优化互动程度,以个人和组团两种形式进行。个人方式,理论讲授结束后教师马上现场提问,学生作答,以鼓励学生自主独立思考;组团方式,按课堂座位就近组团,3人、5人均可成团,以组团为单位进行围合式讨论,每组选择一名学生对自己组内的观点进行汇总和综述,现场分享,并进行组间互评,师生互动,形成互相批判、互相启发的研讨氛围。

"课程论文写作"是课堂讲授和课堂讨论的延伸和深化。围绕教学内容和课堂讨论题目,学生以撰写课程论文的形式加深对课堂讲授内容的进一步理解，学会运用专业知识关注和分析经济社会发展的热点问题，提升语言表达能力。课程论文涉及议题有"'看图写话'——四川区域经济描述""运用经济区域理论分析粤港澳大湾区""成渝地区双城经济圈空间结构特征分析""改革开放以来各省三次产业结构变迁""以贵州大数据产业、德阳重型装备制造业、特斯拉落户上海、攀钢和宝钢的产业布局作为例，阐述产业布局指向的不同类型"等。

"分组主题展示"是本课程建设最具创新性的探索。首先按照学生家乡所在地分成不同小组，各组根据家乡的区域特色与教师共同探讨，确定研究主题，经过课后的研讨、资料收集，写成研究报告，制作成 PPT，最后在课堂上以 PPT 形式展示，并进行互动，本文将在后面进行详细阐述。

四、"分组主题展示"的实践及其启示

（一）主要环节

"分组主题展示"经历分组、建组、选题、研讨、制作 PPT、现场展示等环节。"分组"，由教师根据全班学生家乡所在地进行分组，一般以 8~10 人为一组；"建组"，通过竞选或自荐产生组长，确认每组成员，拟定组名；"选题"，学生与教师一起选择本组研究题目；"研讨"，按照学术研究的基本要求，进行文献学习、提纲撰写和重点内容分析；制作 PPT 并用 25 分钟左右的时间在课堂进行现场展示。

（二）收获和感悟

"分组主题展示"以实战形式让学生演练了一次如何运用区域经济学的理论和分析方法来观察、研究现实问题。通过演练，学生体悟理论学习的价值，体验学以致用的成就感，培养运用专业知识分析区域经济现实问题的能力；学习的获得感、成就感，又进一步激发学生学习的兴趣乃至深造意愿，钻研理论知识更加积极和主动。同时，学生对国家制定的战略和政策有了更加深入的理解和认同。而最具有深远意义的收获是，用专业的眼光审视自己熟悉的家园，不仅让学生感受到区域经济学"接地气""有用处"，更让全体师生加深对自己家乡的眷恋和热爱，天然的家乡情结自然而然地升华为拳拳爱国之心。"我对这片土地爱得深沉，只因我有专业的眼光和知识。""我们不仅要通过理论知识分析家乡，还要投身实践，回归家乡、建设家乡。"这是许多学生发自肺腑的

声音。

（三）启示

"分组主题展示"完成了良好的课程教学和思政育人目标，较好地实现了知识传授和价值引领有机统一，其重要的原因在于以下几个方面。

一是乡土根植性。将浓浓的家乡味、深深的故土情贯穿于"分组主题展示"每个环节。首先，所有学生按照家乡所在地分成不同小组，然后，根据家乡的区域特色给自己所在的小组取名字、确立研究主题，家味、乡情贯穿全过程，渗入每个人心中。如表2所示，2021—2022学年春季区域经济学开设两个班，共125人，按地域分成20个小组，来自川渝地区的学生分别组建了"四川一家亲""蜀州小分队"等，甘肃、青海、云南、新疆、西藏的学生组成"西部牛仔"，"东南地区小分队"则由来自浙江、海南、福建、广东、江西的学生组成等。在选题上，西部陆海新通道对新时代西部开放的意义和思考、成渝地区双城经济圈城镇体系研究、我国依托丝绸之路经济带的开放型经济发展研究、"长三角"制造业集聚与分布研究、中部崛起战略实施的过程和效果等选题，都体现了浓郁的区域特色。"西部牛仔"在展示西部地区交通基础设施建设成效与问题时，一名来自西藏的学生将课堂代入中国最后一个通公路的县城——墨脱县，全体师生不仅被我国交通基础设施建设的奇迹震撼，也为交通建设给身处内陆的高原县城带来的便利而高兴，更为这位学生的乡情和自豪所感动。

表2　2021—2022学年（春）区域经济学课程思政分组及选题

小组名称	所在省（市）	题目
蜀州小分队	成都、德阳、宜宾	成都都市圈的区域特征与发展策略
地头小蛇队	成都	成渝地区双城经济圈城镇体系研究
四川一家亲	成都、阿坝、乐山	四川工业结构升级问题研究
想不到名字队	绵阳、南充、德阳、遂宁	绵阳是否能成为四川经济副中心
128第四行动支队	泸州、达州、广安、广元	四川省区域经济发展差距及原因分析
斗地组	达州、南充、广安、巴中、广元	川东北地区经济欠发达现状及原因分析
山城棒棒军	重庆、眉山	成渝地区城镇体系现状与问题的研究
气氛组	遂宁、泸州	云贵川三省食品饮料业集聚现状及影响因素分析

续表2

小组名称	所在省（市）	题目
007小组	贵州、广西	西部陆海新通道对新时代西部开放的意义和思考
上一组	河南、湖北、湖南	中部崛起战略实施的过程和效果
东南地区小分队	浙江、海南、福建、广东、江西	"珠三角"制造业集聚与分布研究
山有扶苏	山东、江苏、山西	改革开放以来我国区域经济发展差距的演变趋势及现状特征
北方人	北京、河北、辽宁、黑龙江、香港	东北资源型城市"收缩"问题研究
西部牛仔	甘肃、青海、云南、新疆、西藏	西部大开发以来西部地区交通基础设施建设成效与问题
汉高组	甘肃、陕西	西安都市圈发展现状和展望
闽粤桂滇	广西、广东、福建、云南	广西经济发展受阻原因分析
黔渝小组	贵州、重庆	交通基础设施建设对贵州经济发展的影响
天南地北一家人	浙江、湖北、湖南、安徽	"长三角"制造业集聚与分布研究
新丝路队	新疆	我国依托丝绸之路经济带的开放型经济发展研究
一路向北	黑龙江、吉林、内蒙古、山东	我国南北经济发展差距及其原因分析

二是专业支撑性。小组选题和研究非常强调区域经济理论和分析方法的支撑、运用。这些展示体现并运用了课堂讲授的产业集聚理论、产业结构分析方法、区域经济增长影响因素分析、区际差距测度方法，以及空间结构分析等区域经济理论和分析方法。"'长三角'制造业集聚与分布研究"小组通过计算区位熵、行业集中度指数等，对"长三角"产业集聚与分布进行量化测度，并运用工业区位论、增长极理论等理论解释产业集聚的形成机理。"我国依托丝绸之路经济带的开放型经济发展研究"小组利用点—轴系统理论阐述"一带一路"倡议如何带动沿线区域经济发展。"成渝地区城镇体系现状与问题的研究"小组通过自学城市等级—规模分布模型、城市首位度等，对成渝地区城镇规模等级、职能结构、空间形态等进行了定性和定量刻画，展现了学生良好的学术研究素质。

三是参与互动性。在现场展示环节，发言组与听众组之间、听众组与听众组之间、教师与发言组之间、教师与听众组之间的互动交流，使这一环节成为区域经济学课程思政建设中全员参与度最高、互动性最强的环节（如图2所示），由此也成为师生收获最大而意犹未尽的一个场景。发言组现场展示后，教师和听众组根据PPT制作、区域经济专业水平、团队精神、现场表现四个方面对发言组现场点评、提问，并进行书面评价、评分。例如"绵阳是否能成为四川经济副中心"这一主题展示，大部分听众组认为，"想不到名字队"利用大量数据展示绵阳当前的经济发展现状，内容丰富，分析方面广；但也有小组认为，展示的学理性还有待提高，建议增加经济副中心的学术梳理与理论综述。而在教师引导下，听众组与发言组——"想不到名字队"之间以及听众组之间，又对省域经济副中心以及四川建设经济副中心问题进行了进一步讨论：在一省之内，经济副中心与经济主中心的关系是什么？经济副中心的形成机理和路径有哪些？与宜宾相比，绵阳建设全省经济副中心的优势和劣势各是什么？宜宾与泸州怎样联手建设四川经济副中心？多元互动讨论，让学生再次理解中心—腹地理论、区域城镇体系理论，以及增长极理论的深刻含义，引发学生更加客观、辩证地分析和看待我国省区经济运行、四川省域空间结构特征等现实问题。

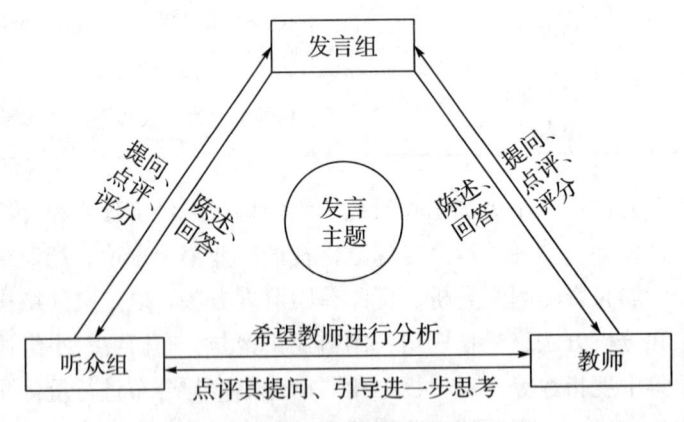

图2 "分组主题展示"互动式参与

四是组织自主性。善于发挥和调动学生参与学术的积极性、主动性。在"建组"的过程中，学生分外活跃，自选组长、自赋组名，在选题和研究环节，自拟题目，自主讨论，分工合作。整个过程，学生学习的积极性、主动性空前高涨，团队合作精神也得到了极大提高。

五是形式包容性。无论是"山城棒棒军""007小组"这样个性张扬的小组名称，还是视频、音频、文字交互嵌入的 PPT 制作，都充分彰显了这些"00后"的青春活力和不拘一格的创造力。课程教学、思政育人既要有严谨的理论，更要有包容的态度，区域经济学"分组主题展示"适应新时代、新技术的潮流，给知识传递和价值引领搭建不一样的场景。

参考文献

[1] 习近平. 用新时代中国特色社会主义思想铸魂育人 贯彻党的教育方针落实立德树人根本任务［N］. 人民日报，2019-03-19（001）.

[2] 习近平. 把思想政治工作贯穿教育教学全过程 开创我国高等教育事业发展新局面［N］. 人民日报，2016-12-09（001）.

[3] 习近平. 坚持中国特色社会主义教育发展道路 培养德智体美劳全面发展的社会主义建设者和接班人［N］. 人民日报，2018-09-11（001）.

[4] 曾光. 产业经济学课程思政建设与实践［J］. 高教学刊，2022（3）：188-192.

[5] 范叙春. 能力导向的经济学专业应用型人才培养体系构建［J］. 大学教育，2019（4）：156-158.

[6] 高德毅，宗爱东. 从思政课程到课程思政：从战略高度构建高校思想政治教育课程体系［J］. 中国高等教育，2017（1）：43-46.

[7] 高千惠. "课程思政"视阈下高校经济学课程教学改革探索［J］. 教育现代化，2019（8）：28-30.

[8] 韩丽丽. 经济类专业课程思政建设的实现路径探索［J］. 思想理论教育导刊，2022（5）：126-131.

[9] 黄琼. 新文科背景下经济学专业课程思政建设路径分析［J］. 浙江水利水电学院学报，2021（5）：87-90.

[10] 黄素心，屠淑莹. 经济类专业"课程思政"教育教学改革的思考［J］. 现代商贸工业，2021（14）：154-155.

[11] 李晓鹏，王波，石志恒. "资源环境经济学"课程思政建设实践途径研究［J］. 甘肃农业，2019（12）：107-109.

[12] 刘秉镰，朱俊丰，周玉龙. 中国区域经济理论演进与未来展望［J］. 管理世界，2020（2）：182-194+226.

[13] 刘杨，童冠群. 基于课程思政与中国案例融合的经济学教学创新设计［J］. 现代商贸工业，2022（10）：194-195.

[14] 逄锦聚. 关于我国经济学教学改革的若干问题［J］. 中国高等教育，2008（5）：31-33.

[15] 祁飞. 高校经济学"课程思政"教学改革创新的重大意义与实践指向研究［J］. 大学，2021（32）：59-61.

[16] 孙久文. 中国区域经济学的理论基础与研究框架［J］. 齐鲁学刊，2022（3）：

112-123.

[17] 孙秀丽. "课程思政"要关注"人"的培养[J]. 思想政治课研究, 2019 (1): 34-38.

[18] 孙亚南, 王晓策, 张月. "课程思政"融入经济学专业教学改革的研究述评与发展趋势[J]. 教育现代化, 2019 (94): 59-61.

[19] 陶善信. 经济学课程实施课程思政的路径探索[J]. 安徽工业大学学报（社会科学版）, 2021 (4): 67-69.

[20] 陶韶菁, 陈镇喜. 课程思政：专业性和思政性的相统一相促进——以经济学类课程为例[J]. 华南理工大学学报（社会科学版）, 2020 (6): 128-134.

[21] 田颖莉, 张飚, 王莹. 课程思政渗透经济学专业的教学改革[J]. 中学政治教学参考, 2020 (39): 82.

[22] 辛馨, 郭乐语, 高鹏. 高校经济学专业特色课程的思政教育融入研究[J]. 大学, 2021 (24): 128-130.

[23] 杨建云. "区域经济学"课程思政大纲的制定与实现[J]. 黑龙江教育（理论与实践）, 2021 (7): 29-31.

[24] 杨习铭. 坚持教育现代化的课程思政与"马工程"区域经济学教学创新[J]. 教育观察, 2021 (5): 19-21.

[25] 张英, 张明志. 思政教育融入经济学类专业课程的探索和实践——以人口经济学课程为例[J]. 教育观察, 2021 (45): 108-111.

提高经济学类课程过程性考核质量的方法设计与优化

余川江　罗　悦[*]

摘　要：基于经济学类课程的特征及其过程性考核的现状，定量实证平时作业、期中测验、期末考试的成绩对总成绩的贡献率，探讨经济学类课程过程性考核方法，优化平时成绩在总成绩中占比，提高学生对学习过程的重视程度，着力改变"一试定终身"的传统考核局限，更为精准地综合考核学生的学习绩效。由此，设计经济学类课程过程性考核的优化方案，以达到促进学生打破传统思维、提升自身综合实力和提升教学质量与效果等目的。

关键词：经济学类课程；过程性考核；学习绩效

一、导言

（一）研究背景与意义

1. 研究背景

传统课程考核模式主要采取期末闭卷考核，这虽然是教学质量和学习效果的主要参考，但也可能助长学生"临时抱佛脚"的侥幸心理，在学习过程中未真正打开学生思维，促进对知识的探讨，在一定程度上阻碍学生自我综合实力的提高。

近年来，我国有大量研究探讨了过程性考核在课程教学中的重要性。黎延海和马引弟（2017）认为，过程性考核是指不针对学生的考试结果进行考核，而对学生在学习过程中的各个方面进行考核和评估的方法。目前，已有针对期

---

[*] 作者简介：余川江（1984—），四川大学经济学院副研究员，主讲产业经济学、城市经济学、国际经济学等课程。罗悦（2000—），四川大学经济学院2019级拔尖班本科生。

末单一考核方式的优化及过程性考核的探索性研究。李琳（2011）指出，高校应探索适用于多元化考核目的、多元化考核内容、多元化考核形式、多元化标准的过程性考核方法；张蕤等（2014）建立了基于过程性评价的多元的地方综合性高校课程考核方法和体系；刘伟和张元珺（2018）主张，以期末终结性考核为主，转向过程性考核为主，将学习和考核紧密联系在一起，可以充分调动学生积极性和提升教学效果。目前的文献研究为过程性考核提供了一般性的导向，但多为定性的观点和政策建议，尚缺乏实证的定量支持和更精细的方案设计。

2. 研究意义

经济学类课程需要学生理论与实践紧密结合，而非仅拥有理论知识。以期末闭卷成绩评估学生学习效果过于片面，为此，优化设计一整套既符合经济学学科特点，又适用于当前学生学习特点的科学的、合理的课程过程性考核方法，对于实现课程教学目标、促进高质量的教学改革、提高学生积极性显得尤为重要。

过程性考核存在许多优点，这些优点利于高校教育教学工作。首先，促进学生的积极性。传统的教师教学、学生听课模式中，学生"被动式"学习知识；而过程性考核促使学生参与到课堂中，与教师互动，与学生交流，不断在课堂中思考问题，打开思维，这不仅可以加深学生对课堂知识的理解，还可以促进学生之间"思想碰撞"。其次，教师能更精准了解学生的学习能力与掌握教学进度。传统课堂教学结束后，教师和学生往往没有充足时间交流，教师不能及时了解学生掌握知识的情况，而学生也无法及时向教师传递自身的学习情况。通过过程性考核的方式，以论文、PPT展示等形式发布作业，给予学生适当时间自主完成，以此评估学生的学习能力，以及对课堂的掌握情况，更利于教师把握课堂教学质量和进度。最后，交流创新。过程性考核中的多元化考核形式，可以激发学生阐述新想法。例如，学生完成一篇自主命题的小论文，可以通过规范的学术论文形式表达新观点，教师也可以更多地了解学生的新思想。

本课题旨在发挥过程性考核的优点，结合经济学类课程的教学要求与特点，优化设计出适合的考核方法，以达到更加精准反映学生学习情况、提高学生的学习及创新积极性、改善学习氛围与环境等目的。

（二）研究内容与目标

1. 研究内容

以经济学类课程为主体，参考现有的课程过程性考核方法，结合经济学类课程特点，不仅应考虑教师与学生之间的考核，还应建立学生与学生之间的相互评价，从考核方式、考核内容、考核形式、考核过程四个方面系统设计合适的过程性考核方法，在实证中深入分析过程性考核的具体做法与成效。具体内容：一是根据新时代大学生教学改革精神和课程考核相关理论，结合经济学类课程特征和当代大学生学习特点，构建起经济学类过程性考核质量评价的理论标准。二是基于经济学院的样本数据，对经济学类课程过程性考核方案展开现状进行分析与评价，并讨论主要存在的问题。三是结合经济学类教学需求，比较相关过程性考核方法的具体做法与优劣成效。四是从考核方式多元化、考核内容多元化、考核过程多元化、考核形式多元化等方面，提出系统性的经济学课程过程性考核标准。

2. 研究目标

一是参考并分析已有的样本数据，总结经济学类课程过程性考核的特征及规律，结合经济学类课程特点，提出对应的优化方案。二是优化设计经济学类课程过程性考核方法，根据过程性考核质量评价标准判断方法的可行性。三是不断完善考核方案后，最终推广并实施，以提高学生的积极性与参与度、促进教师教学指导质量的提高、提升学生的综合实力。

二、经济学类课程的特征与过程性考核现状

（一）经济学类课程的特征

1. 经济学专业的要求

经济学专业培养目标是，培养具有较扎实的马克思主义经济理论和现代经济学理论基础，熟练掌握现代经济分析方法和管理技术，具备对经济问题做定性研究与定量分析的能力、向经济学相关领域扩展渗透的能力、较好的政策把握能力和实践创新能力的高级专业人才。具体而言，要求学生系统掌握经济学基本理论和相关的基础专业知识，了解市场经济的运行机制，熟悉党和国家的

经济方针、政策和法规，了解中外经济发展的历史和现状，了解经济学的学术动态，具有运用数量分析方法和现代技术手段进行社会经济调查、经济分析和实际操作的能力，具有较强的文字和口头表达能力。

2. 经济学类课程的特点

一是课程理论体系的综合性。经济学类课程旨在满足"宽口径、厚基础、大平台"的培养需求。经济学专业的学生进入大二下学期分流为四个细分专业：经济学、财政学、国际经济与贸易、国民经济管理。学生通过三个学期经济学类课程的学习，能够大概了解经济学专业所涵盖的领域，并能进一步确定自己未来的专业学习方向。因为特定的培养目标，经济学类的课程涉及范围较广，不仅包括微观经济学、宏观经济学等经济学专业课程，还兼顾财政学、货币金融学、会计学等课程，学生在一年半的学习基础上，根据兴趣和双向选择原则进行专业分流。

二是研究方法的多样性。经济学类课程的广度使得其涵盖了多样的研究方法。经济学类课程在基本理论的论述中常常将语言逻辑分析与数学分析相结合，既有抽象的概念，又有形象的图像；既有定性分析，又有定量分析。例如，西方经济学的分析方法以实证分析为主，广泛运用数学推导和数学模型来论证经济变量之间的相互关系，如需求函数、供给函数、生产函数、洛伦兹曲线、菲力普斯曲线等，政治经济学则极具严谨的理论逻辑推理。

三是课程的现实性和政策性。西方经济学是关于市场经济运行环境、运行方式、调节手段的理论，在当下社会主义市场经济体制改革的环境中具有借鉴意义；而立足于中国改革开放发展的成功经验的中国特色社会主义政治经济学蕴含着现实的政策意义。这些课程能够拓展学生理论分析的空间，使学生懂得从多角度、多范围、多层面来分析社会经济问题，并对复杂的社会经济现象进行客观的描述和初步的解释。同时，经济学类课程所讨论的一些问题极具挑战性，前沿知识的发展极为迅速，这在客观上有利于满足大学生对前沿性知识的需求，并进一步锻炼学生的分析能力。

(二) 经济学类课程过程性考核质量的目的

传统的大学课程考核是在课程结束后采取"一考定终身"的方式，存在着许多弊端。与之不同的是，过程考核能充分考虑学生在课程学习过程中的整体表现，进而更真实地反映学生的学习效果，逐渐成为当前课程考核的主要方式。因此，结合经济学类的专业课程，综合课堂、课后等教学环节，对学生的出勤、提问、平时测验、课后作业、论文等实施过程性考核的探索，在此基础上给出平时成绩，并结合课程的特点、按照一定的权重，将平时成绩与期终考核成绩结合起来，以综合评定学生的课程成绩，从而实现更加精确、全面反映学生学习效果的目的。

（三）经济学类课程过程性考核质量的现状

1. 当前经济学类学生的理论基础与学习特点

在高中阶段，大多数学生基本不会接触基本的经济学理论，但大多具备一定的数学基础，并在进入大学后进一步提升了数学分析能力。经济学类课程主要从理论分析与实证分析两个方面提高学生的经济学素养，在理论方面，考虑到高中毕业生较为薄弱的经济学素养，经济学类课程主要为学生提供经济学基础知识，为学生在经济学领域的深入学习及研究打下坚实的根基；在实证方面，经济学类课程主要培养学生运用高等数学、统计等工具分析经济问题的能力。理论与实证两个方面相辅相成，紧密联系，逐步培养学生的经济学素养。

2. 当前经济学类课程过程性考核质量采取的方法

当前经济学类课程过程性考核主要包括两个方面，即平时考核与期末考核，具体需要结合不同特征的课程以确定两个部分所占的比例，并进一步细化平时考核的各项项目。就经济学类课程而言，平时考核主要包括出勤、课堂表现、期中考试、课堂测试、作业等。就学院的情况而言，经济学类课程的平时考核一般占比40%~50%，具体的项目则分别在平时考核中占据相应的比例。

三、实证分析

（一）经济学院成绩数据具体分析

1. 数据来源

学院国际经济学、宏观经济学、计量经济学、金融学、微观经济学、政治经济学六门专业必修课程班的2019—2020学年成绩，总共1180个有效的学生样本，成绩类型包括总成绩、日常考勤、平时作业、期中测验和期末考试。

2. 方法选取

以平时作业、期中测验等各个项目的考核权重设定缺乏依据，本文拟采取因子分析法对总成绩中的不同变量进行分析，得出各个部分权重以反映其影响力大小，进而为过程性考核方案优化提供依据。

3. 实证分析

首先进行回归分析与方差分析，结果如表1、表2。$F(3, 1176) = 351.94$、$P(Prob > F) = 0.0000$ 与三个自变量的 T-statistic 均大于2，表明平时作业、期中测验、期末考试对总成绩有重要作用。由于讨论平时作业、期中测验、期末考试三个变量对总成绩的回归分析，随变量增加导致 R^2 数值增大，而 Adj R^2 降低了整个回归模型的复杂性。平时作业、期中测验、期末考试的 Std. Err. 在 0.1~0.2 波动，但数值均较小，说明各系数的估计可信度较好。

表1 平时作业、期中测验和期末考试对总成绩的回归结果

Source	SS	df	MS	Number of obs=1180	
Model	60365.2797	3	20121.7599	F (3, 1176) =351.94	
Residual	67236.3906	1176	57.1738015	Prob>F=0.0000	
Total	127601.67	1179	108.228728	R-squared=0.4731	
				Adj R-squared=0.4717	
				Root MSE=75613	
总成绩	Coef.	Std. Err.	t	P>|t|	[95% Conf. Interval]
平时作业	-0.2135115	0.0169843	-12.57	0.000	-0.2468345 -0.1801886
期中测验	0.4352737	0.0171504	25.38	0.000	0.4016249 0.4689225
期末考试	0.2200108	0.0122791	17.92	0.000	0.1959194 0.2441022
_cons	51.54684	1.490627	34.58	0.000	48.62226 54.47143

表2 平时作业、期中测验和期末考试对总成绩的方差结果

Number of obs=1180			R-squared=0.9618		
Root MSE=2.2213			Adj R-squared=0.9544		
Source	Partial SS	df	MS	F	Prob>F
Model	122721.75	190	645.90395	130.90	0.0000
平时作业	6364.9326	39	163.2034	33.08	0.0000
Source	Partial SS	df	MS	F	Prob>F

续表

期中测验	12929.502	69	187.38409	37.98	0.0000
期末考试	45818.476	82	558.76191	113.24	0.0000
Residual	4879.9196	989	4.9341958		
Total	127601.67	1179	108.22873		

由表1、2可知，回归模型可以判定成立，同时也可知平时作业、期中测验、期末考试对总成绩的影响程度存在不同，进而对各影响因素进行因子分析，结果如表3。平时作业的累计方差贡献率为63.05%与Retained factors=1，表明平时作业对于总成绩的影响程度最大，即为主要影响变量；期中测验与期末考核的影响力则较小，即为次要影响变量。由此，可以以平时作业为代表的高权值变量给予深入分析，反映课程过程性考核主要目的及优化方向，例如，分析平时作业及相关类的评估方法对总成绩具有引导性作用。由此可见，布置理论知识融入实际生活中的分析题作为平时作业，能帮助学生更好了解理论；或者安排小组讨论，促进学生与学生之间交流，更能提高学生在课堂上的积极性；或者布置开放性作业，帮助学生跳出中学时的固定思维和学会多方面讨论问题。

表3 期末总成绩的因子分析结果

(obs=1180) Factor analysis/correlation
  Method：principal-component factors
  Rotation：(unrotated)
		Number of obs=1180
		Retained factors=1
		Number of params=3		

Factor	Eigenvalue	Difference	Proportion	Cumulative
Factor1	1.89147	1.06544	0.6305	0.6305
Factor2	0.82603	0.54353	0.2753	0.9058
Factor3	0.28250		0.0942	1.0000
LR test：independent vs. saturated：chi2（3）= 963.55 Prob>chi2 = 0.0000 Factor loadings (pattern matrix) and unique variances				
Variable		Factor1		Uniqueness
X1		0.9010		0.1882
X2		0.5630		0.6831
X3		0.8733		0.2373

当前考核标准下，考核更注重理论，与经济学类课程要求将实践与理论知识相结合，以达到学以致用的目的相违背。多元化考核目的是丰富学生的思考与发展方向，转变学生将考试作为学习目标的思维模式，要使学生在学习过程中运用理论分析国情或生活实际。而多元化地拓展平时作业考核内容，可以将平时测验、案例分析、个性化论文、读书心得等方式作为课程过程性考核，平时作业帮助学生完成当天的知识巩固；平时测验让学生了解自己的学习情况，让教师了解学生，还可达到督促学生及时复习的效果；案例分析促使学生在生活实际中运用理论知识，让学生自行了解与分析案例可以增加对知识点的认识；个性化论文帮助学生挣脱课本的固定理论框架，让学生发散自身思维找到特定喜好方向，还可以帮助学生提前找到学习规划；读书心得使学生了解课外知识，也方便教师了解学生独特的分析方式，让学生在读书过程中自己尝试思考和解决问题。一系列过程性考核方法能提高学生在课堂的参与积极性，发散学生思维、打破固定思考模式，提高教学进度和教学质量。多元化考核形式则将教师—学生、学生—学生模式运用在打分环节中，不仅促进学生的学习积极性，还促进学生对打分模式的不断合理化改进，更加利于考核过程。

（二）实证分析的优劣性

本课题采取相关性分析与因子分析，值得注意的是，所采用的分析方法与过程具有一定的优劣性。其优点：数据多且广泛，基本覆盖整个年级的成绩情况，即很大程度上避免了偶然性，提高了实证分析的科学性和可靠性；采用因子分析，直接得出总成绩的影响程度，确定具体探讨方向。其缺点：数据中采取了多学科的成绩，未考虑到不同学科有不同考核重点，在未来需针对具体学科做进一步研究分析。

四、经济学类课程过程性考核的方案设计及优化

（一）方法借鉴

当前诸多经济学类课程均重视过程性考核的方法探索，并提出适应具体课程的过程性考核质量方法。药学经济学由于其研究内容和方式需要多方面知识储备，李洪超等（2016）认为设计药学经济学的课程设计和考核方式要紧密结合实际研究环境设计考核题库、考核形式多样性、加入大量英文原文材料和提高考核题目综合性，以创新过程性考核实践。王蕴琪（2020）提出西方经济学课程

的考核方式应结合经济学特点,将持续性鼓励和检测、多维度考核、综合能力培养三个因素纳入考核方案的设计思路,实施方法融入在线测试、小组展示、课堂考试形式中,以促进教师与学生之间的双向反馈。任伟峰、胡成群(2017)针对财务管理特点制定了自我反思章节总结、知行合一的沙盘演练、团队协作的案例分析和关键碎片的微课制作的考核方式,以促进学生学习财务管理的理论和方法,提高学习效果。相关经济学课程过程性考核方法为学院的过程性考核提供了可借鉴的方法,在实施中促进教师与学生不断改善考核方法和考核内容。

借鉴相关经验性做法,经济学类课程过程性考核的创新应将理论与实际相结合,从多元化考核内容、多元化考核方式、多元化考核过程入手,在过程中要求学生积极参与课堂、发散性思维、提高教学质量等,根据以上特点完善此方案设计。

(二)方案设计与优化

1. 教学目标改革

从目前的情况来看,由于经济学类课程内容的知识含量多、理论性强,教师不得不把大部分课堂教学时间用于讲解知识性内容,造成对其他教学目标的忽略。因此,目前的教学是教师唱"独角戏",学生被动接受,学习积极性不高。学生的学习只是为了应付考试,考完就忘,学完不能运用所学知识解决现实经济生活中的问题,对经济现象也不能做出深入的解释,没有实现能力目标和拓展目标。因此,我们应结合课程的特点,将教学目标调整到教会学生运用理论解决实际问题上来,培养学生的创造性思维,并将这一目标细化到每一章节的内容中。

经济学类课程的课堂教学应实现三个目标:知识目标,即一堂课所要掌握的理论知识,这是基础;能力目标,即运用所学理论知识解决实际问题的能力,核心是加深理解和准确理解,力求贯通所学知识,只有贯通后,才谈得上应用基本的原理、概念和观点;拓展目标,即促进学生思维能力和社会实践能力的提高。

2. 教学内容重在联系实际

根据教学目标的改革,合理安排教学内容。首先,坚持教学内容与时俱进,使教学内容及时地反映现代经济学的新思想和新成果。时时关注理论前沿的新进展和新动态,去除教学内容中陈旧知识信息,动态更新补充新的知识信息、思想和时事案例，让学生及时了解掌握经济学的最新理论和实践。其次，坚持教学内容简要而精准，使教学形式多元化而充满创新元素。摒弃课程中过分具体的教学内容及相关课程中的重复内容，注意把体现当代学科发展特征的、多学科间的知识交叉与渗透的部分反映到教学内容中，改变"一本书满堂灌"的注入式教学模式，给学生留出自由思考和解决问题的余地，根据自主思考和推理提出新结论；教师要精心挑选高水平的阅读材料供给学生学习，设计具有综合性的问题，让学生结合自身的知识储备加以扩展、延伸和综合，撰写报告和论文；减少简单的、对照书本与笔记即可完成的习题，增加利用原理解决实际经济问题的考核占比。最后，要实现从教给学生"怎样做"到"为何做"的转变，注重培养学生理解和适应未来复杂经济环境的能力。鼓励学生具有打破旧概念、固有原理和经验而独辟蹊径的精神，培养学生从已有的知识中分析实际情况的能力，培养学生的表现力、判断力、质疑力，把教学重点转向培养学生的应用能力上。

3. 考核方案的进一步优化

综上所述，设计一套科学合理的考试制度，必须坚持多种考核方式相结合，且进一步提高平时作业的考核比重，以更为综合而精准地考查学生的课程学习情况。通过优化课程过程性考核质量的方法，全面提高教学质量，促进学生用发散性思维思考问题，增强学生的专业学习和实践探索积极性。

（1）进一步提高平时作业的考核比重，平时成绩与期末成绩相结合。设计平时成绩占总评成绩60%，期末考试成绩占40%。在保证期末考试成绩的必要性比例前提下进一步提高平时成绩占比，可以促使学生注重平时的学习，不至于只在临考前进行短时间突击，以应付考试，使学生能牢牢掌握这门课程的主要内容体系。在平时成绩中，特别是要提高平时作业考核比例至50%，平时作业可包括写读书笔记（10%）、课堂发言（10%）、课堂主讲（10%）、课堂讨论（10%）、课后小论文（10%），此外，课堂出勤（10%）为平时成绩的补充，平时成绩构成可根据学科特点做具体调整。同时，将每个部分分为中等、良好、优秀三个等次，通过等级结构拉开学生之间的考核差距，形成对学生的更强约束力。

（2）进一步丰富平时成绩的考核形式，笔试、口试和实践考试相结合。不同的考试方法有不同的功能，所考查的能力点也不同。笔试主要检测人的认知领域，如记忆、想象、思维，安排相关内容的理论考试；口试主要考查人的语言表达能力、思维的敏捷性、心理素质等方面；实践考试着眼于人的动作——

技能领域，强调动手能力、解决实际问题的能力，以及科学精神的测度。因此，可以在平时测验时采取学生抽签答题、笔试、小论文答辩组合的方式，抽签答题的题目应注重训练学生如何将"怎样做"转化为"为何做"。例如，考查财政政策的税率变动，可以让学生首先回顾税率有关的理论，然后分析当下国情背景和政策发布后的效果，最后让学生作为政策发布者，创新设定合适的政策方案，以PPT或短视频制作等形式展示内容，以达到多层次、多角度地考查学生学习成果的目的。

（3）进一步丰富期末考试形式，开卷与闭卷相结合。创新型人才不是一个纯粹的知识蓄积者，而是一个知识的灵活运用者，所以在期末考试的教学改革中，开卷与闭卷相结合对于学生的创新能力的培养有重要帮助。经济学类课程理论知识与时俱进，需要学生阅读相关文献，可在笔试中另加入写作短论文的要求，事先给予几个相关主题以供学生考前参考。这些考试方法的综合运用不仅可以考查学生的学习成果，还可以考查他们的学习过程；不仅可以考查学生所学专业知识的深度和广度，还可以考查他们提出问题、分析问题、解决问题的素质和能力；不仅可以考查学生学习专业方面的成绩，还可以全面考查他们自学、查找资料、表达、写作等各方面的能力与素质。由此，可以把探索学习的主动权真正交给学生，使学生真正学得轻松、积极主动而富有成效。

参考文献

[1] 黎延海，马引弟. 地方高校过程性、多元化课程评价体系的构建 [J]. 教书育人（高教论坛），2017 (33)：52-53.
[2] 李琳. 地方高校多元化课程评价机制的构建 [J]. 临沂大学学报，2011 (4)：75-78.
[3] 刘伟，张元珺. 基于应用型人才培养的国际贸易实务课程过程性考核方法改革 [J]. 洛阳师范学院学报，2018 (5)：76-78.
[4] 任伟峰，胡成群. 基于过程性考核的财务管理课程改革 [J]. 现代职业教育，2017 (29)：162.
[5] 王莉，宿方萍，刘亚. 过程性评价方法在高校文献检索课程教学中的应用 [J]. 教育现代化，2018 (23)：227-229.
[6] 王蕴琪. 过程性考核方案在微观经济学双语教学中的设计与实践 [J]. 时代金融，2020 (9)：148-149.
[7] 张蕤，徐鹏，方明峰. 基于过程性评价的、多元的地方综合性高校课程考核方式 [J]. 重庆理工大学学报（社会科学），2014 (4)：129-133.

浅析高级宏观经济学教学改革与方法探索

祝梓翔*

摘 要：宏观经济学是高等学校经济管理类专业学生的一门必修课程，也是后续学习的前提和基础。一般而言，宏观经济学根据难度分为初级、中级和高级宏观经济学。在本科阶段，一般以初级和中级宏观经济学教学为主，而在研究生和博士阶段，理论上则以高级宏观经济学教学为主。高级宏观经济学课程似乎成为很多研究生的难点：不仅学习效率和兴趣低，而且学习效果差。同时，高级宏观经济学教学环节也存在种种问题。基于上述困境，对高级宏观经济学进行教学改革十分必要，这要求教师重新思考授课方式，改革课程考核方式，将学生拉回课堂，激发学生的积极性，变被动学习为主动学习。这将有利于培养学生的经济学思维，也为其学好其他课程打下基础。尽管宏观经济理论研究一直在发展，但在从"研"到"教"的转化过程中却存在障碍和困难。当前高级宏观经济学教学中存在着课程体系和内容设计不合理、本土理论体系缺失等问题，应当通过基础理论与课程体系改革、教学内容与教学模式创新等路径实现高级宏观经济学教学的创新发展，构建融合"中国智慧"的教学模式，全面推进宏观经济学课程教学改革。

关键词：高级宏观经济学；教学改革；方向路径；主动学习

一、引言

宏观经济学和微观经济学是经济学的两大分支，也是经济类专业学生的必修课程。相较于微观经济理论，现代宏观经济学出现较晚，很多理论仍处于发展中，共识相对更少。针对一些重大问题，宏观经济学家存在针锋相对的观点，如凯恩斯主义和新古典主义。宏观经济学关注国民经济运行的重大问题，

---

* 作者简介：祝梓翔（1985—），四川大学经济学院副教授、硕士生导师，主讲国际经济学、时间序列分析等。

主要分为经济增长和经济周期两大主题。粗略看,经济增长主要从供给侧关注经济的长期问题,经济周期主要从需求侧关注经济的短期问题。当然两者的区别不是绝对的,例如,经济周期也关注驱动周期波动长期因素,经济周期模型也可引入内生增长机制等。尽管经济学的不同理论从学理上没有主次和轻重之分,但宏观经济学涉及较多重大国计民生问题,是高层决策者应对宏观经济问题的主要理论参考,其现实和政策意义天然地更容易受到业界和学术界的关注。

二、教学中存在的问题

尽管宏观经济学的重要性不言而喻,但高等教育中的宏观经济学教学还存在许多需要改进和优化的地方,学生所学的宏观经济学与现实所用的宏观经济学仍有不小的距离。

首先,宏观经济学的教材和参考书目与我国现实情况存在一定程度的脱节。作为一般的社会科学理论,宏观经济理论出自西方发达经济体,其发展和演化主要围绕西方发达国家,特别是美国所遇到的经济问题。中国虽然以市场作为配置资源的主要方式,但经济结构、政府角色、金融系统仍然和成熟经济体有较大不同。政府主导下的产业政策、国有企业的主导作用以及金融市场扭曲仍然是中国经济的关键词,因此学生在学习宏观经济学时,常常感到所学理论与所处的环境有较大差距。以投资理论为例,传统宏观经济学中强调投资与预期收益率和利率相关,但中国的投资很大程度由政府和国有企业驱动,这些投资由于涉及基础设施和公共服务,预期收益率往往不是其主要决定因素。再以宏观经济学的自然率假说为例,成熟经济体往往存在一个自然失业率,但中国经济还没有达到稳态,或者说稳态仍然在发生改变,导致对中国的潜在产出的估计存在较大困难和不确定性。

理论与现实脱节的原因是复杂的,但基本可以排除宏观经济学不适用于中国的观点。第一,宏观经济学的发展仍然是迅速的,时至今日,新理论、新方法、新数据和新问题仍然层出不穷。本科生所学的宏观经济学以过去的经典理论为主,如果不对传统理论进行扩展和改进,的确不容易解释当前的问题。第二,目前市场上缺少专门针对中国经济的宏观经济学,或者说缺少以中国为例的宏观经济学教材。对于学生而言,更容易接受的教授方式始终是深入浅出,以感性认识和数据开始的,因此,立足于中国经济实例讲授宏观经济学将起到事半功倍的效果。以经济增长理论为例,更好的讲授方式是立足于增长理论解释中国高速增长的原因，包括资本积累和全要素生产率的增长。

其次，宏观经济学教学的另一个困境是，不论是本科生还是研究生，其培养方案中，宏观经济学始终是学生的必修课程，但在学术研究中，选择宏观问题作为研究方向的学生远远少于微观实证方向。很多学生仅仅将宏观经济学作为完成学业的必修课程，缺乏深入探索宏观问题的动机和愿望，对宏观经济学存在一定程度的"畏难情绪"。造成这一现象的既有客观原因，也有教学和培养方式的问题。

三、学好高级宏观经济学的必要条件

从学科特征看，尽管宏观经济学的基础理论并不高深莫测，甚至在大多数情况下通俗易懂，但宏观研究的技术方法的确比其他经济学分支的研究有更高的门槛。这种门槛不仅体现在实证宏观上，还体现在理论宏观中。在实证宏观中，研究方法的难度主要来自时间序列分析的学习成本。要学好时间序列，需要较为扎实的数学基础，包括微积分、线性代数和概率统计，而本科所学数学往往以应试为主，与时间序列所需的数学基础存在一定差距。如经济学专业的本科生大多没有接触过一些时间序列需要的数学知识，如线性代数中的奇异值分解、微积分中联结虚数、自然底数和三角函数的欧拉定律、概率统计中的傅里叶变化与谱分析等。即使一些学生学过，由于缺乏练习、复习也遗忘了，学生在需要借助数学工具理解一些经济学问题时仍出现较大困难。宏观的时间序列方法涉及单变量和多变量时间序列方法、参数模型、半参模型和非参模型，不同方法适用于不同的问题，而要彻底掌握和理解这些方法的确需要花费较多时间。更重要的是，宏观实证方法仍然在不断更新和进步中，如文本分析、人工智能和大数据持续引入宏观实证研究中，时间序列模型也变得越来越复杂。

以宏观实证的主流方法向量自回归（VAR）方法为例，VAR 是为了解决动态同期多方程模型（DSEM）不能很好应对卢卡斯批判而出现的，简化式 VAR 不对参数和协方差矩阵施加任何约束。VAR 模型广泛应用于货币政策分析、经济周期分析、金融市场分析等领域。今天的 VAR 模型与早期相比有了很大的变化，其发展和进步主要体现在估计和识别两个层面。在估计层面，估计算法的提升主要为了适应 VAR 模型向非线性和大规模方向扩展，如引入时变参数、随机波动率、交叉项、机制转换、增广因子等。在识别层面，识别方法从过去的递归约束发展到今天的符号约束、长期约束、工具变量约束、叙事法约束等。对于刚入门的学生而言，全部掌握这些方法需要较长时间，但毕

业、评奖和保研又要求在较短时间内做出论文和研究成果。这导致学生选择研究方向时往往会做出三个选择。第一，如果学生继续坚持宏观研究，一般选择基于 Eviews 的菜单式 VAR 操作，虽然他们可能得到一些好看的脉冲响应图形和方差分解表格，但大多数学生并不理解其中的含义。第二，学生可能会放弃宏观实证方法，转而采用面板数据模型分析一些非典型或老旧的宏观问题，如区域和增长核算问题。第三，更多学生选择放弃宏观问题，转而采用传统计量方法做微观实证分析。

如果说宏观实证的困难只是阻碍了大部分学生深入学习实证模型和估计抽样算法，至少还可以借助一些手段简单模仿，那么宏观模型的困难在于对初学者而言做出改进和创新是较难的，很多时候学生在构建理论模型时只能完全照搬文献和教科书中的模型，几乎不能做出任何创新。以经济周期分析中应用最广泛的动态随机一般均衡模型为例（DSGE），要理解最简单的 DSGE 模型，需要从实际经济周期模型（RBC）开始，而 RBC 模型是从新古典增长模型发展而来，新古典增长模型其实是从索洛模型发展而来的拉姆齐模型。因此，要理解 DSGE 模型需要从经济增长理论开始学习，但很多学生除了本科所学的索洛模型外，没有系统学习过经济增长理论。这使得很多学生一开始学习 DSGE 模型时就遇到了瓶颈。传统的 DSGE 模型会引入大量外生冲击，这需要学生一开始就要正确区分内生变量和外生变量。DSGE 模型还涉及求解、平稳化和估计，需要较为深厚的线性代数和概率统计基础。特别是在 DSGE 模型的贝叶斯估计过程中，学生要理解和掌握马尔科夫链蒙特卡洛链的核心算法存在较大障碍。一方面，理解后验分布的解析式推导是困难的；另一方面，贝叶斯所涉及的技术细节非常多，从先验分布到抽样算法选择，从观测方程到模型参数的识别问题。

部分学生在刚开始学习 DSGE 模型时，还可能对理论本身产生抵触情绪。这种抵触情绪主要来自对理论直觉上的不信任，认为理论过于学术，与现实完全不符。首先，学生往往从最简单的模型入门，这些模型一般高度简单化。以最简单的 RBC 模型为例，这类模型的早期形式往往不考虑任何形式名义或实际摩擦，每期资本存量完全折旧，且模型中只有一个技术冲击，所得到的结论无非技术冲击是驱动经济周期波动的唯一因素。这显然与直觉不符，部分学生借此认为宏观模型是用于纯学术且脱离实际的方法。事实上，获得与现实更一致的模型，需要在简单模型基础上不断加入各种摩擦、新的部门和外生过程，这意味着模型会变得相当复杂，因此初学者在刚接触宏观模型时不太可能很快了解模型的扩展形式。简言之，如果模型不够复杂，经济部门不完整，那么模型与现实的差距越大，学生就越不容易从心底相信，但模型过于复杂，一般学生又很难理解和驾驭。

学好宏观经济学的另一个必要条件是除了理解课本知识，还需要做大量的习题和练习。这对于平时学业负担较大的学生而言无疑是一个挑战。相较于其他社会科学而言，经济学无疑是使用数学最多的社会科学，而宏观经济学在所有经济学分支中更是数学使用较多的分支，涉及概率统计、微积分和线性代数。要深入理解宏观基本理论，甚至对基本理论做出修改和扩展，需要借助大量练习。事实上，按照国外某些一流大学的宏观经济学专家的说法，学习高级宏观经济学应该像学习数学、工程学和物理专业课一样，在深入理解基本理论的基础上，辅之以大量习题，并根据习题评估自己学习的薄弱环节。

学习高级宏观的另一个挑战是编程。相较于微观实证研究较为统一地使用 Stata 软件，宏观研究更多使用 Matlab。从操作而言，Matlab 的语法和代码编写并不困难，Matlab 提供了大量系统函数，使得研究者不必对很多特殊计算另行编程，很多重要文献也有复制代码。但一些学生的误区是认为只要掌握了 Matlab 编写就可以对宏观模型进行求解和仿真。然而，Matlab 只是一种工具，正确使用 Matlab 进行编程的前提是学生对宏观理论模型表达的含义足够清楚，程序模块中每一步做什么需要提前设定好。此外，在结构宏观计量分析的各种抽样算法中，学生应牢牢掌握抽样每一步各自要实现什么目标，对抽样的顺序一定要有严密的逻辑支撑，对先验设定和后验分布函数要一丝不苟地设定好与推导清楚。简言之，学生在编程前需要充分设计好自己的研究问题。此外，学生在学习时间序列分析、贝叶斯估计和蒙特卡洛算法时，时常因为繁杂的数学符号而不知所云，一种可能更好的方法是基于代码学习和理解这些抽样算法的内核。

虽然 Matlab 是宏观分析的主流软件，但部分资深宏观经济学家仍坚持使用 Gauss 和 C++，然而掌握这些传统内核软件的门槛更高，因此不仅仅是学生，大部分年轻学者或教师如果没有计算编程基础，一般不会去主动学习这些软件。随着更多开源软件的出现、算法的改进以及软件开发的进步，宏观经济学家开始青睐一些更高效、更轻便、图形处理能力更强的软件，如 Julia、Fortran 等，网络上有大量讲解这类软件的资料和视频，学生只要愿意花时间，掌握这类软件并不困难。一旦掌握这类软件，学生就可以很轻松地读懂相关文献的复制代码，进而展开自己的研究。

在宏观经济学和宏观计量教学时，应坚持理论教学与上机相结合的方式。《论语》有云，学而不思则罔，思而不学则殆。上机练习的实质是通过计算机语言帮助学生更好地思考、理解所学的宏观模型和计量理论，同时也是理论联系实际的最好方式。不同于理论学习，上机练习遇到的细节问题更多，需要教师具有足够的耐心，对学生每一个问题给予及时回应。教师在解答学生的疑问时，也需要不断督促学生补齐短板，特别是在编程时要更加细心。上机练习的另一个好处是，它能有效提升学生的兴趣。学生在上宏观经济学课程时，除了做练习，大多数时期都是被动地听教师讲授，如果学生没有及时做好预习，或者上课时精神状态不佳，极容易走神和失去听课的动力。相较而言，在上机练习时，学生需要主动操作、面对和处理相关问题，这意味着学生的专注力比被动听课时更高。一旦他们依靠自己解决了某个程序错误或者画出了漂亮的图形，他们往往异常兴奋，内心充满成就感。

四、教学改进办法

我们如何调动学生学习宏观经济学的积极性。

首先，我们应该向学生客观阐明微观实证研究与宏观研究的特点。传统微观实证需要掌握微观计量的相关知识、具有较强的数据分析能力和编程能力，但相较于宏观研究方法，不论是时间序列，还是基于微积分和线性代数为背景的理性预期差分或微分方程系统，微观研究（微观理论除外）的技术门槛更低，这使得学生能在较短时间掌握一些技术，顺利完成导师的研究助理工作甚至展开自己的研究。从激励反馈和毕业时限要求的角度看，大量学生选择微观实证方向作为自己的专业是可以理解的。但这至少会产生两个问题。其一，大量的研究者或撰写论文快意味着市场中的论文数量会更多，而更多的论文意味着参考文献更多和更快更新的研究进展，这也意味着竞争更大，要做出更好的研究，或者在一流期刊上发表论文变得愈发困难。简单来说，"谁都能做，导致要做好反而更难"。由于技术方法基本不是区别好研究和一般研究的标志，微观实证研究的优劣更多体现在数据来源、选题、研究平台、研究者的学术经验等方面。其二，由于入门容易和撰写论文更快，一些好的选题常常遇到"撞车"和"被剽窃"的问题，无形中增加了研究的困难，也增加了研究者之间的摩擦和矛盾。为了避免自己的研究成果或想法被剽窃，数据、观点和研究设计方案在发表之前往往不得不仅限于"内部人"交流，最终限制了学术研究的"正外溢性"，也无形中推高了微观研究的门槛。换言之，微观研究特别是高层次的微观研究的门槛其实很高。

其次，对于宏观研究而言，掌握相关方法、知识和文献脉络需要较长时间和较高的门槛，意味着做宏观研究的人比微观研究少。这使得不论国内还是国外，传统宏观论文的数量偏少，高质量的宏观研究更少。正如前文所述，宏观问题的重要性是天生的，因为这些问题与国计民生息息相关，也是高层领导关心的问题，一些研究虽然本质是微观的，但选题时却尽可能往宏观问题靠拢。问题的重要性加较少的研究者造成了宏观论文的稀缺性。一些宏观研究既没有模型也没有数据，或者一些宏观研究的模型和实证分析既不规范也不前沿，但因为其选题的重要性和宏观论文的稀缺性，仍然可以发表在国内一些重要的期刊、报纸上。简言之，一旦学生真正掌握宏观研究技术，将有更多机会在高水平期刊发表论文。由于宏观数据大多是开源数据，学生在研究时一般不会遇到数据障碍。换句话说，研究者在做宏观研究时不会因为数据"受制于人"，而是不能对理论模型进行有效扩展和改进，或是对模型内核的传导没有理解到位，抑或是对时间序列的诸多抽样算法没有理解到位。从选题看，宏观问题常常是热点问题和重大问题，例如，如何应对今天的经济下行、如何防范系统性风险、如何实施结构性货币政策助力小微企业渡过难关、如何评估疫情对中国经济的影响、如何应对输入型通胀对中国经济的影响、如何应对不确定性对经济的影响，但背后的基本理论仍然是传统宏观经济学的那些内容。换言之，宏观问题看似新，其实旧，即使是同一个题目，学者们也常常从不同视角进行研究，因此较少出现微观研究中的"撞车"问题。总之，短期看，宏观研究的门槛似乎要高些；但长期看，宏观研究的门槛其实更低。

最后，当前从事学术研究的人员越来越多，新方法、新技术层出不穷，学术研究的竞争越来越激烈。完成一个高质量的研究的工作量越来越大，过去靠个人"单打独斗"的研究成果越来越少，这意味着很多研究需要多个研究者合作完成。目前宏观研究的一个重要方向是微观实证+宏观模型，微观实证主要用于识别宏观理论的微观基础。在现实中，同时掌握微观和宏观方法的研究者很少，一般需要合作者根据自己的研究特长进行合作。从合作者的角度看，掌握微观实证的很多，但掌握宏观理论和实证分析的相对少。因此，从合作者的角度看，做宏观研究意味着有更多机会与跨领域学者进行合作。当前大数据和人工智能正不断影响传统科学研究，今天的一些研究方法已与传统方法有了较大不同。以宏观经济预测为例，传统研究常常依赖于各种估计的参数化或半参模型，这些模型要么来源于经济理论，要么来源于时间序列模型，机器学习的引入意味着宏观预测甚至不需要借助任何模型，而只需要根据神经网络与人工智能的技术进行自主学习，从而达到预测下一次经济衰退或繁荣的目标。因此，在进行这方面的研究时，宏观研究者可以和计算机相关专业的研究者进行合作，以此对现有理论和方法进行深度创新。

参考文献

［1］陈璋. 关于国民经济学学科发展问题的思考［J］. 政治经济学评论，2015（5）：30—46.

［2］李海明，翁卫国. 宏观经济学：教学范式新探索［J］. 西南大学学报（社会科学版），2011（2）：112—116.

［3］熊晓轶，姚洋. 宏观经济学课程教学创新——评《宏观经济学教程》［J］. 中国高校科技，2020（Z1）：136.

［4］朱建安. "宏观经济学"课程改革尝试及调整［J］. 高等工程教育研究，2010（S1）：120—122.

［5］成新华. 宏观经济学教学中研究性教学的探讨［J］. 大学教育科学，2008（5）：53—56.

［6］谢琦. 宏观经济学案例教学中存在的问题及对策研究［J］. 中国劳动关系学院学报，2010（6）：107—110.

政府预算教学思考

钱 霞[*]

摘 要：现代预算制度是国家治理体系的重要组成部分。政府预算是财政学的核心课程之一。如何提高政府预算教学质量，培养合格的财政学人才值得深入探讨。本文阐述了政府预算课程的特点，分析当前政府预算教学中存在的主要难点，提出政府预算课程改革的教学设计。

关键词：政府预算；课程思政；教学方法

党的十八届三中全会提出了"财政是国家治理的基础和重要支柱"的重要论断。预算是财政制度的核心内容。现代预算制度是国家治理体系的重要组成部分。政府预算作为财政学专业的核心课程，在财政学课程体系中占据重要地位。近年来，我国深入持续推进财税体制改革，政府预算管理的内容、方法等均发生了较大改变。如何更新教学内容、改进教学方法、提高教学质量、培养能适应社会需求的财政学人才，显得尤为重要，值得深入探讨。

一、政府预算课程特点

（一）多学科交叉性

预算表面上是政府的年度收支计划，实质是对公共资源进行有效配置的活动。现代预算制度下，这种分配活动必然被纳入政府和法律的程序。政府预算的研究具有极强的多学科交叉性，政治学、经济学、管理学、法学等学科均从不同的角度展开研究。从政治学角度看，政府预算本身就是一个政治过程。从管理学角度看，政府预算需要强调预算的控制、管理和计划等功能。预算理论界和实务界均借鉴了许多管理学理论与方法融入预算管理，提高预算管理水

---

[*] 作者简介：钱霞（1979—），四川大学经济学院讲师，主讲政府预算管理、经济法等课程。

平。从法学角度看，政府预算与法律密不可分，立法机关的审批是预算管理的重要环节，政府预算法治化也是我国法治建设的重要内容。作为财政学的核心课程，在政府预算教学过程中，教师应立足财政学，同时融合法学、政治学、管理学的理论与方法，多视角交叉分析，才能引导学生更全面、深刻地认识政府预算。

（二）兼具理论性与实务性

政府预算不仅涉及纯理论问题，还涉及操作性、应用性很强的实践问题。预算管理是财政管理的核心环节。对政府预算的教学，不能将理论与制度割裂开来。除政府预算的基本理论，还需要讲授预算的具体操作实务，帮助学生了解政府部门预算工作的一般流程。课程设计可按照"理论研究—制度诠释—实务操作"思路，立足我国预算有关法律和制度安排，借鉴国外先进经验，较为全面系统地阐述政府预算的基本理论、管理的过程和方法，突出反映当前实际部门最新的改革实践，兼具理论性与实务性。

二、政府预算教学中存在的主要问题

目前政府预算教学中存在以下问题。

（一）如何激励学生的积极性

政府预算教学方法以讲授式为主，教师居于主导地位，确定知识体系及要点，展开讲授，师生交流较弱。学生参与的积极性、主动性不够，对有关知识的把握不足。以知识传递为主的教学模式难以满足人才培养的需求。

（二）如何更好地体现课程的实务性

近年来，我国预算改革深入推进，先后进行了部门预算、国库集中支付制度、政府采购等重大改革，预算管理科学化、规范化程度大幅提升，为国家治理现代化做出了重大贡献。如何紧跟改革实践，让在校大学生了解、掌握预算管理实务中的运行状态，是教学中的难点之一。

（三）思政元素如何全面、全过程融入教学

全面推进课程思政是提高高校人才培养质量的关键一招。课程思政的重要性不言而喻，但是课程思政如何有机融入专业教育，形成育人合力，还需要深入探索。融什么、怎么融、何时融，如何在达成专业目标的同时融入思政教学，是课程思政改革的重点与难点。就政府预算课程教学而言，如何找好课程思政与专业知识的切入点，讲好中国故事，顺其自然、润物细无声地开展德育教育，是政府预算教学改革中必须破解的难题。

三、政府预算课程教学设计

（一）目标定位

通过政府预算课程的学习，学生了解政府预算的基本理论，全面掌握预算管理的各个环节，了解国内外预算领域的最新研究动态和预算管理的改革进展，尤其是我国预算改革的实践成就，推动我国政府预算管理的改进与创新，为国家治理现代化做出贡献。

（二）设计思路

1. 完善教学内容体系

教学主要依托"十二五"普通高等教育本科国家级规划教材《政府预算理论与实务（第四版）》。该教材以政府预算管理的流程为主线，主要内容包括基本理论、政府预算的起源与发展、政府预算管理与分类、政府预算规划与编制、政府预算的审批、政府预算的执行与调整、政府决算与绩效评价、政府预算的监督与问责。教材内容较为全面，能较好反映理论界的最新研究成果及实际部门的最新改革进程。但从教学实践看，只有了解权力与资源在政府体系的分布，了解政府治理和运作情况，才能更好地理解预算体系中各参与者之间权力与责任的分配，更好地理解不同利益主体的目标取向和行为特征。在校大学生，对国家权力与资源在系统内的分配及运作模式往往不够了解，并不知晓如何在立法机关与行政机关之间分配权力、在政府内部如何分配权力，从而对预算过程以及预算权力结构的配置似是而非。因此在基础理论板块，需要让学生知晓我国立法机关、行政机关的配置及运作。教师可适当补充国家机构的知识，让学生更好地了解国家权力机构政府组织，更好地认识立法机关、核心预算机构、政府部门等在预算中扮演的角色，以及监督制衡机制。此外，我国预算改革持续推进，新的法律、制度不断出台，教师必须及时关注政策、制度、实务的最新进展，保持教学内容动态更新，不能让教学内容滞后于改革实践。

2. 丰富教学方法

传统教学以教师直接灌输为主，学生吸收知识较为被动，参与积极性不高，学习主动性不够。为提高教学质量，教师在政府预算教学中可根据不同的教学内容，采取多种教学方法。

（1）讲授法。

在教学改革中，新的教学手段层出不穷，但笔者始终认为在政府预算的本科教学中，讲授法仍然是应该坚持的手段。在校大学生由于缺少实际工作经验，对政府预算这一领域相对陌生，教学伊始往往难以开展高质量的互动探讨。讲授法有助于学生较为快速地了解有关政府预算的基本理论、制度安排和实务操作，知晓主要知识框架和工作流程，为深入学习奠定基础。教学改革无须摒弃传统且有效的教学手段，只需进行改良，以更好地达到教学目的。在教学过程中，教师应明确教学主线，构建基本框架，根据不同教学板块的特点，结合学生的知识构成，进行教学设计。对于理论部分，加强理论概括，深入浅出地阐释理论，开展国际比较，引导学生全面看待预算改革及有关制度设计，而不是盲目推崇国外的理念、制度及做法。对于实务部分，立足教材，适度拓展，增强趣味性，让学生知晓预算工作的现实运行，减少生疏感和陌生感。课堂教学中，适当引入小视频，调节课堂节奏，增强学生兴趣。例如，预算年度的教学中，插入美国联邦政府因为预算没有通过而暂时关门的新闻，让学生更好地理解预算年度的概念，明白立法机关在预算审批中的重要地位；转移支付制度的讲解中，播放时任财政部部长对有关制度的说明与权威解读，帮助学生更好地理解立法背景和制度设计。

（2）案例教学法。

对预算基本理论及预算工作的介绍，如果不结合具体政策、制度和做法，总会给学生一种似是而非的感觉。"接地气"最好的办法就是案例教学，即通过对某种事件具体的、生动的描述，分析和说明某种理论或政策。案例教学法使学生在校园内接触并学习到大量社会实际问题，有利于扩大视野，增强感性认识，缩短教学情境与实际生活的差距，较快实现从理论到实践的转化。同时，案例的讨论有利于启发学生思考，增强分析问题的能力，培养创新能力。

重视案例的筛选。首先，案例的选取要具有典型性，与对应的理论知识有直接联系。教学案例不是调节课堂氛围的小故事，必须能较好地服务于教学内容，能恰到好处地说明政府预算中的某一理论，或者反映预算改革的实际进展。在案例的筛选过程中要重视可读性，引发学生的兴趣，避免单纯事例、数据的罗列,注意选取具有生动描述的案例,以更好地吸引学生。其次,注重案例的多样化。案例主要包括介绍性案例和分析性案例。前者主要是对中外有关制度或政策的介绍,如对国内外预算法律、制度和实务进行介绍,有助于学生知晓、了解知识;后者主要是对一些理论和实践展开分析,有助于学生思考问题。这两类案例的功能各不相同。在案例筛选过程中,要注意不同类型案例的搭配。比如,预算公开的学习中,引入案例"105家中央部门同日'晒预算'"和"省级、市级财政透明度的道路还有多远",让学生了解我国预算公开、财政公开的进展现状及取得的成效,分析面临的挑战,探讨深入推进政府预算公开工作,提高财政透明度的对策建议。在预算监督及预算民主化的教学中,引入美国、巴西预算管理中公民参与的案例,介绍分析我国浙江温岭等地的参与式预算,进而展开对参与式预算适用领域及适用范围等的探讨,让学生更好地理顺公众、人民代表大会、政府在预算过程中的关系,更好地理解地方政府因地制宜的制度创新有力地推动了预算民主决策进程。案例的形式可以是文字,也可以是视频、图片等。

精心设计案例教学。教师根据教学目标,广泛收集、分析、整理资料,形成案例材料,思考并明确讨论主题。课堂上,教师阐明案例并开展要点分析,让学生充分理解案例有关内容。案例讨论可以结合自由讨论与小组讨论。讨论过程中,除明显的错误外,一般不过多对发言者进行干预或打断,鼓励学生参与讨论争辩,碰撞出火花,激发创新思维,更好地锻炼学生语言表达、临场应变等能力。学生讨论完成后,教师及时对案例讨论进行点评和总结,尤其要肯定学生的新观点、新思想,启发学生进一步思考问题。比如,参与式预算的教学中,结合浙江、广东等地的实践,引导学生思考公众参与度对这种预算方式的影响、参与式预算是否适合全面推广等。预算审批的教学中,通过部分区域预算修正的实践案例,探讨全国人大常委会预算修正存在的困境。

(3) 角色扮演教学法。

角色扮演教学法是根据教学要求设计一个工作情境,让学习者在假设情境中扮演相应的角色,处理各种事务,进行活动以达到学习目标的一种教学方法。角色扮演教学法要求学生遵从角色要求,有助于学生了解、熟悉工作要求,同时,有利于活跃课堂气氛,调动学生学习的积极性和参与热情。例如,预算编制及审批的教学中,对学生进行分组,分别扮演资源申请者(各部门及基层单位)、主管职能部门、领导组织机构、立法机构,并模拟完整预算编制与审批的全过程。这种角色扮演的学习方法,不仅能让学生直观理解"两上两下"的预算编制程序及审批流程,还能让学生体会预算过程中的利益博弈,从而促进学生深入思考影响预算的诸多因素。再如，参与式预算的教学中，除采用案例分析法，也可让学生扮演群众、人大代表、财政部门工作人员等角色，更好地理解不同群体的利益诉求以及民主实践。

3. 将课程思政全面融入课程教学

课程思政是落实立德育人根本任务的战略举措。在知识传授与能力培养中加强价值观引导是推进课程思政建设的重要要求。财政学专业教育肩负着培养具有家国情怀、知理论、懂实务，能"为国理财"的专业人才的任务，课程思政更应该全面深度融入核心课程政府预算的教学中。

（1）明确政府预算课程思政设计目标。

教师改变传统灌输式教学方法，充实教学内容，丰富教学手段，挖掘、梳理政府预算课程知识体系的思想价值，引导学生关注现实问题和社会实际，协同推进知识教育与价值观教育，讲好中国故事，树立中国特色社会主义的道路自信、理论自信、制度自信和文化自信，培养经世济民的职业素养，提升家国情怀。

（2）课程思政落实到教学全过程。

教师课前挖掘知识点中的思政元素与中国元素，增强思政教育亲和力，为润物细无声地开展德育教育打下基础。例如，预算体制的教学中，梳理我国政府财税体制改革历程，分析改革如何促进我国经济腾飞，以及深化改革的思路等，引导学生关注"两会"，从"国家账本"、预算报告等了解政府施政蓝图、"民生"财政发展状况等，深刻理解预算管理对国家治理现代化的重大意义。教师应把握好"课前预习—课中讨论、总结—课后拓展"等关键教学环节，将课程思政融入教学全过程。教师在课前提出问题，鼓励学生思考；课中引导学生认识、分析党和国家大政方针的思想正确性、政治敏锐性、理论前沿性，教师适时总结；课后鼓励学生进一步查阅资料，拓展知识。课堂教学中，坚持"一互动、四结合"，即教师与学生互动，理论与实践结合、政治与经济结合、国内与国外结合、法律与制度结合，让学生在了解国外理论与实践的同时，了解我国预算改革的巨大成就，帮助学生了解国家战略、法律法规和相关政策，结合中国国情积极稳妥地深化改革，而非盲目照搬。

参考文献

[1] 朱翠林. "政府预算"教学内容与方法探讨 [J]. 广西财经学院学报，2006 (S1)：82-84.

[2] 王丽.《政府预算管理》课程教学范式改革诉求与创新实践 [J]. 河北经贸大学学报

（综合版），2020（4）：93—96.

［3］陈庆海. 案例教学法在《政府预算与管理》课程中的应用［J］. 合作经济与科技，2011（5）：108—109.

［4］肖鹏. 政府预算学科属性与研究生层次课程建设的思考［J］. 经济研究参考，2018（27）：59—65.

［5］杨颖. 政府预算课程教学改革探讨与实践——以能力培养为导向［J］. 黑龙江教育学院学报，2012（10）：54—56.

［6］卢真，李燕. 提高政府预算理论与实践研究生课程教学效果的思考［J］. 经济研究参考，2018（27）：65—68.

财税计量课程教学心得总结

朱 峰[*]

摘 要：针对财税专业所开设的计量经济学课程逐步成为高校财税专业的常态，而财税计量教学实践中难教、难学的现象也是此类课程所面临的难题，本文基于笔者的教学经验，分别从财税计量课程开设的重要性和教学过程中的注意事项两个角度总结了课程心得。计量经济学在经济学科中的重要地位、帮助学生掌握经济学基础和财税理论知识，以及助力学生科研兴趣的培养，均为这门课程开设的意义所在。授课教师在教学过程中，应当注重结合正确的思政导向，帮助学生构建起完善、细致的经济学理论分析框架，注重因果识别的原理和常用实证方法的讲解，适当结合上机课程帮助学生进一步理解掌握计量实证方法。

关键词：财税专业；计量经济学；教学经验

近年来，高校经济学专业均设置了计量经济学相关课程和针对财税专业所专门开设的财税计量课程。作为一种重要的定量分析研究工具，计量经济学被广泛地运用到经济学研究中，在培养学生的科研能力过程中起到了十分重要的作用。然而，在财税计量教学实践中，难教、难学的情况时常出现，学生对相关知识的理解、掌握与科研实践之间也存在较大的差距。笔者从财税专业学生计量经济学的教学经验出发，分别从财税计量教学的重要性和注意事项两个角度出发，初步总结自己的一些看法，以期抛砖引玉，为财税专业的计量经济学教学提供一些经验。

---

[*] 作者简介：朱峰（1989—），四川大学经济学院助理研究员，主讲财税计量分析、公共经济学等课程。

一、财税计量教学的重要性

（一）计量经济学方法在经济学研究中的重要性

现代经济学的研究方法主要包括三种：一是逻辑分析方法，二是历史分析方法，三是计量分析方法。计量经济学是现代经济学研究中最为重要的方法论，它以观测数据为基础，对逻辑分析方法所推导出来的结论和机制进行实证检验。经济学研究致力于透过复杂多变的经济现象，识别以数学变量衡量的各类经济行为、经济现象之间的关系，最终揭示经济系统的运行规律。注重因果检验的计量经济学为上述目标提供了重要的方法，为推动经济学科学化提供了重要的助力。

非实验性是经济观测数据的重要特征，研究中难以使用通常的可控实验方法，在完全控制其他因素的作用下识别出各种经济变量之间的因果关系。针对这一特点，计量经济学界经过长时间的反复探讨和验证，发展出了一套成熟的因果识别方法体系。正如使用数学是一门科学成熟的标志那样，以数据为基础的计量经济学实证分析是经济学研究精确化的重要标志（洪永淼，2021）。

从当前的经济学研究实践来看，以简化式分析为基础的计量实证研究占据了重要地位。因此，为帮助财税专业学生正确地掌握现代经济学研究方法，充分理解财税领域相关问题的定量研究思路和范式，开展财税计量方法的系统教学很有必要。

（二）计量经济学是学生系统掌握经济学知识体系的重要一环

从当前各个高校的教学实践看，计量经济学是高校经济学类专业所开设的必修课程。作为经济学科的重要组成部分，财政学、税收学等专业课程的学生也需要系统掌握计量经济学知识，一方面满足专业培养要求，另一方面为即将到来的科研训练打下基础。作为经济学类的专业课程，计量经济学对于财税专业学生养成因果推断思维模式和掌握主流定量分析方法起到至关重要的作用（孟醒，2020）。

计量经济学要求学生对经济学、统计学理论足够熟悉，能够运用经济学思维和逻辑正确提出研究问题和假设，能够结合统计学理论正确设定计量模型，对模型进行正确的估计和检验，从而发现经济现象中所包含的经济关系，据此评价或检验经济理论是否适用于解释所观察到的经济现象。对于今后以政府机关、事业单位为重要就业方向的财税专业学生而言，因果推断的思维模式培养十分重要，它能在帮助学生理解财税政策实施效果时有效排除其他因素的干扰，更好地理解政策影响的本质。

（三）帮助学生更好地理解财税专业相关理论知识

财税专业的核心课程包括财政学、税收学等，这些课程都是研究以国家（或政府）为主题的财政分配关系，其研究对象是财政分配活动及其规律性。财政学的研究需要从复杂多变的社会经济运行现象中梳理、归纳出财政分配活动，揭示财政分配活动的规律性。作为依托经济观测数据、注重因果识别的一门重要学科，计量经济学能够帮助学生在准确掌握财税专业相关知识的前提下，更好地运用统计数据去识别财政活动中各类经济变量之间的因果关系。例如，我国在实施各类税收优惠政策时通常会采用先试点、后推广的方式，试点行业和企业并不是随机选择的，而是结合特定的产业政策或其他目标进行筛选后的结果。因此，直接比较试点企业和非试点企业的产出等指标并不能准确识别税收优惠政策的实际影响。借助计量经济学中的准自然实验方法，能够在克服试点企业和非试点企业之间差异的前提下识别税收优惠的效果，帮助学生理解税收优惠背后发生了什么。

（四）助力学生科研兴趣和科研能力的培养

在高等教育阶段，初步激发学生对科研的兴趣、培育学生的科研能力、发现潜在的科研人才是经济学科教学的重要内容之一。从财税专业乃至整个经济学科科研、教学实践角度看，基于计量经济学的实证分析方法是目前上手科研的主要手段。微观计量领域所发展出的实证方法已经相当成熟，而且上手难度适中，便于学生理解掌握，这是计量经济学课程直接助力学生科研能力培养的独特优势。

当前，在计量经济学教学实践中存在难教、难学的情况，主要问题在于该学科与数学、统计学结合十分紧密，与财税专业所关注的现实问题距离较远（王少平、司书耀，2012），因此在教学过程中，学生经常陷入数学推导记忆的陷阱中。这固然给财税专业计量经济学教学带来了极大的挑战，但也是财税计量课程的机遇。在教授财税专业计量经济学课程时，学生一般都完成了计量经济学基础知识的学习，这给予教师一定的发挥空间。在教学过程中，教师不必拘泥于计量经济学中各个公式的推导，可以结合财税专业具体问题，设计合适的教学方案，帮助学生理解和掌握因果识别推断的原理，从而培养学生对经济学科研的兴趣。

二、财税计量教学过程中的几个要点

虽然计量经济学与数学、统计学关系十分密切，但归根到底是一门经济学，需要研究者在系统掌握经济学理论知识的前提下正确掌握和运用。在计量经济学教学实践中，学生对计量经济学知识的掌握出现偏差的原因之一，即完全陷入对统计学知识的追逐，而忽视了经济学逻辑的分析。例如，在进行实证分析时，仅仅注重得到两个可能存在联系的变量的显著系数，而忽视了背后的逻辑分析，因此设计了一个不合逻辑的研究主题；在选择控制变量时，忽视了控制变量要与因变量和自变量都存在相关关系，选择了很多不合适的控制变量。特别是对于财税专业的学生而言，其专业知识离不开对我国财税政策法规、财经运行情况的了解与掌握，因此在利用计量工具研究相关问题时，更应当注重财税理论思想与计量方法的结合。

结合上述内容，笔者提出财税计量教学需要注意的几个方面，希望通过一点浅见抛砖引玉，对财税专业的计量经济学教学提供一些参考。

（一）要以正确的指导思想为导向

虽然计量经济学是一门方法论课程，与线性代数、概率论与数理统计等知识结合得十分紧密，但在教授过程中教师也需要秉持立德树人目标，在挖掘课程思政优势的同时引导学生培养正确的理想信念和爱国、爱党情怀，具有高度的社会责任感以及良好的思想品德、社会公德和职业素养（米国芳，2022）。财税专业学生的培养更需要授课教师重视学生的思想政治动向，帮助学生理解我国财政收支活动背后的政策目标和政治方向，从而培养践行社会主义核心价值观、具有社会责任感、适应我国财税实践需要的人才。具体而言，在财税计量思政教学实践中，可以采用的技巧有以下两方面：

第一，从计量经济学课程知识出发，挖掘可能存在的思政元素。计量经济学的一个重要内容是因果识别，"相关关系不是因果关系"贯穿了整个计量经济学的教学始终。教师在教授因果识别相关知识时，可借助现实社会、政治和经济等问题，帮助学生理解这一要点。例如，在突发社会事件面前，面对网络媒体中充斥的各种信息，如何判断这些信息的可信程度，坚持不信谣不传谣，就需要用到因果识别的相关知识；面对网络媒体所提供的文史知识、科普文章等内容，如何判断其内容的真实性，也需要灵活运用因果识别理论。教师在讲解因果关系理论过程中,引导学生坚定理想信念、辨别信息真伪是这门课程的独特优势。

第二,在讲解计量经济学应用方面的知识时,可以结合党和国家的大政方针、重要政策培养学生的政治敏感度。财税专业学生的学习内容与政府收支活动有着密切联系,特别是要熟悉政府所实施的各类财税政策,而政策效果识别是计量经济学研究的重点之一,因此结合政策识别展开思政教学是财税计量课程的独特优势。在结合政策识别开展计量经济学教学时,授课教师可以为学生详细讲解这一政策的实施背景和目的,已有文献如何识别出这一政策的实施效果达到了目的,同时排除了哪些干扰。这能够帮助学生理解我国当前财税政策的出台背景和实施逻辑,更加直观地掌握政策内容。

(二) 要熟练掌握经济学理论框架

计量经济学研究的是两个经济变量之间的因果关系,二者是通过哪些渠道产生联系的,相关性是正或负,都需要通过经济学理论来解释。在经济学理论体系中,马克思主义经济学、微观经济学、宏观经济学等基础课程刻画了消费者、厂商、政府等经济主体之间的联系,为使用计量工具考察变量之间的因果关系、进一步分析产生机制提供了理论基础。因此,教师在开展财税计量教学时,可以结合具体的实证文章和案例,首先为学生搭建起理论分析框架,再逐步引导学生理解计量分析方法如何验证理论假设,并检验理论假设背后的产生机制。这一方面回归了计量经济学是一门经济学的本质;另一方面也能够帮助学生破除对计量经济学的陌生感和抵触感,便于接受计量实证分析工具背后的逻辑和原理。

以税收政策实施效果的评估为例,微观经济学、宏观经济学中的税收理论即为这类文献的理论基础。在为学生梳理税收政策的影响时,可以从税收如何改变企业的各项成本出发,分析税收政策的变动如何影响企业的投资、雇用、研发等行为,进而影响到企业的收益。在影响收益的基础上,进一步考查企业内部的收入分配等如何因税收政策改变而发生变化。通过对税收政策影响企业行为的逻辑链条进行梳理,学生能够明确税收政策对企业的相关经济变量会产生怎样的影响,影响的机制是怎样的,进而明确应该如何设计实证策略研究问题。

(三) 正确理解因果识别的本质，掌握常用计量实证方法，理解这些方法克服内生性的原理

计量经济学研究包括因果识别和预测两方面内容，财税计量教学中的政策效果评估与因果识别结合得更为紧密。因此，在教学过程中，教师更需要结合因果识别为学生讲解计量工具背后的含义，特别是要让学生明确因果识别过程中的五个重要威胁（遗漏变量偏误、数据测量误差、逆向因果关系、样本自选择偏误和函数形式误设），培养学生对威胁因果识别因素的敏感性和辩证思维。在此基础上，帮助学生理解实证模型的设定是围绕因果关系进行的，因此控制变量的选取应当谨慎；实证分析中应当关心的是关键解释变量的系数，控制变量的系数允许出现估计偏误；反映模型整体估计效率的 R^2 等指标更多的是为计量实证分析提供参考。

在理解因果识别本质的基础上，授课教师可以将重点适当放在克服内生性的两类实证方法上——一是工具变量法，二是准自然实验，后者包括双重差分、断点回归、合成控制法等。授课教师可以结合实证文献，为学生逐一讲解上述方法实现因果识别的原理，这些方法在使用过程中有哪些注意事项，如何检验上述实证方法的稳健性等。在结合文献讲解的过程中，帮助学生掌握常用实证方法的运用技巧，从而培养学生的科研兴趣和科研能力，助力毕业论文的撰写。

(四) 适当结合上机操作，帮助学生掌握实证方法的运用

计量经济学的应用与计算机的关系十分密切，Stata 是目前实证分析研究中应用最为广泛的软件。计量经济学理论和方法的应用，对于计算机和相关软件的运用十分依赖，特别是各变量系数估计和假设检验都需要使用计算机（王少平、司书耀，2012）。因此，在讲解计量经济学实证方法的过程中，授课教师应适当设置上机课时，帮助学生理解如何使用计量软件处理数据、进行初步的描述性统计，进而得到最终的实证分析结果。学生在上机实操的过程中，能够进一步加深对计量实证分析方法的理解，更好地培养起对计量经济学的兴趣和使用能力，也符合高等教育中正确接受知识的过程规律。

参考文献

[1] 洪永淼. 理解现代计量经济学 [J]. 计量经济学报, 2021 (2): 266-284.
[2] 孟醒. 计量经济学教学中因果推断的逻辑与方法——评《基本有用的计量经济学》[J]. 教育发展研究, 2020 (21): 85.

[3] 王少平，司书耀. 论计量经济学教学中的能力培养 [J]. 教育研究，2012 (7)：110-114.
[4] 米国芳. "计量经济学"课程思政教学改革与探索 [J]. 黑龙江教育（高教研究与评估），2022 (7)：53-55.
[5] 孙文杰. 计量经济学教学模式的改革与能力培养 [J]. 科教文汇（上旬刊），2015 (2)：36-37+73.

Python 统计分析思政教育的思考与探讨

吕一清[*]

摘　要：针对 Python 统计分析的课程如何进行思政教育问题，本文从思政教育的必要性、思政教育的建设思路和具体措施进行深入思考与探讨。在课程思政视域下，设计 Python 统计分析课程的六大模块，以思政元素和专业知识的深度融合为抓手，将思政课程有机融合到专业技能课程中，让学生通过 Python 统计分析课程的学习，掌握统计和编程等专业知识，强化其思政意识，有效践行习近平总书记的思政教育理念。

关键词：课程思政；深度融合；Python；统计分析

一、引言

思政课是落实立德树人根本任务的关键课程。办好思政课，实现全程育人、全方位育人，更是努力开创我国高等教育事业发展新格局的重要举措。2020 年 6 月教育部印发《高等学校课程思政建设指导纲要》，指出社科类专业课程要在课程教学中坚持以马克思主义为指导，加快构建中国特色哲学社会科学学科体系、学术体系、话语体系。教师要帮助学生了解相关专业和行业的国家战略、法律法规和相关政策，引导学生深入社会实践、关注现实问题，培育学生经世济民、诚信服务、德法兼修的职业素养。近年来，在新文科发展大背景下，Python 统计分析将编程技术、信息处理技术和统计理论融入经管类课程，为学生提供综合性的跨学科学习，以达到知识扩展和创新思维的培养目标。本文以 Python 统计分析课程为例，结合自身教学过程中的实际情况和问题，思考该课程如何与课程思政进行深度融合，如何在优化专业课程教学的同时，增强学生的思政素养，培养具有社会竞争力的新时代大学生。

---

[*] 作者简介：吕一清（1984—），四川大学经济学院副教授、硕士生导师，主要从事经济统计的教学与研究。

二、Python 统计分析思政教育的必要性

在云计算、物联网、大数据和人工智能等产业的引领下，大学生掌握一门计算机编程语言并将其应用到自身专业研究领域是非常必要的。目前，许多高校社科类学院将 Python 编程技能纳入选修课中，因为 Python 计算机编程语言是一种入门快、应用范围广且有丰富的第三方库的免费开源语言，符合新时代大学生的应用技能需求。作为经管类课程，Python 编程课程设计既要考虑到人文社会类学生的知识结构，又要考虑编程语言的应用场景，因此，将统计学、Python 编程和经管类知识有机整合，设计一门 Python 统计分析的课程以满足新时代大学生的技能需要。

Python 统计分析课程建设是以 Python 语言为基础，以统计理论知识和数据分析技能为内容的应用型课程，该课程的目的是提高学生的数据分析及大数据处理的实践能力。然而，专业技能型教学很容易陷入以专业知识灌输、理论传授为主的传统教育模式，忽视了专业课程思政的培养。将思政元素引入专业学科的体系中，把专业课程的内涵、体系和思想与科学思维、国家意识、人格养成有机结合是非常必要的。在应用技能教育过程中，高校要更加重视思政教育。事实上，在课堂上将专业知识与思想教育有机结合是新时代对教师提出的新要求和新挑战。Python 统计分析属于专业实践课程，课程设计也需要重视学思结合、知行合一，增强学生的创新能力和解决实际问题的能力。除此之外，要注重引导和弘扬学生刻苦钻研、迎难而上的精神，并通过思政教育培养学生正确的人生观、价值观和世界观。因此，Python 统计分析课程需要从思政教育与专业课程融合入手，深度挖掘思政教育元素，有机地将其与专业课程融合，形成思政教育与专业课程相互影响和相互促进的教学内容。

三、Python 统计分析思政教育的建设思路

Python 统计分析课程内容包括三个方面，分别是统计学知识、Python 编程知识和数据分析知识。在思政融合整体设计方面，首先，根据学生专业背景知识，Python 统计分析课程充分挖掘能融入本课程内容的大量思政元素，将历史文化、党史教育、新时代正能量等内容引入课堂，培养具有家国情怀、政治担当、正确"三观"和良好职业素养的人才；其次，制定课程的教学目标，优化课程标准，在学生掌握 Python 编程知识、统计学知识和应用案例分析的

基础上将思政内容融入课程资源，精心设计教学方式，使思政元素润物细无声地融入课堂，达到立德树人的目的。

在课程思政融合思路上，计划在思政内容融合专业课程框架下主要设计六大模块进行讲授。第一模块，Python 统计分析的导论课。主要讲解本课程需要掌握的知识点和内容框架，再梳理统计理论与方法、Python 编译语言和大数据应用技术发展的来龙去脉，重点讲述 5G 技术、大数据技术在国家经济发展和战略中的重大意义，融入老一辈科学家为新中国科技发展做出杰出贡献的典型案例。第二模块，讲授 Python 编程基础。以随机游走（Random Walk）的例子讲解 Python 的语法，通过多种编程方法实现 Python 语言随机游走过程的模拟，其目的是让学生通过计算机编程提高思维严谨性，并体会 Python 语言应用的乐趣。在介绍 Python 编程的发展趋势的同时融合我国计算机和芯片发展的艰辛历程。第三模块，讲解 Python 编程如何处理大数据的操作及技术，通过红色故事和案例讲述大数据技术在国家治理、社会治理、国际关系治理方面的积极作用，培养学生将科技结合实际的思考能力和理解能力。第四模块，关于 Python 的可视化技术功能，可视化技术是将数据以直观形式呈现，包括二维和三维图形图像。随着数据量的增加，可视化对计算机硬件性能的要求大大提高，在讲解可视化的应用过程中应融入计算机算力的介绍。介绍未来算力的重要性，从全球的实例图来描述，未来算力的重要性在于算力大小是一个国家强大的重要标志。第五模块，多元回归分析理论及应用。以改革开放以来中国经济增速的影响因素为例子，来分析国家一系列经济改革政策的重要性和必要性。第六模块，介绍 Python 文本挖掘技术。将历年政府工作报告的中文词频进行统计，挖掘出历届政府的关注力从而把握政府政策发展趋势，让学生了解中国政府工作的焦点和变迁，进而深刻体会中国政府在老百姓民生和经济发展方面做出的巨大贡献。

四、Python 统计分析课程思政建设的具体措施

关于 Python 统计分析课程思政的措施，具体从思政内容设计和学生课程训练两个方面进行。在思政内容设计方面，将爱国主义、工匠精神、长征精神、为人民服务等正能量的内容和元素与 Python 统计分析专业知识进行有机融合。Python 课程核心包括统计理论知识、Python 编程知识和数据分析及处理知识，从课程开始的导论课到课程结束，思政内容和元素合理地分布在课程的整个环节。

导论模块：讲授这门课的主要内容和目标，并在其中融入大国情怀和担当。统计知识模块：主要包括统计性描述、概率分布、参数估计、假设检验、方差分析和回归分析等知识点，同时也引出一些概念和原理，这些概念和原理不仅是知识点本身，还蕴含着大量的马克思主义哲学的观点，以此将马克思主义哲学观融入统计知识教学中。Python 编程模块：包括软件包安装、基本数据结构、函数语句、数组、数据的读取和保存等内容，将五四精神、长征精神、延安精神等作为知识背景，让学生根据知识点完成"红色"软件作品。学生课程训练：主要集中在数据分析模块，重点是以所学的知识技能来完成训练任务。例如，完成红军长征的动态路线图、可视化实现五星红旗、文本挖掘政府工作报告等，如表 1 和图 1 所示。

表 1　Python 统计分析课程部分内容设计

知识模块	训练任务	思政结合点
导论课程	梳理统计理论和大数据发展来龙去脉	大数据技术和 5G 在国家发展战略中的重要意义，融入爱国主义教育
Python 编程基础	多种方法实现随机游走过程模拟	通过案例来培养学生设计程序的严谨和耐心，融入工匠精神教育
大数据处理技巧	通过 pandas 处理大数据的方法和技巧	介绍大数据应用案例，重点讲授大数据技术是国家发展的重器
数据可视化	画红军长征过程的动态行程路线图	将长征知识和故事融入编程学习中，培养自力更生、艰苦奋斗的长征精神
回归分析	量化分析改革开放以来中国经济的影响因素	融入改革开放以来我党的一系列经济改革措施
文本挖掘	统计分析政府工作报告变迁特征	让学生了解历届政府工作内容和重点，体会政府为人民服务的宗旨

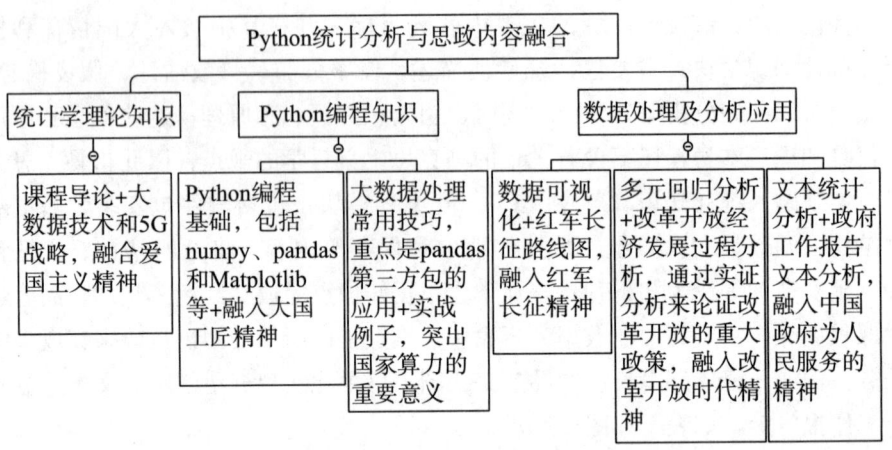

图 1　Python 统计分析与思政教育融合框架

五、结论和展望

结合经管类专业的 Python 统计分析课程，本文重点探讨了如何将课程思政教育和专业课程有机融合的思路，以 Python 统计分析为例，思政教育与专业课程的深度融合，将红色思想、党史教育、政府为人民服务宗旨等思政内容和元素有机加入课程讲授中，在深化专业教育的同时，提高大学生思想政治意识。高校落实"三教"改革，坚持"三全育人"，可以有效提高教师教学质量以及学生就业竞争力。习近平总书记在全国高校思想政治工作会议上指出，要用好课程教学这个主渠道，满足学生成长发展需求和期待。思政教育与专业课程融合是一项长期的、动态的和重要的工作任务，未来在 Python 统计分析课程中需要不断优化和完善，以有效践行习近平总书记的思政教育理念。

参考文献

[1] 齐卫平. 伟大建党精神是对中国共产党全部奋斗实践的精神揭示[N]. 长江日报，2021-09-03（001）.

[2] 刘鹤，石瑛，金祥雷. 课程思政建设的理性内涵与实施路径[J]. 中国大学教学，2019（3）：59-62.

[3] 习近平. 思政课是落实立德树人根本任务的关键课程[J]. 求是，2020（17）：4-16.

统计思想在学生工作中的运用
——以中心极限定理为例

万春林　原欣怡[*]

摘　要：统计学在人类生活中扮演着举足轻重的角色，中心极限定理是统计学最重要的定理之一。本文从统计思想出发，介绍了中心极限定理的基本理论与基本方法，并以学生宿舍分配和课堂教学管理为例，阐述了中心极限定理在学生工作中的运用。本文的分析有利于教育工作者从统计思想中获得一些启发，也有利于统计学教师在课堂教学中提升学生对统计学的兴趣，让学生充分意识到统计思想无处不在。

关键词：统计思想；中心极限定理；正态分布；大学生；学生工作

一、引言

统计学是一门从数据中学习的科学，为人们提供了独一无二的观察世界的视角。纵观全世界，从国计民生到校园生活，统计学关系到每个人生活的点点滴滴，学习统计学有利于我们做出恰当的选择。统计学的价值在于使用统计分析方法来获得研究结果，包括构建研究设计、选择和测量变量、设计抽样技术和样本量、清理数据，以及确定分析方法和许多其他问题，揭示了数据背后的意义，理解社会的真相。

统计学的中心思想是通过观察样本来说明整体的情况。总体的数据是难以获得的，而样本是容易得到的。如果没有某个想法，就不会有民意调查或选举预测，就没有办法测试新的医疗药物，或进行投资组合的估计、收益、风险的预测等。我们能够做所有这些事情并掌握其中的不确定性，很大程度上归功于统计学思想。概率论的两个主要结果是大数定律和中心极限定理，是统计学的

---

[*] 作者简介：万春林（1987—），四川大学经济学院助理研究员、硕士生导师，主要从事统计学、国民经济管理的教学与研究。原欣怡（2002—），四川大学经济学院本科生。

数学基础。本文从中心极限定理出发，揭示它的性质并且介绍其在校园生活中的应用。

二、中心极限定理

中心极限定理是一个化繁为简、化复杂为简单的定理。它确定的是，当对独立随机变量求和时，即使原始变量本身不是正态分布，它们的适当归一化总和也趋于正态分布。例如，如果一个人多次抛硬币，获得给定数量正面的概率将接近正态分布，平均值等于抛硬币总数的一半。在无限次的翻转下，它将等于正态分布。这意味着适用于正态分布的性质可以适用于许多其他类型分布的问题。我们每天都会遇到各种各样的数据，并且不可避免地需要与大量数据打交道。而原数据的分布往往未知，此时中心极限定理就派上了用场，我们不需要关心源数据的分布，因为通过中心极限定理，总是可以得到正态分布。其常见情况如下：

（1）对于大量 n 并且对于远离 0 或 1 的 p，二项分布 $B(n, p)$ 平均值近似 np，方差近似 $np(1-p)$，对于较大的 λ 泊松分布与平均值近似 λ，和方差近似 λ。

（2）对于较大的 k，卡方分布 $\chi^2(k)$ 近似服从正态分布，平均值近似正常 k，方差近似 $2k$。

（3）对于较大的 ν，t 分布 $t(\nu)$ 近似正态分布，平均值为 0，方差为 1。

由此引出正态分布的概念，它是指围绕均值对称分布的连续概率分布。大多数观察结果倾向于聚集在中心峰值附近，接近和远离平均值的值的概率逐渐减小，分布两端的极值同样可能性较小。正态分布是对称的，正态分布的形状表现为钟形曲线，其形状取决于两个参数：均值和标准差。均值是正态分布的集中趋势，它确定了钟形曲线的峰值位置。标准正态分布中的平均值为零。标准差是衡量多样性的指标，用于确定值与平均值之间的偏差。它显示了分散的观察结果如何趋于均值。标准偏差的变化要么收紧，要么扩展了沿 x 轴的分布宽度，较大的标准偏差会产生更广泛的分布。

中心极限定理最初是由出生于法国的数学家亚伯拉罕·德·莫弗尔提出的，他在 1733 年发表的一篇文章中使用正态分布来近似多次投掷一枚公平硬币所产生的正面数量分布。这一发现远远超前于时代。弗朗西斯·高尔顿这样描述中心极限定理：我所知道的几乎没有什么比"错误频率定律"所表达的宇宙秩序的奇妙形式更能打动想象了。如果希腊人知道，法律就会被拟人化并被神化。在最狂野的混乱中，它以平静和完全的自我抹杀的方式统治着。暴民越多，明显的无政府状态就越多，它的影响力就越完美。这是非理性的最高法则。每当掌握大量混沌元素样本并按照它们的数量级进行编组时，就会证明一直潜伏着一种意想不到的最美丽的规律性形式，这就是中心极限定理。

关于中心极限定理的运用，必须满足一些假设和条件：

（1）随机化条件：数据必须是随机抽样的。

（2）独立假设：样本值必须相互独立，这意味着一个事件的发生对下一个事件没有影响，采样数据中不应存在任何多重共线性。

（3）10%条件：当样本无放回抽取时（通常是这种情况），样本量 n 应不超过总体的 10%。

（4）样本量假设：样本量必须足够大。尽管中心极限定理告诉我们，当样本量足够大时，我们可以使用正态模型来考虑样本均值的行为，但它并没有告诉我们应该有多大。如果总体分布非常不均，则需要相当大的样本量才能使用中心极限定理，但是如果总体是单峰和对称的，即使是小样本也是可以接受的。因此，应根据对总体的了解来考虑样本量，并确定样本是否足够大。一般来说，如果样本是单峰的（并且满足 10% 的条件），则认为 30 的样本量就足够了（S. 伯恩斯坦和 R. 伯恩斯坦，2002）。

与此同时，此定理可以用来量化样本偏离总体的概率，或者对区间中包含总体平均值这一说法有多大信心。通过中心极限定理的正态分布可知，样本平均值在总体平均值 3 个标准差以内的概率为 99.7%。假如某个样本的平均值减去总体平均值大于 3 个标准误差，则判断这个样本不属于这个总体，这就叫 3-sigma 法则。在此引入置信区间的定义。置信区间，即"给予信任的区间"，是参数落在平均值附近的一对值之间的概率，即统计学中的误差范围。例如，我们调查一家超市，了解他们每小时销售多少罐饮料。收集数据得到（200，300）的置信区间，这意味着他们很可能（一般认为是 90%、95% 或 99% 的可能性）每小时能卖出 200~300 罐。置信区间就是前文提到的样本平均值在标准误差之内的可能性，这个方法属于中心极限定理应用中的区间估计法。

中心极限定理在统计学中的重要性，还有两个原因——正态性假设和估计的精度，这从上面的区间估计延伸到了假设检验。正态性假设对于均值的参数假设检验至关重要，例如 t 检验。当样本量足够大时，均值的参数检验对于偏离正态性假设是稳健的。这要归功于中心极限定理。在所有图表中，随着样本量的增加，抽样分布更紧密地围绕总体均值。使用较大的样本量，样本均值更有可能接近实际总体均值。换句话说，我们的估计就更准确。即使数据是非正态分布的，也可以使用大样本量来满足正态性假设并获得更精确的估计。

三、中心极限定理在学生工作中的运用

（一）在学生宿舍安排中的运用

在高校学生工作中，大学宿舍管理是一个重要部分。大学宿舍一般是由4或6人（少数高校宿舍人数少于4人或多于6人）组成，宿舍空间主要集中在20~30平方米。大一新生的宿舍安排基本是随机分配同一专业或学院的同性别学生。由于不同个体的生活作息、性格等方面存在差别，对于刚进入高校的大学生而言，需要一个相互协调、磨合的过程。如果磨合较好，遇到问题时大家都能够多为别人考虑，那么宿舍氛围就比较好。大学时光正是一个人从青少年向成年转变的关键时期，对于许多上过大学的人来说，大学时光甚至是人生中最美好的时光，而宿舍是大学生待得最久的地方，室友关系融洽，那么室友就很可能是人生中最重要的朋友。如果宿舍室友之间磨合不好，遇到问题只从自己的角度出发，那么宿舍室友之间就会出现矛盾，影响室友之间的感情。极端情况下，甚至会出现刑事案件。

以作息时间为例，每个人晚上睡眠的时间会有所不同，有些同学入睡不容易、睡眠比较浅，而此时如果其他室友并未有睡意，哪怕只是坐在床上看书，几乎没有声响，依然会对睡眠不好的同学产生影响，使准备入睡的同学难以入睡。对于睡觉迟一点的同学而言，如果宿舍有其他室友已睡，也会带来诸多的不便，自己做事或休闲难免会发出一些声响而影响室友。因此，如果室友之间入睡时间差异比较大，会对宿舍里的同学产生负面影响。

现假定某一个专业有100名大一新生，随机分配到由4人组成一间的宿舍中。假定这100名新生晚上入睡的时间服从正态分布，均值为晚上11点30分，也就是说，大多数人在晚上11点30分左右入睡，超过11点30分或不到11点30分入睡的人数是渐渐减少的，说明睡得非常早的同学和睡得非常迟的同学都很少。将同学入睡时间的方差单位化为1，通过Excel可以生成这一组数据，如表1所示（当然，可以生成许多组数据，每一组的数据都会存在一些差异，但这不影响本例子所要表达的内容）。

表1 大一新生入睡时间的随机模拟

宿舍编号	1	2	3	4	5
入睡时间	11.159	10.414	10.190	10.690	11.073
入睡时间	10.813	12.148	10.978	10.565	10.678
入睡时间	10.613	10.681	12.033	11.523	12.659
入睡时间	12.811	9.041	12.711	12.274	13.081
宿舍编号	6	7	8	9	10
入睡时间	12.064	12.636	9.437	10.634	11.655
入睡时间	11.345	11.671	11.215	12.860	10.160
入睡时间	11.329	11.705	11.561	11.523	10.262
入睡时间	11.814	12.197	11.125	12.118	12.440
宿舍编号	11	12	13	14	15
入睡时间	12.694	9.607	10.837	12.223	12.643
入睡时间	11.433	12.256	9.785	12.947	11.946
入睡时间	12.719	12.310	11.750	11.478	9.658
入睡时间	10.936	10.836	10.693	11.871	11.628
宿舍编号	16	17	18	19	20
入睡时间	11.552	12.952	10.487	11.164	12.776
入睡时间	12.122	11.570	10.638	12.406	9.468
入睡时间	11.129	13.758	12.112	12.877	12.595
入睡时间	11.353	10.398	11.150	10.953	12.222
宿舍编号	21	22	23	24	25
入睡时间	10.792	11.092	11.666	12.517	11.517
入睡时间	12.822	12.197	11.994	11.750	12.738
入睡时间	10.164	11.518	11.206	12.747	12.707
入睡时间	12.823	11.484	13.066	10.937	10.999

注：表中入睡时间为晚上，小数点代表将分钟十进制后的结果，如11.500对应的是晚上11点30分。

表1显示了100个大一新生随机分配到25个宿舍的入睡时间，从数据中看出，宿舍4个人入睡时间最早与最迟相差最大的宿舍是编号17宿舍，相差

3.36个小时。25个宿舍最早与最迟入睡相差平均为2.19个小时。也就是说，平均而言，每个宿舍晚上至少有2个小时是有的室友在睡觉，而有的室友则没有睡觉。

应对这种情况主要有两种措施：第一，室友之间相互为对方着想，各自调整一下作息习惯，使室友之间的作息习惯相近。用统计语言来说，即是个体之间的入睡时间由相互独立变为存在正相关性。这种措施需要宿舍4个人都比较容易相处（用统计语言来说，即是这4个个体各方面指标数值与总体均值比较接近）。这一点正践行了孔子所言的"己所不欲勿施于人"。如果有一位同学的指标数值与总体均值相对较远，难以适应其他同学的均值，那么，只能考虑第二种措施，找到与自己的指标数值相近的宿舍，更换到该宿舍中。

（二）在课堂教学中的运用

在课堂中对大学生进行点名，是许多教师对学生课程考核的一个环节。课堂点名是为了管理一些自控能力较差、没有外在压力就容易松懈的学生，希望他们能够通过这种外在的考核，而使他们不会荒废学业。但由于大学学习不像中小学学习，处于成年阶段的大学生更加注重学习的自主性和灵活性。

一方面，大学课堂教学不再是学生唯一参与学习的方式，学生在大学阶段可以是自学、和同学交流学习心得或主动找有关教师讨论；也可以是将一部分精力用于社会实践活动，而不是将全部精力用于埋头苦读。也就是说，大学课堂教学的重要性大大低于中小学课堂教学。

另一方面，在大学课堂教学中，即使是同一个专业同一门课程，不同的教师授课的侧重点也可能会有差别，尤其是非基础类的专业课，教师根据自身的知识构成和见解对课程教学所发挥的自由性比较高。中小学教师授课则受到课本和教学大纲的限制，所授课的内容可变性非常小。对于学生而言，大学的学习自主性强，可能会出现这种情况：教师推荐课堂授课的教科书或指导书为一本书，而某位学生自己选择了本专业课的另一本教科书或指导书作为学习对象。尽管这两本教科书或指导书的主要内容是一致的，但会存在一些差别。这就使得该学生有可能对教师授课的一部分内容不感兴趣，到教室上课的积极性不高，或在课堂上听课表现得积极性不高。

这两方面的不同，使得大学课堂点名应该与中小学课堂点名有所差别。根据中心极限定理，大多数同学的课堂表现以及对教师授课的态度都应该在均值左右。在课堂管理中，除了偶尔个别学生身体有恙需要请假不来上课，应该也允许学生其他方面的请假。当然对于不止一两次请假的学生，教师应该主动联系学生，询问其具体原因，进行具体的分析和处理，所谓"对症下药"。同样，对于课堂表现而言，如果少数学生在课堂中显示了不专心听讲，教师不能轻易认为就是学生不好好学习，有可能是少数学生本身就比较特别（这里的"特别"仅仅指其处于正态分布发生概率较小的部分，概率较小不代表就不可能出现，其出现也是合情合理的），使得他们对这一部分内容或教师授课方式不感兴趣。对于这部分学生，教师可以在课下与他们交流心得，如果这部分学生有其他更高效的学习方式或有更感兴趣的点，教师应充分予以尊重，并加以引导，而不能单纯因为课堂表现对其考核"另眼相待"。

此外，根据中心极限定理，如果在教学过程中，一个班大部分的学生对这门课表现出没有兴趣，不愿意来上课，或即使来了也不愿意听课，出现这种情况，一般就不只是学生的原因了，甚至不是学生的原因而只是教师的原因。这个时候，教师就需要审视自身授课内容和授课方式，主动与学生沟通，查找在课堂教学中存在的问题（考虑到师生之间的关系，可以采用学生匿名的方式调查教学中的问题），对这些问题进行归纳、总结，并以此改进自己的教学方式，使课堂教学状况有所改观。

现在高校基本都有学生对教师上课的评分，根据中心极限定理，一个教师想要获得所有学生的一致高度认可，是非常难的事情。如果能获得大多数学生的认可（如 90% 或 95%），其实已经表明这个教师教学是比较优秀的。当然，教师也应该对那少部分学生给予更多的关注，从而可以更多、更好地引导学生。

四、结论与启示

当代社会处于大数据时代，统计数据无处不在。如果我们想将事实与虚构区分开来，将混乱化为有序，参与未来社会的决策，掌握统计知识比以往任何时候都重要。统计思想的艺术不仅向我们展示了科学家如何解决问题，还教会了我们如何像统计学家一样思考。我们学习如何在处理问题时澄清问题、假设和期望，也许更重要的是，我们学习如何负责任地解释我们得到的答案。本文通过对校园活动的举例，说明了统计学确实是与我们息息相关的。对于经管类、社会学类、医学类等学生而言，统计学是他们的必修课，对统计思想的把握和中心极限定理的熟练运用为他们在以后更深层次的学习中打下牢固的数理基础；对于其他专业学生而言，本文能起到很好的科普作用；对于教师而言，本文是一种教学方法的启发，将统计思想与教学过程相结合可以给学生留下更深刻的印象。每个人都应受到统计学思想的熏陶,而不是做简单的旁观者。

参考文献

[1] S. 伯恩斯坦,R. 伯恩斯坦. 统计学原理(上册):描述性统计学与概率[M]. 史道济,译. 北京:科学出版社,2002.

第三篇 DISANPIAN
学生综合素质培养

乡村振兴实践助力大学生综合素质培养路径探究

曾武佳　胡芳芳[*]

摘　要：高校作为人才培养的摇篮和创新迭代的重镇，始终承担着为国家发展提供人才的责任与义务。但部分高校在教育发展中存在着专业课程设置不够理想、过分强调课堂教学而忽视实践教育等问题，给学生综合素质的培养和提升造成了阻碍。以这些问题为导向，项目组向学生植入最符合社会发展规律和发展目标的绿色价值理念，将绿色价值理念贯穿于案例比赛、乡村振兴实践调研、教学实践基地建设等项目的开展中，探索一条通过乡村振兴实践来提升大学生综合素质的路径。通过近5年的行动研究，项目组在搭建立德树人的乡村课堂、拓展实践教育和通识教育的乡村空间、丰富课堂学习内容与方法、提供创新创业的项目来源和素材，以及促进劳动教育落地生根等方面取得了不错的成效，为高校教育改革提供了可借鉴的范例。为此，本文建议高校教育改革要将绿色价值理念贯穿于"立德树人"的各方面，拓展新时代教育的乡村实践阵地，探索培养创新型、实践型人才新模式，实现传统教学空间的拓展和教学方式的转变，从而化解现有教育存在的诸多问题，促进高等教育在新时期的高质量发展。

关键词：乡村振兴实践；综合素质；培养路径

一、引言

随着我国现代化进程的不断加快，科学技术不断进步，人们接受教育的方式发生了很大的变化，尤其是在城市的受教育者，亲近自然、接触社会的体验

---

[*] 作者简介：曾武佳（1974—），四川大学经济学院副教授、研究生导师，主要从事城市经济与城乡建设的教学和研究。胡芳芳（1999—），四川大学经济学院硕士研究生，主要从事城市经济与城乡建设的研究。

空间变得越来越狭小，时间也变得越来越短促。在现代教育中，大学生更加关注书本上、电脑上、手机上等的间接知识，而对自然世界和客观实践关注不够，导致知行不一、知易行难，创新能力不足。习近平总书记指出："所有知识要转化为能力，都必须躬身实践。要坚持知行合一，注重在实践中学真知、悟真谛、加强磨炼、增长本事。"这一表述，无疑为新时代高校教育改革指明了方向，即高校的教育不应局限于理论教育和书本教育，而应该将我们的课堂拓展到更加广阔的空间，注重培养学生的实践能力，以知促行，以行促知，从实践中获得知识、能力和智慧，把人生之根和事业之根深扎在祖国大地上。

几千年以来，古人都是通过研习书籍和在自然中实践两种方法来完成对文化、知识的传承和发扬，历史上的文人贤士都非常强调与土地相联结的耕读模式，以及格物致知的心路历程。乡村，作为"人与自然和谐共生"的主要实验地，担负着提供生产资料、疏解生活空间、维护生态安全等诸多功能，研究如何利用乡村广阔的天地，并与国家乡村振兴战略接轨，来培养具有绿色价值理念和独立思考能力的当代高素质大学生，具有十分重要而深远的意义。在党全面推进乡村振兴工作的领导下，许多高校凭借其学科、专业、人才、文化等方面的优势，自觉担负起历史使命与责任，积极组织师生走进乡村，进行实地调研以及相关行动研究，为推进乡村振兴贡献着智慧和力量。同时，在服务乡村的过程中，自然教育、研学旅行等方式让学生感受到来自乡村的智慧，不仅培养了学生的绿色价值观，也激发了学生的求知欲和科研兴趣，更有效地提高了学生的综合素质和能力。

二、我国现行高等教育的现实问题

大学生作为祖国未来的栋梁，理应在德智体美劳各方面全面发展。但现实情况却是，有部分大学生在不同程度上表现出身体素质差，抗压能力弱，创造力不足，甚至道德滑坡等诸多问题。当然这些问题有学生自己的原因，有社会的原因，也有原生家庭的原因，本文试图从教育教学的视角反思高校教育自身的问题。

（一）高校专业课程设置不够理想

目前高校专业课程设置不够理想体现在以下两个方面：一是专业设置和培养方案与社会需求不相匹配。高校教学在进行专业设置时，往往以学科作为教学活动单位，学科确立后，逐渐的理论化和片面地强调专业化难以满足跨学科创新教育和通识教育的要求，继而导致学生毕业后社会适应性较差。而专业培养方案设置又因为缺少与行业企业和用人单位用人需求的沟通与协调，缺乏对社会经济发展大环境的调研，导致课程设置上的不灵活，社会实践性和应用性较差。二是课程设置重智育轻德育。国内大学排名主要使用分数、竞赛获奖、就业率、升学率、学术水平等突出智育成就的指标来衡量人才培养质量，与学生思想道德修养有关的德育指标往往被忽视，导致学生的专业能力提升与道德修养养成步调不一致，对学生在学习过程中同步树立正确的人生观、世界观、价值观造成了一定的影响。另外，高校德育评价模式以思想政治理论课考试成绩为主，立德树人的任务集中分配到了思政课程中，忽略了将立德树人贯穿于人才培养各学科专业、各类课程、各教育环节，特别是教育实践环节，忽略了立德树人的环境营造、场景营造和空间营造。

（二）过分强调课堂教学而忽视实践教育

我国高等教育的课堂教学环节占比较高，而实践教学环节相对薄弱。虽然随着社会经济的发展和教育改革的深入，课堂教学的形式和内容都有了较大的变化与创新，但是仍然陷于以课堂为中心、以教科书为中心、以教师为中心的固定模式中，难以满足新时代创新人才培养的要求。课堂上大多数教师在教学中一味输出，而忽视学生的自主学习、主动学习，以及向大自然学习和向社会学习的过程。相应地，受教育思维、教育经费、教育设施、教学空间的影响，学生长期接受灌输式的被动学习，导致学生缺乏对新知识的探索能力和通过实践获取知识的能力，学生创新创业能力想要实现提升更是难上加难。久而久之，教师灌输、学生接受的固化教育模式变成了一种常态现象，学生缺乏"知识—实践—能力—智慧"的转化渠道和转化空间。

三、乡村振兴实践助力高校教育教学改革

美国文学家梭罗在他的成名作《瓦尔登湖》中所言："一个人道德的高尚程度和能力的大小与其尊重自然的程度成正比。"遵循这一理念，自 2018 年以来，我们成立了学生社团"四川大学绿色经济协会"，组建了"乡村振兴绿色创新行动研究"课题组，申报了第八届校级教改项目"学生绿色价值理念、创新能力培养实践路径探究"。依托这些平台和项目，我们进行了近 5 年的行动研究，以向学生植入最符合社会发展规律和发展目标的绿色价值理念为主线，将绿色价值理念贯穿于基于乡村的案例比赛、乡村振兴实践调研、教学实践基

地建设、生态农产品的开发经营等项目的开展中。我们在乡村振兴实践助力大学生综合素质培养路径探究上取得了丰硕的成果，具体做法与成效如下。

（一）搭建立德树人的乡村课堂

我们认为绿色价值是指对生命状态的本性规律和实相的体认，有助于促进生命体道德、智慧、才能的统合提升的所有的正面作用，是包含生态价值、文化价值（社会价值）、经济价值的复合价值体系。无论是基于乡村的案例比赛，还是走进乡村的实践调研活动，始终通过教师引导启发、学生自主讨论等学习形式反复强化绿色价值理念，深化学生的绿色价值观，让学生有机会学以致用、格物致知，将大自然当作最好的教师，真正做到"效法自然"，搭建起立德树人的乡村课堂。

同时，项目组借助与乐至县中和场镇签订的乡村振兴自然文化研学基地合作框架协议，以及四川大学经济学院教学实践基地的平台资源，开展了首届自然文化体验营、大学生蹲点进行自然文化输出、大学生文化自然农法研学实践、体验式生态集市活动、以购代捐合家欢农事体验活动、中和场镇试点村庄的系统资源调研、秋收自然农法大米试吃、大暑老种子交流活动，以及"世外桃源"沉浸式研学活动等 20 多场乡村研学活动，成功为当地引流 1000 余人次。例如，大学生蹲点进行自然文化输出活动，学生在农户家里蹲点长达一个月，与农户同吃同住，不仅对参与实验的生态农户进行自然文化的输出和教育，还利用闲暇时间为农户的小孩辅导功课，极大地锻炼了学生自力更生、任劳任怨、吃苦耐劳的意志。此外，依托我们的帮扶平台和校地合作平台，在深入实践调研的过程中，特别是在做"甘洛县第十四个国民经济与社会发展五年规划纲要""甘洛县斯觉镇格布村发展规划（2021—2023 年）""阿坝州教育'十四五'规划""阿坝县教育'十四五'规划"等课题时，我们带领学生深入基层，使学生加强了对少数民族地区文化以及农村现状的认识，进一步理解了国家实施乡村振兴战略和实现共同富裕的重要意义，引导了学生在国家发展战略之中勇担时代责任的意识，培养了学生"爱农业、爱农村、爱农民"的情怀，以及吃苦耐劳、不辞辛苦的精神。

这些做法将立德树人的目标巧妙地植入大学生调研过程和乡村振兴的实践中，使思政教育融入教学实践的全过程，让大学生在乡村这一广阔天地的"不言之教"的滋润下，不知不觉地树立正确的人生观、世界观、价值观，激发学生热爱家乡、热爱祖国的热情，增强他们建设家乡、建设祖国、实现共同富裕的责任感和使命感，从而达到立德树人润物细无声的效果。

（二）拓展通识教育和实践教育的乡村空间

通识教育是指以全面培养人才为目的，利用全面与综合的知识使人获得理智和美德的发展，帮助学生形成跨文理、跨古今、跨文化的知识视野、理性思维和价值观念。我们开展的一系列以学生为中心的乡村振兴实践活动，在塑造学生正确的价值观、创新能力、实践能力上发挥了巨大的作用，符合通识教育培养复合型人才的要求，是通识教育教学模式形式扩展的有效途径。例如，在开展第一届和第二届"绿色价值在乡村振兴中创造案例分析大赛"的过程中，学生作为大赛参与者，全面参与大赛设计、行前工作会议、前期案例分析、绿色理念导入和畅谈等环节，自主深入成都市蒲江县、成都市郫都区、都江堰市青城山镇等30多个村落进行调研，通过挖掘、整理乡村要素和评估乡村实际情况，提升了自己的实践能力，设计出50余个乡村"长出来"的项目和建议，包括相应的绿色价值提升路径与方案，形成20余个有价值的乡村案例和10余个乡村发展规划基础资料，最终汇总成40余万字的调研报告，并以正规比赛的形式在乡村的空间进行了分组汇报展示和专家点评。大赛活动的开展充分发挥了学生的主动性、创造性，帮助学生树立了绿色价值理念，以乡村实际情况为基础设计的项目和建议提升了学生的创新能力，真正实现了学生的自主探索、自我教育和自我创新。

同时，我们还引进和学习了国外发达国家户外教育、自然教育的一些方式和方法，将实践教育的课堂延展到乡村自然课堂，让学生在走进乡村、走进基层的学习过程中自主确定研究框架和研究方案，自主规划安排实地调研的实践方式，独立面对现实情况和实际问题，真正使课堂"活"了起来，让学生"动"了起来，更好地达到了实践教学的目的。在这一过程中，学生与整个生态系统产生联结，加深了对自然、对乡村、对社会，以及对人生道路的全面感触和认知，锻炼了个人理论联系实际的综合能力，学生多元能力得到了很大的提升，获得了身心的全面成长，使"知识—实践—能力—智慧"的转化渠道和转化水平在乡村空间实现了有效拓展和升华。

（三）丰富课堂学习内容与方法

乡村振兴实践为高校的课程建设和课程内容提供了宝贵的案例素材，乡村振兴实践中所实施的项目、存在的问题都被设置到课程讨论、课程作业和课程论文等环节，以丰富学生对乡村问题、乡村现状、乡村发展的切实感知。在"城乡融合与绿色创新实践"这门实践金课的创建和开展过程中，我们将先前在乐至县中和场镇的行动研究、绿色价值创造大赛的调研流程和经验、上一届学生在甘洛县格布村的调研经验以及最终成果分享给学生，不仅为学生在资阳市晏家坝村这一新的调研目标开展深入调研打下了良好基础，还使课程具有可持续性与连续性。在"老庄生态哲学及其实践价值探讨"这门课程中，我们将在乡村振兴实践中获得的实际素材与老庄哲学的理论相结合，引导大学生进行"绿色人生规划"，使学生通过自身的感悟，树立正确的人生观、世界观、价值观。在"人力资源管理"课程中，我们有机地将在乐至县中和场镇的行动研究的经历加入人力资源管理中的"职业生涯管理"板块，引导学生不要沦为"权"和"钱"的奴隶，强调一个人的内职业生涯比外职业生涯更重要，培养了学生的内生发展能力，引导学生追求成为具有绿色价值理念的全方面发展的人。

（四）提供创新创业的项目来源和素材

绿色价值是创新的原则、动力和基本遵循，只有符合绿色价值的创新才是符合人类和社会发展方向的创新，是对整个地球上的生灵都有益的创新。在乡村振兴实践过程中，我们始终坚持引领绿色价值观，鼓励学生研究的问题回归本质，寻求符合自然运行的本质规律，在尊重自然、顺应自然、保护自然的整体性基础上进行创新。依托在乐至县中和场镇开展实践活动获得的成果积累，学生设计了"生态集市"大创项目、二十四节气精品课程"益学坊"大创项目和牛滚凼改造大创项目，并都获得了省级或者校级奖项。在帮助推广乐至县中和场镇种植的自然农法产品（米、面、油等）的过程中，项目组的学生参与创业实战，帮助当地农民设计自然农法大米、自然农法菜籽油、自然农法五行面的商标和外包装，并且建立了生态集市的微信公众号，为自然农法产品的销售开拓了线上渠道，熟悉了产供销体系的商业运作过程，助力生态农户增收 2~3 倍，综合提升了学生的创新创业能力和运营管理能力，是高校创业教育的有效内容拓展。目前随着我们行动研究的不断深入，仍然有源源不断的有关大创项目有序推进，学生的创新思想越来越接近现实，越来越贴近现实发展所需，不少好的创新点都能付诸实践，创新思想到创新行为的转化率越来越高。

（五）促进劳动教育落地生根

随着中共中央、国务院印发的《关于全面加强新时代大中小学劳动教育的意见》，教育部制定的《大中小学劳动教育指导纲要（试行）》（下面简称《纲要》）等文件相继出台，劳动教育正逐渐影响着教育理念、文化和生态，成为教育发展的重要方向。《纲要》强调劳动教育发挥劳动的育人功能，对学生进行热爱劳动、热爱劳动人民的教育活动，内容主要包括日常生活劳动教育、生产劳动教育和服务性劳动教育三个方面，强调劳动教育途径要做到课内外结合。马克思认为，劳动教育不仅是提高社会生产力的一种方法，并且是造就全面发展的人的唯一方法。为实现学生的全面发展，各高校纷纷开展劳动教育实践活动。为紧跟劳动教育广泛实践的步伐，我们在乐至县中和场镇开展了相关的系列农事体验活动，在带领学生种植蒲公英、大豆、小麦、稻米等农作物的过程中，学生拿起锄头、镰刀等农用工具，亲身体验了种植的乐趣。学生在获得劳动技能的同时，深刻地感受到了"劳动最光荣、劳动最崇高、劳动最伟大、劳动最美丽"的正能量，培养了热爱劳动人民的高尚情感和节约粮食的节俭意识。

四、乡村振兴实践培养了学生综合素质

（一）树立绿色价值理念

通过在"老庄生态哲学及其实践价值探讨""城乡融合与绿色创新实践"等课上的绿色理念植入、学生自主拟定绿色人生规划，以及对乡村绿色发展的调研，学生的绿色理念明显增强，在平时的讨论会上可以明显地感受到学生对绿色理念的认识更加深刻。学生在摸鱼、插秧的农事体验过程中，不仅体会到了劳动的快乐，更加体认了"天地有大美而不言"、大自然"无私而成其私"的绿色智慧，以及人与自然"一荣俱荣、一损俱损"等绿色共享原则。在实地调研中，学生将绿色理念的传播作为调研的重要目标，从后续的反馈来看，被调研的村民绿色意识明显增强，也从侧面反映出学生绿色理念扎根较深，达到了项目的预期目标。

（二）培养创新能力

在乡村振兴实践的过程中，教师将串讲时间缩短，实行"润物细无声"的"不言之教"，留下大量的时间让学生去思考、练习、提问，激发了学生探索新知识的积极性，在不知不觉中提高了学生的创新能力。学生将绿色理念作为创业项目的核心，做到了绿色价值理念与创新的有效结合，激发了绿色创新的思维，产出了成果。调研过程更是激发了学生对乡村的重新认识和热爱，比如，调研蒲江县箭塔村时，学生对当地纯天然的美食以及幺妹灯等传统文化产生了

极大的兴趣，当即就有学生表示要扎根于乡村，做一个大学生村官，带领村民创新创业。还有一些学生毕业以后直接选择报考村干部或者返乡创业，投身乡村振兴的创新创业事业。

（三）提升综合实践能力

无论是在"乡村振兴中绿色价值创造大赛"，还是在乐至县中和场镇的行动研究，以及城乡融合与绿色创新实践这门实践金课的创建过程中，我们都有意识地运用不同方法培养了学生的策划组织能力、问题研发能力、团队协作能力、调查研究能力、沟通协调能力、个性演讲能力、文本写作能力等综合实践能力。在实施调研之前，学生自主把控调研前期的全过程，包括调研提纲的设计、调研问题的开发、调研方案的制订、人员的统筹安排、资料的准备、调研人员的分工和对接等环节，提高了学生组织策划的能力和问题研发的能力。一方面，乡村振兴实践的开展以小组作为项目活动的基本单位，每个项目小组中的成员都有各自的分工，并相互配合、协作、独立完成。在小组合作的过程中，他们需要一起探讨、学习、研究。另一方面，与农民打交道时，学生的语言要求尽可能通俗易懂，要用农民群众听得懂的语言、能接受的方式，展开乡村振兴实践的访谈工作。在此过程中，学生始终积极与相关人员进行沟通，真实有效的问卷成果和对当地村情的深入分析，都是学生良好沟通能力的输出成果。这两方面对培养团队协作能力和沟通协调能力都有很大的提升。调研结束后，我们都会让学生进行调研复盘和PPT展示，撰写成调研报告或者安排1~2名学生撰写新闻稿，不仅锻炼了学生文字撰写的规范性和逻辑性，还培养了他们的个性演讲能力和文本写作能力。同时，在进行乡村行动研究的过程中，项目以深入农村、躬身农田的实践方式锻炼了学生的体魄，从感知乡村传统文化与自然资源的视角培养了学生的生态美学观念，以乡村特有的农事劳作事务培养了学生的劳动技能。乡村振兴实践凭借其丰富的育人元素，使学生得到了全方位的锻炼，有效地提升了学生的综合素质和能力。

五、相关建议

（一）将绿色价值理念贯穿于"立德树人"的各方面

在教师队伍建设上，培养教师的绿色价值理念，提高教师德育引领能力；在课程建设上，不仅要设置与绿色价值理念相关的课程，还要促进绿色价值、生态文明等理念与思政教育相结合,并与其他专业课程交叉结合,对学生进行绿色价值理念的植入,培养学生正确的世界观、人生观和价值观,实现对学生的价值引导;在校园环境建设上,可利用学校橱窗、宣传栏等开辟专栏进行绿色价值理念的宣传,开展相关宣讲活动和比赛,营造良好的生态教育氛围,使学生在耳濡目染中体认绿色价值理念。

(二) 拓展新时代教育的乡村实践阵地

探索成立乡村振兴研究院,成立全校范围乃至全省范围的"乡村振兴绿色创新人才联盟",设立"乡村振兴绿色创新人才专项基金"。省级单位联合高等学校设计和发布相关课题,打造乡村振兴实践金课,开发以乡村实践调研为主、课堂理论教学为辅的乡村实践课程,更新教学理念和教学方式,探索和开拓"知识—实践—能力—智慧"的转化路径和空间,破除学科限制的藩篱,在乡村大胆地进行跨学科的行动研究,采用启发式与讨论式相结合的师生互动式模式,从根本上调动学生的主动性和参与度,提高学生的理论水平和实践能力。依托国家推行研学旅行和通识教育的政策导向,积极推进校外乡村教学实践基地的建设,并将师生在乡村的调研实践和行动研究做成相关案例,反哺和丰富学校的课堂教学、通识教育,扩大学生综合实践覆盖面,让更多学生享受公益的、优质的综合教育资源。

(三) 探索培养创新型、实践型人才新模式

教师发挥教学的引导作用,保证学生学习的自由度,坚持以学生为中心,突出学生的主体性,引导学生独立思考、自主学习,提升学生敢于质疑、主动探索的能力。创新教学形式,围绕教学科研主题,以乡村作为大舞台,设计"行走的课堂""境遇式的问答体系",在乡村振兴实践中运用小组讨论、团队协作等形式,通过学生讲述和学生提问的方式,提高学生思考问题、分析问题、解决问题的能力,有计划、有目的地培养和发展学生的综合实践能力。完善关于依托乡村振兴主题,以及学生参加"互联网+"大学生创新创业大赛等创新创业活动的培训体系,帮助学生将创意和想象转化为现实,以培养学生的创新精神和创业能力,引导学生塑造服务乡村的自我意识。完善学生综合素质评价体系,采用书面或当面答辩等方式,对学生的创新能力、实践能力进行定性评价,将学生参与乡村振兴实践活动的时长、劳动实践时长和参与创新创业大赛获得的奖项转化为学分,计入学业成绩,提高创新能力、实践能力在学生综合能力测评中的考察占比。

参考文献

[1] 中共中央文献研究室. 习近平关于青少年和共青团工作论述摘编［M］. 中央文献出版社，2017.

[2] 宗晓华，余秀兰，谢鑫. 追求有温度的指标：新时代本科教育质量评价的德育之维［J］. 江苏高教，2021（10）：5－11.

[3] 陆启越，余小波. 高校德育评价范式及其转变［J］. 湖南师范大学教育科学学报，2018（2）：103－108.

[4] 何婧，任金政，王蕾. 乡村振兴背景下农村普惠金融人才培养实践课程改革探索——以中国农业大学为例［J］. 中国农业大学学报（社会科学版），2021（6）：129－138.

[5] 蔡颖蔚，施佳欢. 一流大学通识教育目标的价值取向——基于布鲁贝克高等教育哲学的思考［J］. 江苏高教，2017（3）：60－62.

[6] 中共中央马克思恩格斯列宁斯大林著作编译局. 马克思恩格斯全集：第二十三卷［M］. 人民出版社，1972.

学科交叉推动拔尖创新人才培养的作用研究
——来自S大学书院制模式的经验证据

周 沂 陈圆月 冯皓月[*]

摘　要：探索拔尖创新人才培养以提高学生的"破界"思维能力，开展更有价值和战略性的创新，对建设教育强国、科技强国、人才强国具有十分重要的作用。学科交叉是拔尖创新人才培养的重要方式，也是近年来中国高校在教育改革中的一种积极探索。学科交叉的实现模式众多，其中，书院制模式能够为学生全方位营造学科交叉的学习生活环境，有利于培养面向未来的高质量人才。本文以S大学财经类专业学生为研究对象，以书院制作为交叉学科培养的准自然实验，通过实证研究分析学科交叉在拔尖创新人才培养过程中的作用。研究发现，书院制培养的学生拥有更扎实的学科基础、较高的学习能力和更广阔的国际视野。总体来说，学科交叉有利于培养出具有更强学术研究能力和创新能力的拔尖创新人才。该结论为各高校新一轮教育改革和学科交叉模式下的人才培养提供了参考和启发。

关键词：学科交叉；拔尖创新人才；书院制；教育改革

一、引言

随着全球新一轮科技革命、产业变革、新经济发展的兴起，人类社会未来面临的问题的复杂程度也随之提高，对人才培养提出了更高的要求。党的二十大报告提出，加快建设教育强国、科技强国、人才强国，坚持为党育人、为国育才，全面提高人才自主培养质量，着力造就拔尖创新人才。人才是衡量和增强国家综合国力的重要指标，也是国家发展和民族振兴的有力支撑。在新时代

---

[*] 作者简介：周沂（1988—），四川大学经济学院副教授、硕士生导师，主要从事城市经济学、发展经济学、统计学的研究与教学。陈圆月（1998—），四川大学经济学院硕士研究生，研究方向为区域经济学。冯皓月（1997—），四川大学经济学院硕士研究生，研究方向为区域经济学。

和百年未有之大变局的形势下，培养拔尖创新人才是我国建设社会主义现代化强国不可或缺的基础。高校是人才培养与储备的中枢单位，推动高等教育改革是实现教育现代化、建设人才强国的必要举措。改革开放以来，我国高校传统的本科人才培养已经取得了显著的成效。但随着经济社会的发展，其弊端也愈发明显（何毅和刘海峰，2019）。长期以院系为主体的本科人才培养充分关注了专业知识的传递，却大多忽视了学生批判思维和人文素养等综合能力的培养，导致专业教育与素质培养的割裂脱节、人才培养目标与现实社会需求的偏离、人才培养过程的程序化以及人才培养方式的简化等诸多问题（晏维龙，2016）。2020 年 11 月，《新文科建设宣言》提出打破学科专业壁垒，推动文科专业深度融通、文科与理工农医交叉融合，以现代信息技术赋能文科教育。2021 年 3 月，《教育部办公厅关于推荐新文科研究与改革实践项目的通知》旨在推进哲学社会科学与新一轮科技革命和产业变革交叉融合。

学科交叉是创新思想之源，学科间碰撞出的火花是推动科技创新的重要驱动力。研究表明，当前最活跃的科研领域多聚焦在学科交叉点上，并且现代科技重大成果也往往出现在交叉学科领域。中国近年出台了一系列政策支持引导高校开展交叉学科人才培养工作。2015 年 10 月国务院印发《统筹推进世界一流大学和一流学科建设总体方案》，提出"培育跨学科、跨领域研究的创新型队伍"；2018 年习近平总书记在北京大学师生座谈会上指出，要加快一流大学和一流学科建设，加强学科之间协同创新；2020 年国务院学位委员会和教育部联合印发通知，在原有十三个学科门类基础上增设"交叉学科"门类，同年国家自然科学基金委员设立了交叉科学部；国务院学位委员会 2021 年印发《交叉学科设置与管理办法（试行）》，进一步规范交叉学科管理，完善中国特色学科专业体系；2022 年教育部、财政部、国家发展改革委出台《关于深入推进世界一流大学和一流学科建设的若干意见》，提出"创新交叉融合机制，打破学科专业壁垒，促进学科交叉融合"。如今，中国的科技创新模式正从单一专业的"独立作战"向多学科专业交叉融合创新的"联合作战"方向过渡，同时，跨学科技术创新已成为中国重大原始技术创新的主导方式（黄娅，2022）。

拔尖创新人才具有综合素质、知识储备与创新精神等特征。为了增强拔尖创新人才培养，高校在新一轮教改实践中力求改变单一知识结构的"专才"培养模式，开展交叉学科教育改革。交叉学科是在两种及以上单一学科基础上，由不同学科领域、部门和分支学科相互联系、相互作用、彼此融合形成的一类学科，是在社会科学和自然科学之间交叉地带出现的新生学科群落（卢建飞等，2006）。交叉学科通过不同学科的有机组合，构建新型的学科体系，是培养具有多学科知识背景、知识和能力结构合理、基础扎实、素质全面、适应性强的综合性人才的关键。交叉学科培养有利于为学生奠定坚实的专业基础，掌握邻近的学科领域知识，形成广博的知识和能力结构，培养高校学生的科学整体意识和从多学科角度分析、解决问题的能力，从而有利于提高人才的拔尖创新能力。书院制是近年来中国高校在教育改革中的一种积极探索，是特定时代背景下经济社会发展对人才需求转变的产物，是弥补现有本科人才培养机制不足、调整未来人才培养方向的重要变革（何毅和刘海峰，2019），也是高校学科交叉教育改革的重要平台。这种培养模式通过设立与专业学院平行的书院，建立学科交叉融合的学习生活社区，让不同专业的学生之间、学生与教师之间自主形成知识交流的社会网络，关注学生的独立思考、批判性思维、组织领导和社会环境适应等能力，力图达到通识教育和专才教育相结合，培养出适应经济社会发展的人才。在对这一新型模式的探索过程中，如何借助书院这个交叉学科培养的模式推动拔尖创新人才的培养，成为目前我国高校教育模式改革中面临的重要问题。

本文以 S 大学财经类专业学生为研究对象，以 S 大学书院制探索作为学科交叉的准自然实验，对比学科交叉学生的专业成绩、毕业去向、参加大创[①]的立项和获奖情况，分析学科交叉在拔尖创新人才培养过程中的作用。研究发现，学科交叉培养模式下的学生拥有更扎实的学科基础、较高的学习能力和更广阔的国际视野。学科交叉有利于提高学生自主学习意识，掌握专业知识，培养创新精神；有利于培养出具有更强学术研究能力和创新能力的拔尖创新人才。本文通过实证研究，检验了学科交叉对 S 大学财经类专业拔尖创新人才的培养成效，为各高校新一轮教育改革和学科交叉模式下的人才培养提供参考和启发。

二、学科交叉发展及现状

（一）学科交叉的发展

1930 年，SSRCC（美国社会科学研究理事会）在一份文件中正式使用了

[①] 即大学生创新创业训练项目，分为创新训练项目、创业训练项目和创业实践项目三类，主要是由本科生在大一到大三进行创新性的研究和实践性的创业活动。大创项目分国家级、省级和校级三个级别。

"跨学科的活动"这一表述。1937年《新韦氏大词典》和《牛津英语辞典》(增补本)首次收入"跨学科"一词。我国学科交叉从20世纪80年代发展起来。1984年国务院通过了《关于科学工作的六条方针》，其中提到"自然科学中有与社会科学交叉的学科"，这是政府文件中第一次涉及"学科交叉问题"。关于学科交叉已有众多国内专家学者进行了论述，根据学者观点可以对学科交叉模式进行以下分类（吴丹青等，2005）。根据表现形式，可分为四类。交流型：仅处于学术交流层面的学科间交叉，未进入合作研究的阶段但可为实质性的交叉合作奠定基础。方法型：为解决某个科学问题而借助其他学科的理论或手段，获得单一学科研究无法获得的研究结果。项目型：国家目标或市场需求提出了涉及多学科范畴的问题，需要组织不同的学科、从不同的角度、用不同的思维方式、集成不同的研究手段，以解决科学的问题。平台型：围绕广泛的跨学科问题，需要学科间有长期的知识联系，通过思想碰撞、知识渗透和方法互补，针对稳定的方向和任务，经长期的合作和融合，组成相对固定的、成熟的研究平台，进而逐渐培育出新兴学科，形成新的学科优势及科研亮点。按学科交叉的范围可分为三类。跨领域的学科交叉研究，如理、工、农、医、文、经、管等大领域间的交叉；跨一级学科的交叉研究，如基础医学、临床医学及预防医学与卫生学之间的交叉；一级学科内跨二级学科的交叉研究。根据学科交叉的现状，部分学科交叉存在于一般科研项目的合作中，交叉深度不足且多属于自发的研究合作，较深层次的交叉也必须经过一定的组织协调才能完成，伴随项目的立项和研究而存在、问题的解决而消散。

为了克服部分学科交叉模式的弊端，高校积极改革，逐渐成立交叉型创新人才培养改革的"特区"——书院。2016年，浙江大学在竺可桢学院开设智能机器人交叉创新班，进行多学科交叉复合培养模式的拔尖人才培养探索与实践；2020年清华大学日新书院提出推动人文与社会科学、新闻传播学科等的交叉；2020年苏州大学敬文书院加速了新时代书院制模式下学科交叉型分党校的构建；复旦大学成立志德、腾飞、克卿、任重、希德五个书院，启用住宿书院制，旨在宿舍里孵化交叉学科；四川大学2006年成立"玉章书院"，作为拔尖创新学生的跨学科交叉学习共同体。书院从学习和生活两个方面为学生创造学科交叉的环境和氛围，以书院为载体的学科交叉培养模式是一种更深层次的交叉融合。

（二）书院制人才培养体系的发展

书院制有悠久的历史。中国的书院可以追溯到唐代，融合了讲学、教育、议政等功能,是古代一种教育组织形式。西方书院制源于13世纪的牛津大学(周常明,2012),以住宿学院制度为载体,主要承担学生日常生活、学习活动、娱乐交际等多种社会性职能(黄新敏等,2019)。现代书院制兴起于20世纪30年代,在保留传统书院相对独立、导师引导、文化建设等特点的基础上,更加强调通识教育和专业知识的结合,突破了传统高校教育中单一专业学习的限制。由于各国的教育体系、培养目标各不相同,现代书院制并没有统一的定义,但是大多数现代化书院都呈现出多专业学生混合住宿、实行导师制和社区化管理等特征。崔海浪和李昆峰(2015)给出了对我国现代化书院制较为全面的定义:书院制是在借鉴西方住宿学院制模式的基础上,融合中国传统书院教学思想,负责学生教育、管理、服务,与专业学院平行互补,致力于学生综合素质提升的新型教育管理模式。

我国现代化书院制教育的探索起步较晚,香港中文大学于20世纪中叶率先尝试,后内地几所高校开启试点改革。香港中文大学现设立8个学院和9个书院,分别负责校内师生的专业研究与人格养成。2005年,西安交通大学成为第一所推行书院制的内地高校。2014年7月,北京航空航天大学承办了首届高校现代书院制教育论坛。截至2020年,我国38所一流大学中71.1%的高校都创建了书院(蒋家琼等,2021)。2017年9月,国务院办公厅印发《关于深化教育体制机制改革的意见》,提出"要探索建立书院制、住宿学院制等有利于师生开展交流研讨的学习生活平台"。2020年4月,教育部会同中组部等其他七部门印发《关于加快构建高校思想政治工作体系的意见》,指出"依托书院、宿舍等学生生活园区,探索学生组织形式、管理模式、服务机制改革",提出将教学改革中的园区打造成集教学功能、文化交流功能、生活服务功能于一身的空间。

与传统高校教育不同,书院制以社区化为载体,推崇制度育人、环境育人、文化育人(张新建,2019),以培养真正符合社会经济发展需求的应用型、创新型人才。结合现有研究以及目前我国各高校书院的设立情况,我国现代化书院有如下特点。

1. 构建多元化交流平台,营造学科交叉的学习生活环境

书院主要负责管理不同学科背景的学生,为他们创造共同学习生活的空间。这打破了阻碍不同学科学生共同学习生活的壁垒,使得学生有机会在日常生活中与不同学科背景的同学交流探讨,促进新想法的出现。学科交叉顺应了自然和社会的复杂性、满足了解决现实问题的需要和研究中对新知识的需求。

例如新型冠状病毒肺炎疫情影响了人们的身体健康、社会管理、经济发展等众多方面，这已跨越传统社会科学、自然科学的边界，并非单一学科所能解决的。对于学生而言，学科交叉融合的生活环境能够拓宽学生视野，形成更加丰富的知识储备。在学习多学科知识的过程中，学生不再遵循单一学科领域内固有的思维框架，而是将不同学科的知识重新组合，构建新的知识结构。学生在和不同专业的同学交流合作时，也能接触到其他专业知识与思维方式，这能推动学生创新精神的培养。例如，耶鲁大学书院制下的本科生共同生活、学习，学生与教师之间没有学科、课堂内外的界线，书院中的学生和教师自主形成一个体系完整的"社会结构"，在这个微型社会中的学生和教师都能接触到来自不同专业的知识和信息，推动了更多创新、有趣的观点产生。

2. 通识教育和专才教育相结合，多方位提高学生自主学习的意识和能力

在当前高校管理体制中，学院具有十分重要的地位，负责学生的管理、专业课程的安排和教学工作组织。然而，这种学院负责的管理模式在目前人才需求转变的背景下表现出一些局限性。学院的管理非常注重学生对专业知识的掌握情况，往往忽视学生的差异化需求和其他综合素质的培养，而书院制能够很好地弥补这一缺陷。高校在对书院制的探索中，大多设立了与专业学院平行等级的书院，并赋予了它们独立、完备的组织架构和培养体系。这些书院能够为学生提供跨学科的学习平台、交流空间、生活环境等，但是不涉及学生具体专业课程的教学。相较于以专业课程为中心、管理严格的学院，书院更类似于是一个小型社区，为学生提供交流、实践、活动的平台，注重养成本科生的人文精神、社会责任感等。书院和学院的各司其职、分工协作，不仅能够弥补学生通识教育、自主学习意识、能力培养方面的不足，还能够使得学院更加专注于专业课程教学与科研工作，进一步提高教学与科研水平。

3. 实施导师制，注重个性化的培养

在我国现行高校教育模式下，学院在教学管理上往往采取"集中打包"的模式，按照课程培养方案、以班级为单位进行教学活动。在该模式下，专业教师需要负责一个或多个班级的教学任务，和学生距离感较强。课程安排和学分制也使得学生很难有机会和一位或多位教师长期接触，更鲜有机会交流探讨科学问题和学习心得。然而，师生的沟通是通识教育的重要途径，也是高校教育重要的一环。近年来，导师制在本科阶段培养中的应用受到越来越多的关注，

越来越多的高校将导师一对一或一对多指导的模式引入本科阶段培养的书院制之中，并且不断拓展其内涵、形式。书院无须承担专业课的教学任务，导师的指导包含日常生活、学术引导、职业规划等多方面，因此，学生能够与导师建立长期、密切的联系，在与导师的交流、合作中培养责任意识、学术研究能力。

三、文献综述与研究假说

拔尖创新人才的培养要系统考虑人才在成长过程中的内在因素、文化环境、教育制度等多个方面。周其凤（2020）认为拔尖创新人才具有高尚品德、博专知识和创新能力。马廷奇（2011）认为拔尖创新人才既要拥有宽阔的学术视野，也要具备创新性的思维品质。徐晓媛和史代敏（2011）提出拔尖创新人才的四个核心特征包括健全的身心素质、基本的知识结构、创新精神与意识、组织协作能力。杨叔子（2005）认为培养拔尖创新人才需要从知识、思维、精神等多方面进行培养。拔尖创新人才是在拥有创新能力的基础上，富有社会责任感、创新精神和能力，为国家发展做出重大贡献的杰出人才（姚刚，2009）。其中，宽阔的学术视野和创新性思维是这类人才的重要特征（马廷奇，2011）。

书院为学生提供了学科交叉的氛围，为本科生毕业后继续从事学术研究奠定基础；同时，书院制能够打破院系之间的壁垒，为跨专业的学生和教师构建交流的平台，并通过组织课外项目与活动创造交流机会，为拓展学生的知识面、培养学生的学术热情提供条件（曲建晶和安翔，2020）。书院制的培养模式强调通识教育，注重立德树人，在完善课程设计的同时也会关注书院环境对学生发展的影响，积极组织课外活动、建设学习社区，鼓励不同专业的学生交流互补、实现文理渗透。书院制让学生有机会接触到不同专业的知识，并且鼓励学术融合应用不同专业的技能、理论，更有利于提高学生的综合能力，增强学生对不同思维方式、文化、政治等的理解力，提高学生的沟通交流、团体协作能力，锻炼批判性思维（杜芳芳等，2015）。张华（2017）指出，学生在多学科的学习环境中需要进行信息的选择、整合，并且最终能够学会使用多种手段和方法解决社会复杂问题，学科交叉有利于增强学生的跨学科思维与创新意识。李克东等（2019）也认为，跨学科的思维能够锻炼学生的科研精神和创新能力，让学生学会运用相关联学科的研究和学习方法去分析问题、解决问题。除了能够锻炼学生的思维方式，交叉融合的环境也有利于不同学科背景下观点的碰撞，推动创新想法的出现。在很多学科的发展日渐成熟时，不同学科的交叉融合成为突破单一学科限制、发现新问题、孕育创新点的重要方式，大量科学前沿的突破性成果来自拥有交叉学科背景的研究人员。例如，郝凤霞和张春美（2001）发现诺贝尔自然科学奖中有41.02%的获奖成果来自交叉学科；刘昱（2002）分析了中科院增选院士的学科交叉背景，发现具有学科交叉背景院士人数的增长促进了我国科研创新能力的提升。长期以来，我国高等教育大多实行刚性并带有计划性的国家标准化学科制度，学科之间边界分明的特点隔离了学科之间对话，各学院独立管理、相互竞争的模式在一定程度上人为切断了学科之间的内在联系（宣勇，2021），限制了高校内科研水平的发展。而书院制下，学科交叉就是打破这种分割现象的重要途径，在学生科研能力的培养、综合素质的提升、创新点的探索上都具有重要的意义。另一部分学者选择从学生所获得的成果来检验书院制环境对学生综合素质的影响。例如，周建和吴琼（2019）建立了创新型人才评价体系，对12名书院制培养下的学生进行案例分析，发现书院制能够通过专业沟通、宿舍氛围和信息沟通对学生的成才起到积极作用；黄新敏等（2019）选择了以学生的获奖情况为分析对象，发现在书院制培养下的学生能够取得更加丰富的奖项类别，不管是在学习类的奖项，还是在创新创业、社会实践类的奖项中的表现都有显著提升，印证了书院制对于培养拔尖创新人才的积极作用。

书院制试图从整体上打破传统本科教育的培养框架，重新构建出一种新的人才培养体系，构建以人为中心的教育模式。随着书院制人才培养模式改革的不断推进，学者开始对当代书院制的建设、管理模式、文化服务功能等多方面进行了探索，并取得了一定的成果。郭俊（2013）提出，现代书院制培养模式不仅追求对学生学术能力的培养，同样也注重学生的社会融合能力。书院制重视通识教育的设计，在正式教学之外组织多种活动，这种培养方式能够锻炼学生的沟通、协调、组织、领导等方面的能力，并在本科初期阶段就让学生意识到综合素质培养的重要性（李想等，2015）。区别于传统书院，现今高校的书院制作为培养全面发展型人才的途径，在学习环境的"软实力"、培养模式的"个性化"，以及组织结构等方面受到了越来越多的关注（王帅和邓洪波，2018）。

随着教育教学改革的持续深入和书院制改革的不断推进，学生在校学习的选择越来越多样化，具体体现在书院提供的柔性培养计划上，并且学生的专业方向可以任其自主地选择，这些措施都为学生的个性与兴趣发展创造了充足条件，满足学生自主学习的需要。与普通的院系培养模式相比，书院中的学生能够获得与导师密切交流的机会，稳定持续的师生关系能够促进学生责任感、自主性和学习能力等方面的提高（周廷勇，2015）。唐国华等（2016）对比了书院制和传统院系制之后，认为书院制更加强调通识教育和学科融合，倾向于采用弹性化的培养模式，以学生为中心而非以教学工作为中心，这种培养模式更加有利于学生的个性化发展，锻炼独立思考的能力。何毅（2017）选取了9所实行书院制改革的高校并对学生进行了调查，结果发现，书院中的学生大多认为书院制对于自我教育、课外教育、学习积极性的提高等方面有着积极的影响。王珏亮和彭远威（2019）调查了深圳某高校书院制学生的感受，发现大多数学生都认为自己在人际关系、组织管理等方面的能力得到了提升。类似的，戴蕾等（2016）采用问卷调查的方式得到了类似的结论，书院制下的学生与同学、教师都建立了更加紧密的联系，并且学习的自主性得到了显著的提升。

导师的存在使得书院制下的学生能够得到更加详细的引导，这满足了学生的个性化发展需求。刘华阳等（2015）在实地了解与考察了西安两所高校书院制实施情况后发现，书院制的实施能够使得学生更好地理解大学精神与高校文化建设，并且学生与教师的联系变得更加紧密。同时，导师与学生对接更加便于采取因材施教的模式，提高教学效率与学生的学习效率，使学生更好地掌握专业知识，形成适合自己的思考体系（陈晓菲等，2019）。此外，除了直接指导学生的学习，导师也会在日常交流和相处等非正式指导的过程中对学生起到榜样作用，能够培养学生的学术热情（陆一、史静寰，2015）、增强学生的创新能力（刘梦玮等，2015）。Morales等（2009）研究了导师在与学生的相处中对学生传递出的鼓励、信任等信号后发现，这类非正式指导行为能够帮助学生建立自信、激发学生对科研的兴趣。Crisp等（2017）也得到了类似的结论，他们对美国本科生科研的情况进行了分析，发现在导师的帮助下，本科生能够确定更加明确的自我发展目标，并且能更加便利地接触到学术资源，也更倾向于选择继续深造或从事与学术相关的研究性职业。

据此，我们提出本文的两个假说。

假说1：书院制构建了学科交叉融合学习共同体，有利于提高学生的学习能力。

假说2：书院为学生提供多学科交叉培养环境和个性化培养方案，有利于提升学生的创新能力。

四、研究设计

(一) 数据来源

S大学财经类专业历史悠久、传承厚重，距今已经有一百余年的历史，该专业始终将"立德树人"作为工作重心，通过学科交叉开展经济学拔尖创新人才培养的实践，成果显著，培养出了一大批综合能力突出的学生。S大学于2006年6月成立吴玉章学院（以下简称"吴院"），这是该校在教育改革中的一种积极探索。吴院是S大学对优秀本科生实施"拔尖创新人才培养"的荣誉书院，是该校进行学科交叉培养模式探索的载体，构建了学科交叉融合学习共同体，为学生打造综合素养和能力提升平台，营造全员全方位培育"全人"的育人环境，着力培养具有家国情怀、人文情怀、世界胸怀，能勇攀世界科学高峰、引领人类文明进步的拔尖创新人才。吴院由每年从新生和大二、大三年级的在校生中选拔各专业优秀学生组成，通过笔试、面试、心理测试、体能测试等一系列考核的学生才能进入吴院学习。学院对学生实行动态选拔、考核管理机制。因此，通过选拔进入吴院学习的学生多为学业成绩优秀、学习能力强、身心健康、品学兼优的学生，吴院几乎云集各专业的佼佼者。吴院学生具有双重身份，既是吴玉章学院的学生，又是学生专业所在学院的学生。具体而言，专业学院负责学生的专业课教学，吴院主要对学生生活和科研方面进行管理。学生在学校选配的高水平导师指导下进行学习，学生可根据自己的兴趣特长和意愿自主确认主修专业，制订个人修读计划，修读专业模块课程、专业拓展模块课程和实践教育模块课程。近年来高校书院制改革不断推进，截至2020年7月31日，有97所高校已经建成或初步成型书院304个。本文以S大学吴玉章学院为例，能够反映全国高校基于学科交叉培养拔尖创新人才的特征和规律。本文使用S大学经济学院与吴玉章学院2010—2020年共11届学生的相关信息，剔除一些新生未报到、退学、中途退出吴院的学生数据，删除关键变量缺失的样本，最终得到4653名学生的相关数据与信息。通过对比经济学院交叉学科培养模式下与非交叉学科培养模式下的学生在科研能力和创新创业能力上的差异，研究学科交叉对拔尖创新人才培养的作用。

(二) 统计说明

表1显示了2012—2017年经济学院的吴院学生和非吴院学生毕业去向的

差异。纵向来看，吴院学生毕业后 50% 以上的学生国内升学，近 40% 的学生出国深造，说明 90% 的吴院学生在毕业之后能够在国内外继续开展进一步的学术研究，只有很小一部分选择就业或者暂时没有去向。不到 50% 的非吴院的学生，在本科毕业后选择在国内外继续深造，近一半（45.63%）的人选择就业。横向来看，吴院学生毕业后继续深造的比例大于非吴院学生，并且比例相差较大。非吴院学生毕业后就业的人数比吴院学生多，同时毕业即失业情况在非吴院学生中更容易出现。这也说明吴院学生的专业知识掌握更牢固，科研能力更强，本科毕业后继续从事科研的学生更多。

表 1　2012—2017 年吴院学生与非吴院学生毕业去向差异

毕业去向	吴院学生	非吴院学生
国内升学	51.61%	34.55%
出国深造	38.71%	14.98%
就业	7.10%	45.63%
待定	2.58%	4.83%

开展大学生创新创业训练计划（以下简称"大创"）是教育部"高等学校本科教学质量与教学改革工程"的重点建设内容，是推进教学模式改革、提高人才培养质量的重要途径。表 2 分析了 2015—2019 年经济学院大创立项情况，比较吴院学生和非吴院学生的大创项目立项级别，可以看出吴院学生的国家级大创立项比例高于非吴院学生，说明吴玉章学院的学生在大创项目执行的质量上也更高，具有更强的创新能力。

表 2　2015—2019 年经济学院学生大创立项情况与级别

人数、项目级别	吴院学生	非吴院学生
总人数（人）	347	3267
大创立项人数（人）	232	156
立项人数占总人数比例	66.86%	4.75%
国家级	12.82%	9.91%
省级	14.10%	16.66%
校级	73.08%	75.43%

(三) 模型设计

本文基于学生是否为吴院学生来区分学生是否为学科交叉培养。拔尖创新人才的培养注重综合素质、学术视野和创新能力，而综合素质难以找到客观、准确、直接的度量指标。因此，本文主要从成果方面来考察学科交叉培养模式对学生在学术视野和创新能力两方面的影响。研究生是最高层次教育的获得者，科研能力是其核心素质（单亦亮，2017），所以一名合格的研究生必须具备科研能力和科研热情，故能升学的学生相较未升学学生具有更强烈的升学意愿和更高的学术能力。大创旨在全面推进大学生创新创业教育，激励学生的创新思维和创新意识（高原，2013），是高校开展创新创业教育、培养大学生创新精神和创业意识，提高大学生实践应用能力的重要载体（王帅帅，2018）。从大创项目三个类别也可以看出开展大创的目的是培育大学生的创新创业的意识和创业技能，所以参加大创成功立项甚至获得更高级别立项的学生的创新创业意识和能力更强。因此，本文选择学生的升学情况和参加大创的情况作为结果变量多维度衡量学生的学术能力和创新能力，本科毕业去向为升学的学生学术能力更强，参加大创立项和立项级别更高的学生创新能力更高。我们运用高维固定效应模型，分别考察吴院学生和非吴院学生的拔尖创新能力差异。模型设定如下：

$$Y_i = \beta_0 + \beta_1 wyz_i + \beta_2 X_i + I_i + i_p + i_t + \varepsilon_i \tag{1}$$

其中，i 代表学生，Y_i 为表示学生学习、科研和创新创业能力的结果变量，分别以学生的学业成绩、升学情况和参加大创情况来代表。$shengxue_i$，反映学生 i 的毕业去向，当学生毕业去向为升学（包括考研和保研）时记为 1，若为就业则记为 0。$dclx_i$ 反映学生 i 参加大创是否立项，立项记为 1，否则为 0；$dcjb_i$ 反映学生 i 的大创立项级别，当立项级别为国家级记为 1，若为省级、校级则记为 0。wyz_i 为核心解释变量，用以区分学生是否接受了学科交叉培养，当学生 i 为吴院学生时记 wyz_i 为 1，否则为 0。X_i 为相应模型的控制变量。考虑到学生的学业表现与高考成绩、生源地、性别等因素密切相关（汪朝杰和谭常春等，2013；李琨、徐锟等，2015；王晓婷和冯宁，2017），本文设定了学生的高考成绩和性别为控制变量，并且添加了籍贯（i_i）、民族（i_p）和年级（i_t）固定效应。ε_i 为随机扰动项。β_1 是本文主要关注的系数，表示是否学科交叉培养对学生升学情况和参加大创情况的影响，即学科交叉培养模式对学生科技创新能力的影响。β_0 为模型常数项，β_2 表示学生的高考成绩、生源地、性别等因素对其学习、科研和创业创新能力的影响。

表3展示了吴玉章学院和经济学院学生在这些指标上的统计差异。从中可以发现，学生的学业表现差异较大，特别体现在学生优秀率和挂科率上，说明样本的学习成绩差异大。其中英语四、六级成绩中有大量缺失值，这主要是因为部分学生没有参加全国大学生英语四、六级考试，同时，学生英语六级考试成绩的平均分低于四级成绩，标准差高于四级成绩，进一步说明了学生英语能力的参差不齐。

表3 主要变量的含义及描述性统计

变量名称	变量含义	观测值	均值	标准差	最小值	最大值
wyz	是否为吴玉章学院学生	4653	0.126	0.332	0.000	1.000
gpa	平均学分绩点	4644	3.203	0.499	0.830	4.000
ave_score	平均分数	4653	83.947	5.292	45.670	94.650
$excellent$	优秀率，学生90分以上门次占总修门次的比率	4653	35.502%	17.129%	0.000%	100.000%
$fail$	挂科率，学生不及格占所修课总学分百分比	4653	3.172%	7.778%	0.000%	67.800%
$CET4$	全国大学生英语四级考试成绩	4560	521.672	58.165	301.000	683.000
$CET6$	全国大学生英语六级考试成绩	3546	478.522	73.238	221.000	663.000
rgk	高考得分率，学生高考成绩占本省高考总分的百分比	4653	81.800%	5.100%	50.700%	90.700%
$shengxue$	是否升学	2274	0.516	0.500	0.000	1.000
$dclx$	参加大创是否立项	4653	0.035	0.183	0.000	1.000
$dcjb$	参加大创立项级别是否为国家级及以上	4653	0.126	0.332	0.000	1.000

五、实证结果

（一）基准回归结果

基于样本中4653名经济学院学生的毕业去向和参加大创情况，分别对模型（1）进行估计，结果见表4。根据回归结果可以看出，吴院学生比非吴院学生的升学概率高32.2%，即吴院的学生继续进行学术研究的概率更高。列（2）～（3）展示了吴院学生参加大创后项目立项的概率比非吴院学生高12.8%，且获得国家级立项的概率比非吴院学生高3.4%。综上所述，吴院学生无论是科研能力还是创新创业能力都显著优于非吴院学生，从成果上可以看出通过书院制能够提高学生的拔尖创新能力。

表4 基准回归结果

变量	(1) 是否升学	(2) 大创立项	(3) 大创级别
是否吴院	0.322*** (0.045)	0.128*** (0.008)	0.034* (0.084)
高考得分率	1.036*** (0.277)	−0.018 (0.072)	−0.000 (0.001)
性别	0.0952*** (0.021)	0.022*** (0.005)	−0.09 (0.082)
Constant	−0.384* (0.225)	0.024 (0.059)	0.432 (0.434)
籍贯固定效应	Y	Y	Y
民族固定效应	Y	Y	Y
年级固定效应	Y	Y	Y
观测值	2270	4646	150
R-squared	0.123	0.087	0.149

注：括号中为标准误，*** 表示 $P<0.01$，* 表示 $P<0.1$

（二）内生性问题

吴玉章学院学生是通过考试选拔出的，这可能导致选择性偏误带来的内生性问题，能通过严格遴选被吴院录取的学生本身能力可能强，结果是吴院学生比非吴院学生在学业上取得了更好的成绩，拥有更高的学术能力和创新能力，而并非或不完全是由学科交叉引起的。为了解决这一问题，我们采用由Rosenbaum和Rubin（1983）所提出的Propensity Score Matching Model（以下简称PSM模型）对此进行估算。

运用PSM方法时，通过是否是吴院学生的虚拟变量对学生的籍贯、民族、高考得分率、性别和年级等变量进行Logit回归，得到倾向得分值。从根本上讲，教育水平取决于生产力发展水平，我国区域发展不平衡，地区差异大，各省的教育水平也参差不齐，因此籍贯、民族的不同会带来学生学习成绩和能力的差异；同时高考成绩能较好地反映考生的智力水平，高考成绩越高，考生的智力水平也越高（王汉清，2008）；性别差异也会导致各科成绩的不同，比如女生的英语成绩高于男生（郭继东，2009）。因此，本文选用这六个指标，匹配出在接受大学教育前其水平可比的学生。倾向得分值最接近的学生即为吴院学生的配对学生，通过这种方法可以最大限度减少不同学生在学习能力、教育水平等方面存在的系统性差异，从而减少估计偏误。本文使用核匹配法进行估计，以检验书院制提高学生科研能力和创新能力的作用是否稳健。在估计之前本文检验了实验组和控制组匹配效果，通过倾向得分值密度函数图，在匹配后实验组和控制组倾向得分值的概率密度已经比较接近，说明本文的匹配效果较好。因此，在共同支撑假设基础上进一步证明了PSM方法的可行性和合理性。

表5展示了最终匹配得到1235个观测值对模型（1）进行回归的结果，结果表明，在利用PSM方法后，吴院学生的升学率和参加大创情况依然显著优于非吴院学生，PSM后的估计的结果与前文基准回归结果并无显著差异，从而进一步支撑了上文实证结论，在排除可能存在的样本选择偏误后，书院制培养下的学生依旧具有更高的科研能力和创新能力，说明书院制模式能够提高学生的科技创新能力。

表5 匹配后回归结果

	（1）是否升学	（2）大创立项	（3）大创级别
是否吴院	0.316*** (0.058)	0.139*** (0.015)	0.405** (0.196)
高考成绩	0.803 (0.532)	−0.032 (0.186)	3.948** (1.511)
性别	0.106** (0.046)	0.0275* (0.0152)	0.188 (0.118)
Constant	−0.136 (0.426)	0.025 (0.152)	3.991*** (1.248)
籍贯固定效应	Y	Y	Y
民族固定效应	Y	Y	Y
年级固定效应	Y	Y	Y
观测值	469	1231	78
R-squared	0.211	0.170	0.332

注：括号中为标准误，*** 表示 $P<0.01$，** 表示 $P<0.05$，* 表示 $P<0.1$

为了保证估计结果的可靠性和稳定性，本文考虑回归结果是否受非观测因素影响进行稳健性检验。因为知识具有很强的延续性，学生在基础教育阶段所学的知识必然影响到本科的学习成绩，并且在大学前的知识学习中也培养了自身的学习能力和潜力，这些能力和潜力极大程度上将影响学生的科研能力和创新创业能力。虽然在前文的基准回归中，已经控制了高考成绩、性别、籍贯、民族、年级这些可能影响结果的因素，但是仍然可能有其他不可观测的因素对结果产生影响。对此，本文采取如下思路对这些可能遗漏的学生特征是否会影响估计结果进行间接检验——安慰剂检验。

根据估计式（1），wyz_i 的系数的估计值 β_1 的表达式如下：

$$\beta_1 = \beta + \gamma \frac{\mathrm{cov}(wyz_i, \varepsilon \mid z)}{\mathrm{var}(wyz_i, \varepsilon \mid z)} \tag{2}$$

（2）式中，z 表示所有涉及的控制变量，如果 $\gamma=0$，那么非观测因素不会干扰回归，即 β_1 是无偏的，但是直接检验 γ 是否等于 0 是很困难的，于是考虑先用某变量替代 wyz_i，且这个变量理论上对结果变量 Y_i 没有影响，即 $\beta=0$，在此基础上如果能得出 $\beta_i=0$，那么就能推导出 $\gamma=0$。因此，本文让是否学科交叉培养对学生科研能力和创新能力的影响变得随机，使这个随机过程重复 500 次，保证学科交叉培养不会对相应的结果变量产生影响，也就是 $\beta^{random}=0$，在这种情况下，同时估计出 β_1^{random} 的均值，并在图 1 中展现出所估计的 500 个 β_1^{random} 的分布。可以发现，500 次随机过程中 β_1^{random} 都集中分布在 0 的附近，因此可以反推 $\gamma=0$，从而证明未观测的学生特征几乎不会对回归结果产生影响，本文的估计结果是稳健的。

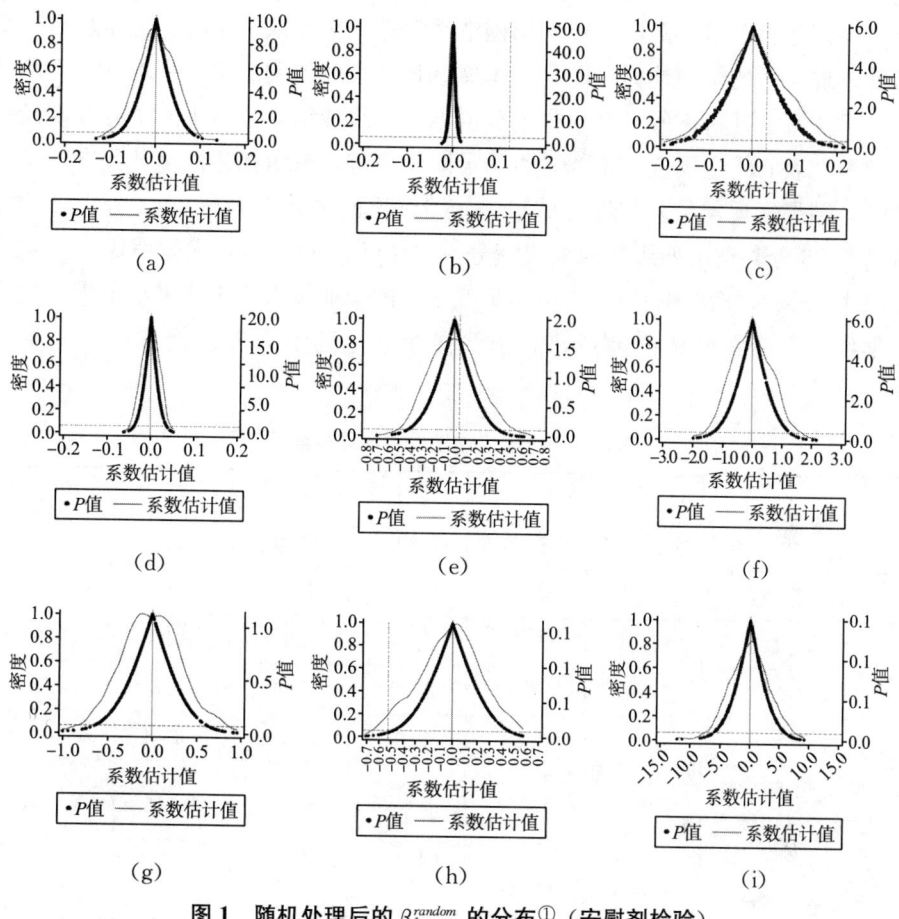

图 1　随机处理后的 β_1^{random} 的分布① **（安慰剂检验）**

（三）学科交叉促进拔尖创新人才培养作用途径分析

依据基准回归的结果，吴院的学生（即交叉学科培养的学生）升学的概率更高，也更可能在大创中获得更高级别立项。从培养的成果方面可以说明学科交叉有利于培养拔尖创新人才。为了进一步考察学科交叉对拔尖创新人才培养的影响机制，本文结合学科交叉的培养计划设计和学生的课程成绩等过程考核结果进行分析。根据吴院的学生培养过程可以发现，吴院重视培养学生扎实的学科基础、过硬的学习能力和广阔的国际视野。首先，学生扎实的学科基础体现在优秀的学业表现上，专业课程的学习能够为科研打下基础，英语阅读与交

---

① 图1中（a）至（i）的结果变量依次为学生是否升学、参加大创是否立项、参加大创立项是否为国家级、学生的平均学分绩点、平均分、优秀率、挂科率、大学英语四级成绩和大学英语六级成绩。

流能力则是目前接触前沿研究和出国继续深造不可或缺的条件，也能从另一个角度体现学生的学习能力。因此，本文选择学生的课程成绩（平均分、平均绩点、优秀率、挂科率等）和学生的英语四、六级成绩衡量学生的学业表现及英语能力。表6将主要变量依据是否为吴院学生进行分组描述性统计并进行了T检验，结果发现，吴院学生的平均学分绩点比非吴院学生高0.42分，平均分数高4.36分、英语四级和六级成绩分别高44分和64分，优秀率比非吴院学生高19.8%，挂科率低3%，说明吴院学生的学业表现优于非吴院学生，且吴院学生每个变量的标准差更小，说明吴院学生的学业表现差异小于非吴院学生。

表6 分组描述性统计和 t 检验结果

变量	吴院学生 ①均值	②标准差	非吴院学生 ③均值	④标准差	①～③	t 检验
平均学分绩点	3.54	0.29	3.12	0.59	0.42	−17.58***
平均分数	87.55	3.94	83.19	5.96	4.36	−17.52***
优秀率	52.67	15.68	32.87	15.69	19.8	−29.18***
挂科率	0.85	2.85	3.91	9.73	−3.06	7.74***
全国大学生英语四级考试成绩	559.39	51.34	515.23	57.56	44.16	−17.88***
全国大学生英语六级考试成绩	532.92	64.40	469.03	70.61	63.89	−19.45***

注：括号中为标准误，*** 表示 $P<0.01$

基于样本中4653名经济学院学生的基本信息以及学业表现，分别对模型（1）进行估计，结果见表7。根据回归结果，吴玉章学院的学生平均学分绩点比非吴院学生高0.36分，平均分高4.19分，优秀率高19.64%，挂科率低3.14%，英语四、六级成绩分别高31分和50分，结果均在95%的水平下显著。这说明吴院学生的学业表现显著优于非吴院学生，从成果上可以看出书院能够提高学生的学习能力，促进学生专业知识的掌握，为学生科研打下基础。

表 7 途径分析基准回归结果

变量	(1) 平均学分绩点	(2) 平均分数	(3) 优秀率	(4) 挂科率	(5) CET4	(6) CET6
是否吴院学生	0.356*** (0.020)	4.193*** (0.216)	19.64*** (0.668)	−3.142*** (0.350)	31.17*** (2.336)	49.57*** (3.371)
高考成绩	0.747*** (0.176)	7.662*** (1.883)	19.78*** (5.819)	−4.841 (3.047)	210.4*** (20.86)	182.0*** (31.04)
性别	0.275*** (0.013)	3.066*** (0.140)	9.374*** (0.433)	−2.513*** (0.227)	28.44*** (1.520)	37.06*** (2.265)
Constant	2.435*** (0.144)	75.91*** (1.542)	13.05*** (4.764)	8.551*** (2.495)	333.9*** (17.07)	307.7*** (25.29)
籍贯固定效应	Y	Y	Y	Y	Y	Y
民族固定效应	Y	Y	Y	Y	Y	Y
年级固定效应	Y	Y	Y	Y	Y	Y
观测值	4637	4646	4646	4646	4553	3540
R^2	0.270	0.260	0.325	0.104	0.292	0.233

注：括号中为标准误，*** 表示 $P<0.01$

表 8 展示了使用 PSM 方法最终匹配得到 1235 个观测值对模型（1）进行回归的结果，结果表明，吴院学生的学业表现显著优于非吴院学生，具体分析来看，吴院学生的平均学分绩点高于非吴院学生 0.36 分，平均分数高于非吴院学生 4.21 分，优秀率高 20.03%，英语四、六级成绩分别高 32 分和 51 分，挂科率比非吴院学生低 2.81%。综上所述，以书院为平台的学科交叉培养模式下的学生具有更优秀的学业表现和英语能力。

表 8 途径分析匹配后回归结果

变量	(1) 平均学分绩点	(2) 平均分数	(3) 优秀率	(4) 挂科率	(5) CET4	(6) CET6
是否吴院学生	0.359*** (0.0234)	4.208*** (0.279)	20.03*** (0.905)	−2.805*** (0.374)	31.83*** (2.925)	51.27*** (4.361)
Constant	2.912*** (0.240)	81.46*** (2.863)	34.22*** (9.294)	9.461** (3.838)	458.0*** (30.44)	424.0*** (42.39)
籍贯固定效应	Y	Y	Y	Y	Y	Y
民族固定效应	Y	Y	Y	Y	Y	Y
年级固定效应	Y	Y	Y	Y	Y	Y
观测值	1229	1231	1231	1231	1212	1007
R^2	0.334	0.304	0.428	0.144	0.372	0.306

注：括号中为标准误，*** 表示 $P<0.01$，** 表示 $P<0.05$

书院制人才培养模式通过培养拥有更扎实的学科基础、过硬的学习能力和广阔的国际视野的学生，造就出一批自主学习意识强、专业知识掌握牢、创新精神佳的人才，即具备拔尖创新能力的人才。

六、结论与政策建议

学科交叉培养模式是近年来中国高校在教育改革中的一种积极探索。书院制源远流长，在人才培养方面产生了重要的作用。在经济社会发展对人才需求转变的特定时代背景下，书院不仅继承了古代中国书院"师生共处、学生互助"的传统，还借鉴国外住宿学院制度，建立起一种对学生实施通识教育和专业教育相结合、负责塑造学生思想品德和行为养成的新的教育模式。学科交叉培养弥补了现有本科人才培养机制的不足，推动了未来人才培养方向的调整。吴玉章学院是S大学进行交叉学科培养探索的载体，旨在培育具有深厚人文底蕴、扎实专业知识、强烈创新意识、宽广国际视野的国家栋梁。本文借由S大学2010—2020级财经类学生的培养情况，分析现有学科交叉对培养拔尖创新人才的作用。研究结果表明，以书院为载体的学科交叉培养模式下学生的升学概率更高，即继续深造进行学术研究的可能性更大；以书院为载体的学科交叉培养模式下的学生参加大创成功立项和获得国家级立项的概率更高，说明该培养模式能促进学生的创新精神，增强学生的创新能力。从机制上来看，吴院学生学业表现显著优于非吴院学生，体现在更高的绩点、平均分、英语四级和六级成绩以及更低的挂科率，说明学科交叉能够提高学生学业成绩，培养学生的自主学习意识，促进学生对专业知识的掌握，从而增强学生继续进行学术研究的能力。

书院制研究专家朱汉民曾将我国古代书院孕育的宝贵精神概括为：价值关怀的人文精神、知识追求的学术精神、价值关怀与知识追求统一的精神。当前，如何以高校书院为平台，推行学科交叉培养模式，造就时代所需的拔尖创新人才是非常重要的命题。本文根据研究结论提出以下几点政策建议：第一，在学科交叉培养中可以定期组织学术研讨会或论坛，提高本科生的科研参与度。在对样本的分析中我们发现，本科生几乎没有与论文或学术项目相关的经历或奖项，而是更加注重加分、奖项等方面。考虑到大部分进入书院进行交叉学科培养的学生会选择继续深造，增加与科研相关的经历能够为之后的学习打下良好的基础，同时可以充分借助导师制培养的优势，加强对学生在学术方面的引导，让学生在本科阶段也能够参与到学术项目中。第二，完善导师制。丰富书院制下导师的构成,包括主要解决学生日常生活问题的类似于辅导员的常任导师、由高年级有大量学生工作经验或优秀学习成果的学生组成的兼职导师和专门负责学生学业发展的教授导师,为学生的良好性格养成、学术兴趣培养、价值取向塑造、学习疑问解答创造最便捷的条件,搭建教育第一、二课堂和书院生活的桥梁,为学生的学科交叉成果提供充分的指导。第三,以学生为中心,建立学生自我管理委员会,便于学生开展自我服务、自我管理和自我教育,增强学生的社会实践能力;充分利用学生社区设施资源,为学生创业类大创项目落地提供便捷的条件,增加学生社会实践的机会,增强学生创业能力,立足本校背景培养出能够服务于现实社会的人才。

参考文献

[1] 陈晓菲,刘浩然,林杰. 牛津大学本科导师制的学生学习体验研究[J]. 比较教育研究,2019(3):39-45.

[2] 戴蕾,贺俊毅. 书院管理模式对学生心理与行为影响的研究——以南京审计学院为例[J]. 才智,2016(7):27-28.

[3] 郭俊. 书院制教育模式的兴起及其发展思考[J]. 高等教育研究,2013(8):76-83.

[4] 郭继东. 研究生英语学习动机与成绩、性别之关系研究[J]. 外语界,2009(5):42-49.

[5] 高原. 大学生创新创业训练计划项目过程管理的研究与探索[J]. 实验室科学,2013(6):158-160+163.

[6] 黄新敏,胡晓敏,宗晓晓. 基于现代书院制的应用型本科高校大学生核心能力素质提升研究[J]. 教育理论与实践,2019(3):3-5.

[7] 黄娅. 多学科交叉研究生培养模式探究[J]. 科技风,2022(28):52-54.

[8] 刘华阳,李琳,王宝伟. 构筑学生自主发展的温馨家园——陕西高校"书院制"育人模式调研[J]. 西安航空学院学报,2015(4):89-91.

[9] 卢建飞,吴太山,吴书光,等. 基于交叉学科的研究生创新人才培养研究[J]. 中国高教研究,2006(1):46-48.

[10] 李想,董琪,郭嘉乐. 关于书院制模式下大学生综合素质培养的调查报告[J]. 文教资料,2015(4):99-100+110.

[11] 陆一,史静寰. 拔尖创新人才培养中影响学术志趣的教育因素探析——以清华大学生命科学专业本科生为例[J]. 教育研究,2015(5):38-47.

[12] 柳妍. 升学路径与学业成就关系的实证探索研究[D]. 武汉:华中师范大学,2021.

[13] 刘昱. 市场经济与高等教育发展趋势[J]. 思茅师范高等专科学校学报,2002(2):43-44.

[14] 龙跃君. 书院制融入我国现代大学的价值探讨[J]. 大学教育科学,2018(5):52.

[15] 刘仲林,程妍. "交叉学科"学科门类设置研究[J]. 学位与研究生教育,2008(6):

44—48.

[16] 曲建晶，安翔. 高校书院制育人模式的实践与提升 [J]. 教育教学论坛，2020 (44)：103—104.

[17] 秦添，张正清，胡欣敏，等. "大学生创新创业训练计划"项目管理的实践与思考——以华东理工大学为例 [J]. 化工高等教育，2016 (4)：19—23+27.

[18] 全国哲学社会科学规划办公室. 国家社会科学基金项目"研究型大学建设与拔尖创新人才培养"成果公报 [EB/OL]. (2020—04—03) [2022—11—07]. http://cpc.people.com.cn/GB/219457/219471/219485/220183/221258/14621057.html.

[19] 单亦亮. 学术型硕士研究生科研能力现状及其影响因素的研究 [D]. 上海：华东师范大学，2017.

[20] 唐国华，江丽，李晨韵. 大学书院制：创新型人才培养模式的有益探索 [J]. 教育观察（上半月），2016 (7)：4—7+103.

[21] 王帅，邓洪波. 2017 年书院研究综述 [J]. 南昌师范学院学报，2018 (5)：101—106.

[22] 王钰亮，彭远威. 高职院校书院制教育模式实施效果实证研究——以深圳职业技术学院崇理书院为例 [J]. 深圳职业技术学院学报，2019 (2)：57—61.

[23] 王汉清，况志华，王庆生，等. 大学生学习成绩与创新能力相关分析 [J]. 南京理工大学学报（社会科学版），2008 (1)：87—94.

[24] 王帅帅. 大学生创新创业训练计划项目的实践分析 [J]. 教育教学论坛，2018 (28)：145—146.

[25] 吴丹青，张菊，赵杭丽，等. 学科交叉模式及发展条件 [J]. 科研管理，2005 (5)：157—160.

[26] 晏维龙. 大学书院改革的逻辑 [J]. 中国高等教育，2016 (20)：47—49.

[27] 张新建. 高职院校现代书院制实施方略探讨 [J]. 学校党建与思想教育，2019 (20)：95—96.

[28] 周建，吴琼. 基于定性比较分析的创新型人才培养模式的实证研究——以书院制人才培养模式为例 [J]. 创新与创业教育，2019 (3)：128—132.

[29] 周廷勇. 齐克瑞的大学生自我同一性发展理论研究 [J]. 复旦教育论坛，2015 (6)：33—38.

[30] 周茂，陆毅，杜艳，等. 开发区设立与地区制造业升级 [J]. 中国工业经济，2018 (3)：62—79.

[31] 张昊，林清越. 自主学习意识对大学生"微学习"意愿的影响：移动网络生活方式的调节作用 [J]. 财经高教研究，2022 (1)：177—189.

"双创"项目对大学生创新创业能力的影响研究
——基于双一流大学 S 经管类专业本科生的微观数据

贾 男　陈欣媛*

摘　要：本文使用 2015—2021 级 S 大学经管类本科生毕业去向数据，以创新创业项目竞赛为研究对象，采用多值 Logit 模型的估计方法，评估了"双创"教育对经管类本科生创新能力和创业能力培养的影响。研究发现，创新创业教育对大学生的创新能力都存在显著促进作用，而创业教育对本科生的创业能力存在显著影响。以学术深造和创业情况分别衡量其创新和创业能力，相较于选择就业而言，创新创业教育分别使得本科生选择深造的发生比增加了 1.35 倍和 2.34 倍，创业教育使得本科生选择创业的概率增加了 4.48 倍。本文的研究为"双创"教育的效果评价提供了经验证据，并具有直接的政策意义，基于不同类型专业特点进一步加强高校"双创"教育建设，对于提升本科生的创新创业能力、增强高校毕业生的人力资本、以创业带动就业具有积极意义。

关键词："双创"教育；毕业去向；经管类本科生

一、引言

自 1999 年实行高等教育扩招以来，我国高等教育毛入学率和高校毕业生人数不断上涨，国家统计局和教育部数据显示，近十年我国高等教育毛入学率提高了 30%，高校毕业生人数由 2011 年的 660 万增长到了 2021 年的 909 万，近 10 年增长了 63%（见图 1-1），高等教育进入普及化阶段。在高校毕业生数量不断增长的同时，我国经济增长进入新常态，劳动力需求下降，就业岗位

---

* 作者简介：贾男（1980—），四川大学经济学院教授、博士生导师，主要从事劳动经济学、家庭金融、应用微观经济学研究与教学。陈欣媛（1999—），四川大学经济学院国民经济学硕士研究生，研究方向为数字经济、劳动经济学。

创造减少，高校毕业生就业问题逐渐突出，解决高校毕业生就业问题已经成为我国政府历年稳就业工作的重点。

自 2020 年以来，受需求收缩、供给冲击、预期转弱三重压力因素叠加和就业观念的影响，我国青年劳动力就业形势更加严峻。2022 年 5 月，16~24 岁人口调查失业率已达 18.2%，达到 2018 年有统计以来的新高度。由于企业就业岗位大幅减少，且受经济不稳定因素影响，工作稳定性较差，就业预期难以达到，研究生深造和公务员报考比例不断增加（见图 1），"慢就业"选择逐渐增多，签约率显著降低（毛宇飞和曾湘泉，2022）。2022 年国务院办公厅印发了《关于进一步做好高校毕业生等青年就业创业工作的通知》，提出要"多渠道开发就业岗位，包括扩大企业就业规模、拓宽基层就业空间、支持自主创业和灵活就业等多措并举"。在从中央到地方，从高校到企业，就业促进政策不断向就业市场释放红利的同时，也鼓励学生升级就业观念，结合新业态、新模式进行自主创业和灵活就业，进一步扩展就业空间。

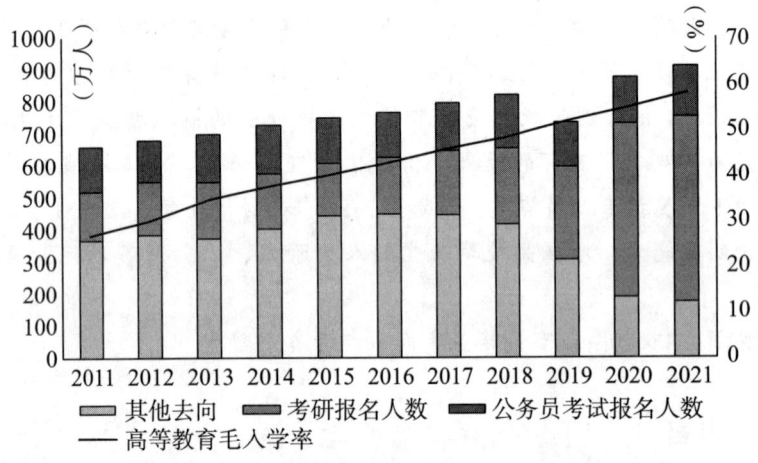

图 1　2011—2021 年高校毕业生毛入学率、毕业数量和去向构成

高校毕业生的就业难问题从短期来看与失业率上升、疫情冲击、经济周期变动有关，但从长期来看本质上反映的还是就业市场的结构性矛盾（曾湘泉，2020），即一边是不断增加的大学生就业困难问题，一边是急需人才紧缺的问题。所以要促进高校毕业生的高质量就业，根本上还是应该提升大学生的就业能力，增强与企业需求的匹配程度，降低结构性失业概率。

我国政府早在 2002 年就在清华大学等 9 所高校开展了创新创业教育（"双创"教育）试点工作，通过开展创新创业课程教育、搭建创业实习基地等多种形式提升大学生群体的创新能力和就业能力。党的十八大以来，"双创"教育进一步发展，体系和模式更为多元化，涌现出了如清华大学深圳研究院的"大学—政府—企业"的创新创业教育生态网模式，浙江大学的"全链条式"创新与创业教育体系，大连大学的"三层次、四平台"创新与创业教育模式等在内的多种双创教育模式，创新创业教育发展初具成效。

在"大众创业，万众创新"的背景下，"双创"教育已然成为提升大学生乃至青年群体创新创业能力的重要抓手。2021年，《国务院办公厅关于进一步支持大学生创新创业的指导意见》明确指出"纵深推进大众创业万众创新是深入实施创新驱动发展战略的重要支撑，大学生是大众创业万众创新的生力军，支持大学生创新创业具有重要意义"，提出要从"提升大学生创新创业能力、优化大学生创新创业环境、办好中国国际'互联网＋'大学生创新创业大赛"等九个方面支持高校毕业生创业就业，提升人力资源素质，以实现更加充分更高质量就业。实际上，高校毕业生创业不仅能够解决个人就业问题，还可以带动更多就业（辜胜阻和洪群联，2010），其建立的初创企业也是知识溢出和区域经济发展的重要来源（Beltski和Herson，2017）。

在创新驱动发展的新阶段，高校作为"双创"教育的主阵地，担负着培养高层次创新创业型人才的主要任务。已有文献主要对创新创业教育的发展现状、模式和体系进行了理论上的探索（张秀峰和陈士勇，2017；马永斌和柏喆，2021），但定量评估"双创"教育对于大学生的创新创业能力提升作用的研究还非常缺乏。本文利用高校毕业生的微观数据，定量分析"双创"教育是否能够真正增强高校毕业生的就业创业能力，是否会对其就业选择产生影响。本文研究发现，创新教育和创业教育均对大学生的创新创业能力具有显著的正面影响，且创业教育对大学生学术深造和就业创业的提升能力更强于创新教育。

本文余下部分的结构安排如下：第二部分对我国高校创新创业教育的发展历程和相应政策进行梳理；第三部分对已有文献和理论基础进行综述；第四部分构建理论模型；第五部分进行实证分析；第六部分总结全文，提出相应的政策建议。

二、我国高校"双创"教育的发展历程

1989年联合国教科文组织在北京召开的"面向21世纪教育国际研讨会"首次提出创业教育（Enterprise Education）的概念，同年12月清华大学与全国学联、中国科协等单位联合举办了首届"挑战杯"大学生课外科技活动成果

展览暨技术交流会，拉开了大学生创新创业成果交流和竞赛的帷幕。1997 年清华大学在经济管理学院开设创新与创业方向课程，标志着中国高校进行创业教育的开始。

创新创业教育政策在高校的发展随后进入以下五个阶段：

1998—2002 年，高校自主探索阶段。为了全面落实"科教兴国"战略和推进教育改革发展，《面向 21 世纪教育振兴行动计划》（以下简称《计划》）提出要实施"高校高新技术产业化工程""加强对教师和学生的创业教育，采取措施鼓励他们自主创办高新技术企业"。高校依据《计划》展开了各自的自主探索。

2002—2010 年，教育部引导探索阶段。2002 年教育部对清华大学、中国人民大学、北京航空航天大学、黑龙江大学、武汉大学、西安交通大学、上海交通大学、南京财经大学、西北工业大学等 9 所高校组织了创新创业教育试点工作，创新创业教育进入由政府引导发展、高校多样化探索为主的阶段。2008 年国务院《关于促进以创业带动就业工作指导意见的通知》提出了加大培训力度、提高培训质量、建立孵化基地、健全服务组织、完善服务内容等政策，形成了我国第一个较为完整的创业培训政策体系。

2010—2015 年，全面推进阶段。这一阶段为了贯彻党的十七大提出"提高自主创新能力，建设创新型国家"和"促进以创业带动就业"的发展战略，2010 年教育部印发了《关于大力推进创新创业教育和大学生自主创业工作的意见》，建立起由高教司等四个司局构建的联动机制，形成了创新创业教育、创业基地建设、创业政策支持、创业服务"四位一体、整体推进"的格局，并成立了"教育部高等学校创新创业教育指导委员会"，标志着创新创业教育进入教育行政部门指导下的全面推进阶段。

2015—2018 年，深化改革阶段。《关于深化高等学校创新创业教育改革的实施意见》提出了 9 项改革任务、30 条具体举措，要求"2017 年取得重要进展，形成科学先进、广泛认同、具有中国特色的创新创业教育理念，形成一批可复制可推广的制度成果，2020 年建立健全课堂教学、自主学习、结合实践、指导帮扶、文化引领融为一体的高校创新创业教育体系"。此外，基于分享经济和"四众"[①] 等大众创业万众创新的新模式新背景，国务院出台了《大力推进大众创业万众创新若干政策措施的意见》，提出把创业精神培育和创业素质

---

① 2015 年《关于加快构建大众创业万众创新支撑平台的指导意见》指出，要加快推动众创、众包、众扶、众筹这"四众"新模式、新业态发展。

教育纳入国民教育体系，实现全社会创业教育和培训制度化、体系化，走创新驱动发展的道路。同年，中国"互联网＋"大学生创新创业大赛开始举办。

2018年至今，升级发展阶段。2018年全国教育大会对新阶段教育工作做出部署，《关于加快建设高水平本科教育全面提高人才培养能力的意见》要求进一步深化创新创业教育改革，让高校创新创业教育改革成为高等教育改革的突破口。同时，教育部根据2018年《关于推动创新创业高质量发展打造"双创"升级版的意见》制定了《国家级大学生创新创业训练计划管理办法》，进一步深化了高校创新创业教育改革，高校创新创业教育改革进入升级发展阶段。

目前，我国创新创业教育已经形成了较为完整的支持体系，建立起了由校长任组长、分管校领导任副组长，大学生创新创业部门牵头，各有关部门相互配合、齐抓共管的创新创业教育工作机制，形成了以创新创业课程、创新创业竞赛如"挑战杯"、中国"互联网＋"大学生创新创业大赛和创新创业实践如"众创空间"等实习实训平台三大主要环节组成的创新创业教育体系。

三、文献综述与研究假设

创新创业教育包括创新教育和创业教育两类。创新教育的目的就是培养人的创新意识、创新精神、创新能力和创新思维。创业教育的目的是培养人的创业意识、创业思维、创业技能等各种综合创业素质，并最终使人具备一定的创业素质和创业能力（陶熠，2020）。创新创业教育的本质是适应社会发展和国家的战略规划，以培养具有创业意识和开拓型人才为目标产生的一种新的教学理念与模式（马小辉，2013）。由于创新创业教育本身就是劳动力进行学习和人力资本积累的过程，通过教育培训获得相应知识技能，所以往往可以通过受教育者形成的就业创业意向和相应能力来衡量教育效果（李明章和代吉林，2011）。美国培训与发展协会（ASTD）指出就业能力包括5个类别：基本胜任力（阅读、写作、计算）、沟通能力（说和听）、适应能力（问题解决、创造性思考）、群体效果（人际技能、团队工作、协商能力）和影响能力（理解组织文化、分享领导）。总体来说，创新创业教育作为一种综合知识应用、技能实践、团队合作的教育培训，可以有效帮助大学生进行人力资本积累，进而提升大学生的就业能力（Fugate et al.，2004）。

具体而言，在创新教育和创业教育两方面，都有文献从微观视角探讨了其对创新创业能力的影响。在创新教育对本科生创新能力的影响上，已有文献主要从教师指导、学生自身和学校支持三方面进行探讨。首先，科研导师的知识储备程度、专业技能和对前沿科学理论的掌握程度，与学生沟通交流的频率都对学生的学术创新热情有着显著影响（陶金国等，2020）。其次，学生自身的自主学习能力、主动学习习惯和构建知识的能力、发现解决问题的能力及创新实践能力，也对其科研创新能力存在影响（Kember et al.，2011）。最后，学校科技资源、科技氛围、科研计划等会影响创新活动的参与积极性（蒋永荣，2018），而科技竞赛的举办可以调动大学生的自主学习积极性、培育创新意识和团队合作能力（张栋文，2011）。由此，本文提出第一个研究假设。

假设1：参与过创新项目训练的大学生有更强的学术创新能力。

在对创业教育效果的衡量上，已有研究主要基于创业意向和创业能力或创业胜任力两方面进行探究。首先，对大学生创业意向的影响方面，高校创业教育对创业意向最有影响的前三位分别是创业项目、创业竞赛和创业课程（李亚员，2017）。参与过创业竞赛和有创业经历的学生，其创业态度和创业意向均强于没有相关经历的学生（向春和雷家骕，2011），主修过创业课程的学生，其创业意向也更高（Noel和Terry，2001）。在作用机制上，有研究基于创业态度、个人背景和创业意向之间的三元ISO模型，发现创业教育既可以直接对大学生的创业意向产生积极影响，还可以通过创业态度为中间机制间接发挥影响（王心焕等，2015）。此外，大学生自身的个体因素如性别特征、心理因素、家庭因素和社会环境因素（陆根书，2013）也会对创业意向产生影响。男生的创业目标意向和创业执行意向显著高于女生（李海垒等，2011），心理因素中创业自我效能和外在评价对创业意向有显著正向影响（徐小洲和叶映华，2010），身在父母创办企业家庭的个体会表现出更强的创业意向（Athdyde，2009）。其次，在创业能力上，创业教育可以显著提升大学生创业能力（李明章和代吉林，2011），包括专业能力、方法能力和社会能力（高桂娟和苏洋，2013）。基于此本文提出第二个假设。

假设2：参与过创业项目的大学生有更强的创业意向和创业能力。

但也有研究从理论上指出，高校科层制主导下的创新创业教育，尤其是以创新创业大赛为代表，在实践过程中出现了不同程度的异化现象，成为完成上级任务和指标、提高学校排名的一种工具，使得比赛沦为"表演"，而忽略了本身的创新创业能力和育人价值的培育（王志强，2022），对大学生的创新创业能力提升作用并不明显。此外，创新创业实践教学环节同质化严重、创业环境不够完善、创新创业的兴趣还需进一步激发等问题在高校创新创业教育中也普遍存在（张秀峰和陈士勇，2017）。

综上所述，高校创新创业教育的实施效果的争议仍旧存在，但由于高校层次类型不同，创新创业教育体系模式也有所差异，难以一概而论。此外，对于创新创业教育效果的理论分析居多，定量评估仍旧较为匮乏。本文将结合已有文献研究成果，以创新创业教育中普遍开展的创新创业大赛作为教育实践的代理变量，主要以"双一流"高校的经管类专业毕业生为代表，用毕业生的最终深造或创业选择作为创新创业教育的效果衡量指标，评估"双一流"高校中创新创业教育对高校毕业生创新创业能力和毕业去向选择的影响。

四、研究设计

（一）数据来源

本研究使用数据来源于 2015—2021 年 S 大学经济学院的 7 届全体本科毕业生的个体数据，共计 7 类专业包括金融学、金融工程、国际经济与贸易、经济学、保险学、国民经济管理和财政学，来自 31 个生源地省（区、市）的 3656 份有效样本，涵盖其毕业去向和基本个体信息，对经管类专业学生具有一定的代表性。

此外，选取经管类本科评估创新创业教育工作，对促进我国整体创新创业教育水平提升和国家发展战略转型下的教育转型也具有一定指导意义。首先，经管类专业在我国本科阶段所开设的哲学、理学、法学、文学、医学等 12 个大类学科中属于就读人数比例较高的大类专业，教育部《2020 年教育统计数据》显示，2020 年经管类专业本科毕业生数占所有专业毕业生的比例为 24.83%，经管类专业本科在校生占所有专业在校生的比例为 21.79%，提升经管类本科生创新创业能力无疑是提升本科生整体创新创业能力总体的重要部分。其次，经管类专业学生是与国家经济政策导向和宏观经济发展趋势联系最为紧密的群体，对经管类本科生创新创业能力的培养，也有助于进一步满足经济发展方式转变下的创新型国家人才培养需求。

（二）模型设定

1. 核心解释变量

本文主要以高校创新创业三大赛事"'互联网＋'大学生创新创业大赛"、"挑战杯"全国大学生课外学术科技作品竞赛和"挑战杯"中国大学生创业计划大赛（暨"创青春"全国大学生创业大赛），以及各级创新创业计划项目作为创新创业教育实践的代理变量。有三大赛事和创新创业训练项目参与经历的大学生，往往经历了较为完整的创新创业课程培训、导师指导、团队协作、科研创业实践及成果转化等过程，能够较好地体现创新创业教育效果。根据本文提出的假设，分别设置是否参与创新项目与是否参与创业项目两个变量，皆设定为虚拟变量。将前文三大类竞赛和创新创业训练项目计划中的创新型项目和创业项目分开，对于有本科生创新项目参与的个体赋值为1，没有参与的赋值为0；有创业项目参与或获奖经历的个体赋值为1，无参赛经历的则赋值为0。此外，基于已有文献中可能影响创新创业的因素，进一步控制性别、专业、综合成绩、政治面貌、生源地等因素。

2. 被解释变量

本文的被解释变量为创新创业教育的效果，综合以往对创业能力和意向的研究，将学生毕业后选择创业作为创业教育效果的衡量指标，将学生毕业后升学作为创新效果的衡量指标。由于本科毕业生的毕业去向包括就业、创业、升学和未就业四类选择，本文将其设置为多值选择变量进行比较。具体而言，本科毕业生未就业赋值为0，继续学术深造（包括在国内外继续深造）赋值为1，毕业后就业赋值为2，创业赋值为3。

由于本文数据为混合截面数据，且被解释变量为多值选择变量，所以本文采用多项Logit模型对大学生的就业选择进行回归，并进一步加入年份虚拟变量控制时间效应。具体模式设定形式如下。

假设本科生个体i选择j去向带来的随机效用为U_{ijt}（$i=1,2,\cdots,n;j=1,2,\cdots,J$）

$$U_{ijt} = \alpha_0 + \alpha_1 innov_{it} + \alpha_2 staup_{it} + \sum \beta_j X_{it} + Year_t + \varepsilon_{ijt}$$

选择j去向的效用高于其他毕业去向选择，所以本科毕业生个体选j去向的概率可写为：

$$P(Y_{it} = j | X_i) = P(U_{ij} \geqslant U_{ik}, \forall k \neq j)$$

$$P(Y_{it} = j | X_i) = \frac{\exp(\alpha_0 + \alpha_1 innov_{it} + \alpha_2 staup_{it} + \sum \beta_j X_{it} + Year_t)}{\sum_{k=1}^{J} \exp(\alpha_0 + \alpha_1 innov_{it} + \alpha_2 staup_{it} + \sum \beta_k X_{it} + Year_t)}$$

其中，$innov_{it}$代表是否参与创新项目训练，$staup_{it}$表示是否参与创业训练项目，X_{it}表示各类控制变量，包括性别、民族、政治面貌、学习成绩、所在专业和是否创新创业参与项目的组长等。$Year_t$ 控制大学毕业年份的时间效应，以排除不同年份宏观经济环境对就业选择的影响。

对上文多项 Logit 模型的参数估计有一个潜在的疑问，即能力较高的学生既更可能参加创新创业类比赛项目，同时也更可能具有较高的创新创业能力，即存在遗漏变量引起的内生性偏误。为缓解这一偏误，我们在控制变量中引入高考分数这一变量，作为对学生学习能力的代理变量。高考分数能够较好地反映大学生的学习能力，从而缓解由于能力所引起的遗漏变量偏误。

主要关键变量赋值情况和描述性统计见表1。

表1 主要变量描述性统计

变量类型	变量名称	变量含义	观测值	均值	标准差	最小值	最大值
被解释变量	未就业	暂无毕业去向=0	164	—	—	—	—
	升学	出国或国内深造=1	1574	—	—	—	—
	就业	签约或自由就业=2	1896	—	—	—	—
	创业	自主或合伙创业=3	22	—	—	—	—
核心解释变量	创业项目参与	参与=1，未参与=0	3656	0.052	0.222	0	1
	创新项目参与	参与=1，未参与=0	3656	0.122	0.328	0	1
控制变量	是否项目组长	担任=1，未担任=0	3656	0.063	0.244	0	1
	性别	男性=1，女性=0	3656	0.338	0.473	0	1
	学习成绩	加权总成绩 GPA	3656	83.373	4.582	68.510	93.930
	民族	汉族=1，其他=0	3656	0.004	0.060	0	1
	政治面貌	党员=1，其他=0	3656	0.892	0.311	0	1

五、实证分析

（一）基准回归分析

1. "双创"教育对科研创新能力的影响

如表2所示，其给出了采用多项 Logit 模型回归进行估计的边际效应，模型（1）和（2）分别计算了基于不同基准选择的"相对风险比率"。列（1）以未就业本科毕业生为基准组，估计了"双创"教育对深造的影响相较于未就业的概率之比，列（2）则以就业为基准组，估计了"双创"教育对本科生深造的选择相较于就业的发生概率之比。

表2 "双创"教育对科研创新能力的培养效果

变量	(1)	(2)
创业项目参与	4.537** (3.038)	2.337*** (0.456)
创新项目参与	2.063* (0.891)	1.350** (0.182)
性别	1.688*** (0.342)	1.509*** (0.137)
政治面貌	0.283 (0.295)	1.213 (0.702)
民族	1.065 (0.291)	1.252* (0.170)
加权学分	1.314*** (0.033)	1.273*** (0.017)
是否项目组长	0.883 (0.555)	0.991 (0.189)
高考总分对数	0.732 (0.490)	0.576 (0.142)
专业类别	是	是
省份固定效应	是	是
年份效应	是	是
样本	3656	3656
Chi^2	6182.77	6182.77
拟 R^2	0.202	0.202

注：系数为估计的"风险比"，括号内为稳健标准误，*** 表示显著性为1%，** 显著性为5%，* 显著性为10%，Chi^2 为卡方检验值，Probit模型报告拟R^2，下同。

相较于未就业本科生，在5%的显著性水平上，创业教育使得本科生选择升学的概率是未就业概率的4.54倍。而在10%的显著性水平上，创新教育使得本科生相较于暂未就业选择深造的概率增加了2.06倍。此外，性别对本科毕业生的深造概率也有显著影响，男生进行深造升学而非未就业的发生比高出女生1.68倍，平均学分绩点越高的本科毕业生深造相较于未就业的选择发生概率也越高，因为无论是在国内研究生招生考试和推免规则下，还是国外高校的申请，学习成绩都是得以继续深造最为重要的条件。

相较于就业本科生,"双创"教育的参与使得经管类本科生深造的发生概率也更高。在 1% 的显著性水平上,创业教育使得本科生选择深造的概率是就业概率的 2.34 倍;在 5% 的显著性水平上,创新教育使得本科生深造的概率比就业增加 1.35 倍。性别和成绩的影响也和升学相较于未就业的发生概率相同,但是发生比相较于未就业的基准组更低,表明随着学习成绩的提升,成绩更好的毕业生更容易得到就业机会,但相较就业而言又更倾向选择深造。

两列不同基准组的回归边际效应共同表明,参与"双创"教育的本科生总体相较于就业或不就业,更优先选择深造升学。这可能存在两方面原因:其一是就业环境和升学规则的影响,如同上文所指出的,自金融危机后宏观经济下行以来,经济增速下降,相应提供的就业岗位减少(曾湘泉,2020),在难以达到就业预期时,升学成了就业环境较差下的主流选择。加之"双创"教育大多是以竞赛类为实施形式,其参与经历往往是研究生录取的重要参照之一,所以"双创"教育训练可以显著提升本科生的升学概率。其二是科研创新经历的影响,参与创新项目使得本科生通过对专业课题的深入探索和对学术前沿的接触,能够产生科研兴趣和科研志向。同时,大学生参与科研创新活动不仅是一个确定问题和寻找答案的学术研究的过程,而且也是一个引起批判思维和开发探究能力的方法(周光礼,2012)。由于从研究方案设计、数据获取分析到转化为创新成果,都充满未知因素,需要学生结合理论知识进行不断反思检验,其创新能力可以在这一过程不断提升,本文假设 1 得到验证。与此同时,创业项目经历也对创新能力培养具有显著促进作用,创业实践中锻炼的沟通能力、适应能力、风险抵抗能力都有利于进行学术创新。

2. "双创"教育对创业能力的影响

如表 3 所示,其给出了"双创"教育对于创业选择的回归,同样基于不同的基准组,(1)~(3)列分别估计了创业相较于未就业、就业和深造的发生概率之比。

第(1)列的回归结果表明,参与创业项目训练的经济学类本科生创业相较暂未就业发生概率要显著高出 8.7 倍,而创新项目参与对创业选择的发生影响不显著。第(2)列结果表明,创业项目参与使得本科生相较于就业而言,选择创业的概率增加 4.484 倍,而创新教育对两种选择的发生比依然不存在显著影响。列(3)基于深造的基准回归结果表明,"双创"教育对本科生创业和深造之间的选择影响不存在显著差异,而控制变量中加权学分的影响系数显著,表明对创业和深造的选择差异可能主要来自成绩的影响。学习成绩提升会使得创业相较于深造的发生比为0.706,发生比小于1表明学习成绩对创业选择有显著负向影响,因为创业训练对实践能力要求通常更高,在有限的时间和精力下,对创业实践的更多投入无疑会影响学习时间的投入。

表3 "双创"教育对创业能力的培养效果

变量	(1)	(2)	(3)
创业项目参与	8.706** (8.066)	4.484** (3.009)	1.919 (1.280)
创新项目参与	2.377 (2.664)	1.555 (1.623)	1.152 (1.209)
性别	1.755 (0.935)	1.569 (0.779)	1.040 (0.520)
政治面貌	0.000*** (0.000)	0.000*** (0.000)	0.000*** (0.000)
民族	2.539 (2.505)	2.985 (2.856)	2.384 (2.292)
加权学分	0.927 (0.058)	0.898* (0.052)	0.706*** (0.042)
是否项目组长	1.260 (1.366)	1.414 (1.275)	1.427 (1.295)
高考总分对数	0.501 (0.562)	0.395 (0.372)	0.685 (0.629)
专业类别	是	是	是
省份固定效应	是	是	是
年份效应	是	是	是
样本	3656	3656	3656
Chi^2	6182.77	6182.77	6182.77
拟R^2	0.202	0.202	0.202

综上所述,基于不同基准组的回归结果表明,创业教育对创业选择相较于就业和未就业的发生比有显著正向影响,假设2得到验证。具体而言,创业教育包括创业课程培训、创业计划竞赛、实际创业活动开展等教育环节,这些都会对大学生的创业态度和创业意向产生显著促进作用(李亚员,2017)。创业课程可以培育大学生的创业意识,提高创业的可能性。创业计划竞赛可以通过

竞争激励提升大学生的创业参与热情，其作为校大学生尝试和实践创业的一个有效试验，能够培养提升创业意识和能力（向辉和雷家骕，2014）。而创新训练对经济学类本科生的创业选择未表现出显著影响，可能原因在于其对本科生的训练主要是经济学理论的应用，其创新成果多为导师指导下的理论报告或学术论文形式，在创业实践上的指导作用极为有限。

（二）异质性分析

基准回归表明，男生和女生在继续深造的概率上存在显著差别，本文进一步对不同性别的本科生进行分组讨论，表4和表5分别给出了关于创新能力和创业能力的性别分组回归结果。

表4 "双创"教育对创新能力影响的性别异质性分析

变量	男性(1)	女性(1)	男性(2)	女性(2)
创业项目参与	28.638*** (11.544)	4.673** (3.674)	4.302*** (1.777)	1.877*** (0.416)
创新项目参与	0.971 (0.649)	3.196** (1.562)	1.064 (0.258)	1.453** (0.239)
控制变量	是	是	是	是
省份固定效应	是	是	是	是
年份效应	是	是	是	是
样本	1235	2421	1255	2421
Chi^2	8367.23	2257.77	201.99	2257.77
拟R^2	0.214	0.202	0.253	0.202

表5 "双创"教育对创业能力影响的性别异质性分析

变量	男性(1)	女性(1)	男性(2)	女性(2)	男性(3)	女性(3)
创业项目参与	5.142* (5.755)	4.876** (3.575)	7.724* (8.597)	7.533* (8.606)	1.795 (1.889)	4.014 (4.557)
创新项目参与	2.061 (3.140)	2.680 (4.421)	2.259 (3.124)	1.219 (1.931)	2.123 (2.959)	0.839 (1.333)
控制变量	是	是	是	是	是	是

续表5

变量	男性(1)	女性(1)	男性(2)	女性(2)	男性(3)	女性(3)
省份固定效应	是	是	是	是	是	是
年份效应	是	是	是	是	是	是
样本	1235	2421	1235	2421	1235	2421
Chi^2	8367.23	2257.77	8367.23	2257.77	8367.23	2257.77
拟R^2	0.214	0.202	0.214	0.202	0.214	0.202

表4模型（1）（2）分别给出了以未就业和就业为基准的男女生深造发生比。首先对于创业教育，无论相较于未就业或就业毕业生而言，创业教育对男女生的创新能力提升都有显著促进作用。但男生的科研深造发生比普遍高于女生，分别使其深造较就业和未就业发生概率高28.64倍和4.67倍，高于女生的发生比（4.3倍和1.88倍）。而创新教育只对女生的创新能力提升表现出显著影响，对男生影响不显著，与基准回归结果相一致。可能原因在于，女生更擅长理论知识的学习，学术理论性更强的创新型教育对其升学深造同样存在显著促进作用，但对男生的影响就较为有限，控制变量中女生学习成绩对其选择深造的发生比影响高于男生（女生分别为1.34和1.31，男生为1.27和1.22）也验证了这一推论。

表5模型（1）（2）（3）分别给出了以未就业、就业、升学为基准的"双创"教育对男女生创业发生比的影响。其中模型（1）（2）的结果表明，创业教育对男生和女生相较就业和未就业而言，选择创业概率的提升都有显著促进作用，但依旧是对男生的影响更大。已有研究也表明，受传统的教育模式及传统就业观念的影响，很多大学生缺乏创新创业精神，其中女生所占的比例更高，很多女生习惯将"稳定而体面"的工作作为求职的首选，无形中扼杀了一部分具有优秀潜质的女性创业者（张秀峰和陈士勇，2017），这种就业观念影响可能使得女生接受创业教育的效果低于男生。

我们进一步对不同专业的创新创业教育进行分组回归以检验不同专业的创新创业教育效果异质性，基准组的设置方式与性别异质性检验方法相同，结果如表6和7所示。从表6可以发现，创业项目训练对于应用经济学类的相关专业的本科生创新能力提升的效果较为显著，包括保险学、金融学、金融工程等，对其深造而非就业或不就业的概率存在显著正向影响，而对于经济学这类偏重理论的专业，创新教育对其深造相较于就业和未就业的发生比提升具有显著促进作用,对应用经济学类的作用不显著。即创业教育对应用经济学类本科生的创新培养效果更好,而创新教育对理论经济学类本科生的创新能力培养更有效。

表6 对创新能力影响的专业异质性分析

变量	理论经济学(1)	应用经济学(1)	理论经济学(2)	应用经济学(2)
创业项目参与	0.000** (0.000)	3.854** (2.617)	1.023 (0.540)	2.635*** (0.541)
创新项目参与	0.007** (0.006)	1.497 (0.653)	0.871** (0.302)	1.409 (0.919)
控制变量	是	是	是	是
省份固定效应	是	是	是	是
年份效应	是	是	是	是
样本	459	3179	459	3179
Chi^2	367.20	4605.49	367.20	4605.49
拟R^2	0.217	0.193	0.217	0.193

表7 对创业能力影响的专业异质性分析

变量	理论经济学(1)	应用经济学(1)	理论经济学(2)	应用经济学(2)	理论经济学(3)	应用经济学(3)
创业项目参与	5.193 (5.976)	4.658* (4.662)	0.000*** (0.000)	3.184* (2.452)	0.000*** (0.000)	1.208 (0.921)
创新项目参与	0.004 (0.003)	2.693 (2.657)	0.000*** (0.000)	2.533 (2.280)	0.000*** (0.000)	1.798 (1.628)
控制变量	是	是	是	是	是	是
省份固定效应	是	是	是	是	是	是
年份效应	是	是	是	是	是	是
样本	459	3179	459	3179	459	3179
Chi^2	367.20	4605.49	367.20	4605.49	367.20	4605.49
拟R^2	0.217	0.193	0.217	0.193	0.217	0.193

表7给出了对于"双创"教育不同类型本科生的创业选择回归结果,基准组分别是暂未就业、就业和深造的本科毕业生。首先,创新创业教育对于理论

经济学专业的创业效果影响统计意义不显著或是统计意义显著但估计出的发生比几乎接近于 0，说明现有"双创"教育对理论经济学类本科毕业生最终选择创业而非不就业、就业或升学的概率最终影响很小。其次，对于应用经济学本科生而言，在 10%的显著性水平上，创业教育提升了其创业而非不就业或就业的发生比，分别使得创业发生比较未就业高 4.66 倍，较就业高 3.18 倍。

综上所述，创新教育对理论经济学本科生深造有促进作用，创业教育对应用经济学本科生的深造和创业都有一定促进作用。所以，创新创业教育的实施应该结合专业类别的特点有所侧重，对于理论性较强的本科专业学生可以主要通过创新训练项目提升其学术科研的创新能力，而对于应用型本科专业学生则更多地应该结合专业特点和优势，通过创业类训练项目提升本科生的知识应用能力和实践创新能力，从而分别满足不同专业本科生的深造和就创业需求。

六、研究结论和政策建议

本文通过对 3656 名 2015—2021 级"双一流"高校 S 大学的经管类本科毕业生创新创业项目参与和毕业去向的分析，评估了创新创业教育对经济学本科生的创新能力和创业能力的影响。通过构建多值 Logit 模型进行回归检验，本研究得出以下结论：第一，"双创"教育对科研创新能力培育有显著促进效果，接受创新创业训练的本科生进一步深造的发生比较未就业和就业分别高出 4.54 倍和 2.34 倍。第二，创业教育对创业选择有显著促进作用，创业训练提升了本科毕业生尤其是应用经济学类本科生的实践能力，总体上促使本科生创业发生比较未就业和就业提升了 8.71 倍和 4.48 倍。第三，性别异质性分析表明，创业教育对男女生的创新创业能力培养影响都有显著促进作用，但对男生相较于女生的影响作用更大，而创新训练则对女生的创新能力培养表现出显著促进作用。第四，专业异质性分析表明，应用型专业的创业教育对创新创业能力培养的效果更好，而理论型专业创新教育对创新能力培养的作用更显著。这表明，在经济学类学生的创新创业能力培养中，应该进一步发挥"双创"教育的作用，进一步提升女生的创新创业能力，同时根据专业优势和特点对"双创"教育的实施方式有所侧重，满足不同专业毕业生的深造或就创业需求。基于此，本文提出以下政策建议：

（1）高校创新创业教育应基于不同专业学生的需求制订差异化培养方案，要把创新创业教育与所在专业和学科优势相结合。对于理论型专业，要侧重发挥创新教育对学术科研能力的培养作用，要选拔知识储备程度丰富、专业技能扎实、前沿科学理论精通的教师，建立专兼职相结合的师资队伍，并加强导师和学生的交流，运用启发式、互动式和探究式等教学模式培养学生的创新精神；对于应用型专业，要进一步发挥创业教育对实践创新能力的培养作用，着重强化实践教学，激发大学生创业的热情和勇气。

（2）在"双创"教育的体系设计上，首先要改进创业教育课程形式，避免不同专业同质化教学；其次要进一步提升师资队伍质量，邀请具有创业实践经验的校外导师指导创业、传授创业经验；最后，加强理论课程与实践教育融合，搭建与企（事）业单位和社会公共组织的三方合作平台，共建实习实践基地，如产学研基地、科技创业实习基地和创业示范基地，提升高校学生的创业意向和创业能力，最终实现高校本科生的高质量就业。

此外，创新创业教育效果的评价指标体系也应多样化，本文囿于数据可获得性，以最终深造和创业选择作为其能力的体现，具有一定局限性。创新创业教育的成效以及如何构建一个合理的指标评价体系是促进创新创业教育发展的重要一环，其目标应该是培养学生的创业意识与实践能力，塑造学生成为创新型的综合人才（马永斌和柏喆，2015）。所以高校应进一步改革考核评价方式，树立以育人为核心的教育理念，注重对学生创新思维和创业意识的整体性考查。

参考文献

[1] 毛宇飞，曾湘泉. 新冠肺炎疫情对高校毕业生就业的影响——来自招聘网站数据的经验证据［J］. 学术研究，2022（1）：104－110.

[2] 辜胜阻，洪群联. 对大学生以创业带动就业的思考［J］. 教育研究，2010（5）：63－68.

[3] 张秀峰，陈士勇. 大学生创新创业教育现状调查与思考——基于北京市31所高校的实证调查［J］. 中国青年社会科学，2017（3）：94－100.

[4] 陶熠. 实现高质量就业的经管类专业创新创业教育体系构建与实践［J］. 高教学刊，2022（11）：43－47.

[5] 马小辉. 创业型大学的创业教育目标、特性及实践路径［J］. 中国高教研究，2013（7）：96－100.

[6] 李明章，代吉林. 我国大学创业教育效果评价——基于创业意向及创业胜任力的实证研究［J］. 国家教育行政学院学报，2011（5）：79－85.

[7] 陶金国，张妍，廖莉莉. 大学生科研创新能力影响因素的实证研究［J］. 高校教育管理，2020（3）：104－112.

[8] 蒋永荣，韩国成，秦永丽. 基于学科交叉培养本科生创新能力的调查［J］. 高教论坛，2018（4）：117－120.

[9] 张栋文,侯永. 以课外科技竞赛为牵引 培养低年级本科学员的创新能力[J]. 高等教育研究学报,2011(S1):23-25.

[10] 李亚员. 当代大学生创业现状调查及教育引导对策研究[J]. 教育研究,2017(2):65-72.

[11] 向春,雷家骕. 大学生创业态度和倾向的关系及影响因素——以清华大学学生为研究对象[J]. 清华大学教育研究,2011(5):116-124.

[12] 王心焕,薄赋徭,雷家骕. 创业教育对大学生创业意向的影响研究——兼对本科生与高职生的比较[J]. 清华大学教育研究,2016(5):116-124.

[13] 陆根书,彭正霞. 大学生的创业意向及其影响因素研究——基于西安9所高校大学生调查数据的分析[J]. 中国高等教育评论,2013(4):88-122.

[14] 李海垒,张文新,宫燕明. 大学生的性别、性别角色与创业意向的关系[J]. 华东师范大学学报(教育科学版),2011(4):64-69.

[15] 高桂娟,苏洋. 大学生创业能力的构成:概念与实证[J]. 高教发展与评估,2013(3):27-35+123.

[16] 徐小洲,叶映华. 大学生创业认知影响因素与调整策略[J]. 教育研究,2010(6):83-88.

[17] 王志强. 从"科层结构"走向"平台组织":高校创新创业教育的组织变革[J]. 中国高教研究,2022(4):44-50.

[18] 曾湘泉. 中国就业市场的新变化:机遇、挑战及对策[J]. 中国经济报告,2020(3):106-115.

[19] 周光礼. 高校人才培养模式创新的深层次探索[J]. 中国高等教育,2012(10):23-25.

[20] 向辉,雷家骕. 大学生创业教育对其创业意向的影响研究[J]. 清华大学教育研究,2014(2):120-124.

[21] 马永斌,柏喆. 大学创新创业教育的实践模式研究与探索[J]. 清华大学教育研究,2015(6):99-103.

[22] Rosemary A. Measuring enterprise potential in young people[J]. Entrepreneurship theory and practice,2009(2):481-500.

大学生学科竞赛中指导教师介入的关键节点与基本方法

——基于指导经济学类本科生参加"挑战杯"竞赛的实践

路 征 周 婷[*]

摘 要：鼓励大学生参加学科竞赛是提高大学生综合素质的重要手段。本文基于指导经济学类本科生参加"挑战杯"全国大学生课外学术科技作品竞赛的实践经验，总结分析了大学生学科竞赛中指导教师介入表现出的突出问题，进而提出了指导教师介入的关键节点和基本方法。分析认为，大学生参加学科竞赛时，指导教师主要存在介入指导的主动性不强、介入节点的准确性不高、介入方法的有效性不足三方面问题；在介入的关键节点方面，应将重点放在团队组建、研究选题、研究方法选择、研究计划制订与实施和竞赛作品形成等环节。结合上述分析，本文从提供团队建设支持、参与研究选题讨论、实施研究方法培训、协助制订和实施研究计划、加强作品撰写辅导、做好竞赛正式开始后的适时指导等方面提出了若干基本方法。本文的分析结论对指导类似专业大学生参加类似学科竞赛具有较好的参考价值。

关键词：学科竞赛；人才培养；指导教师；本科生指导；"挑战杯"

一、引言

作为高校开展实践教学的重要方式之一，大学生学科竞赛活动具有明显的创新育人功能，现已成为高校创新人才培养的有效路径和提高大学生创新能力、实践能力的重要载体（张姿炎，2014；林晓，2015；陆国栋等，2018；龙

---

[*] 作者简介：路征（1982—），四川大学经济学院教授、博士生导师，主要从事国民经济学、区域经济学的教学与研究。周婷（1995—），四川大学经济学院博士研究生，主要从事国民经济、数字经济研究。

晓枫等，2019；何春保等，2020）。现阶段，国内大学生学科竞赛数量和种类众多，既有囊括多个学科领域的综合性竞赛活动，也有针对专业学科领域的竞赛活动。其中，由共青团中央、中国科协、教育部、全国学联等和地方政府共同举办的"挑战杯"全国大学生课外学术科技作品竞赛（以下简称"挑战杯"竞赛）是层次最高、规模最大、涵盖学科领域最广、社会关注最多的学科竞赛活动。从1989年首次举办至今，"挑战杯"竞赛已连续成功举办十七届（每两年举办一届），竞赛作品涵盖自然科学类学术论文、哲学社会科学类社会调查报告和学术论文、科技发明制作三大类，近几届还开始在主体赛框架下创新性地举办一些专项赛活动。"挑战杯"竞赛由"国赛、省赛、校赛"三级赛事体系构成，其覆盖面和参与度都领先其他竞赛。以第十七届"挑战杯"竞赛为例，"国赛"阶段的参赛作品就达2.2万余件，覆盖全国2500余所高校近220万大学生（杨宝光等，2022）。

由于"挑战杯"竞赛涵盖了哲学社会科学类社会调查报告和学术论文这类作品，故而与"挑战杯"中国大学生创业计划竞赛、中国"互联网+"大学生创新创业大赛等其他国家级学科竞赛和专业学科竞赛相比，对哲学社会科学类专业大学生更具吸引力。在"挑战杯"竞赛哲学社会科学类下，又分为哲学、经济、社会、法律、教育、管理共6个学科类别，参赛作品可以根据实际情况选择报送某类学科参赛。因此，基于经济学、管理学、统计学等领域的专业知识储备和方法基础，经济学类本科生在参加"挑战杯"哲学社会科学类作品竞赛中具有较大的优势，这也是经济学类本科生参与"挑战杯"竞赛意愿强烈的重要原因。

虽然参加学科竞赛的主体是学生，学生应该掌握主动权，但参赛过程中学生经常会面临难以克服的困难，这时指导教师就必须发挥引导甚至主导作用（孙亚星等，2018）。事实上，在大学生参加学科竞赛的过程中，指导教师在各个环节都能发挥重要作用，甚至是取得好成绩的关键因素。针对"挑战杯"竞赛获奖项目的分析表明，90%左右的获奖项目是在专业指导教师的指导下完成的，这说明专业指导教师是大学生在"挑战杯"竞赛中取得好成绩的重要保障（唐立华和张仲风，2004；林晓，2015；赵金华和宋之帅，2010）。在很多研究中，都强调了指导教师的重要性，尤其是在选题（唐立华和张仲风，2004；陈丽君，2010；高经伍，2014；钱俊和张文菡，2014；张佩和梁广辉，2016）、团队管理（钱俊和张文菡，2014；孙亚星等，2018）、研究实施（唐立华和张仲风，2004；钱俊和张文菡，2014；张佩和梁广辉，2016）、作品制作（唐立华和张仲风，2004；孙亚星等，2018）等方面需要指导教师发挥必要的作用。

有研究还将本科生导师制与"挑战杯"竞赛结合来分析指导教师的重要作用，认为导师能在解决团队意见冲突、专业知识指导、心态建设，以及比赛过程中的咨询与指导等方面发挥作用，有助于提高大学生的德育素质、智育素质、身心素质和发展素质（胡迪等，2016）。

综上所述，大学生在参加学科竞赛的过程中，指导教师能够在很多方面发挥重要作用，为参赛大学生成功完成竞赛并取得较好成绩提供保障。本文基于指导经济学类本科生团队参加"挑战杯"竞赛的实践经验，在总结分析大学生学科竞赛中指导教师介入表现出的突出问题的基础上，重点分析和提出指导教师介入的关键节点和基本方法，对充分发挥指导教师的作用、提高大学生参加学科竞赛的成绩有一定的参考价值。

二、大学生学科竞赛中指导教师介入表现出的突出问题

本文结合既有文献分析和实践中的学生反馈，认为指导教师在指导大学生参加学科竞赛时的突出问题表现在主动性、准确性和有效性三个方面。

（一）介入指导的主动性不强

大学生，尤其是本科生的研究经验、专业知识和方法都较为欠缺，因而指导教师的帮助显得非常重要。但由于教师的教学、科研工作繁重，有的教师还同时担任多组团队的指导任务，而学生往往只会在遇到问题时才联系指导教师，这就导致指导教师与学生之间缺乏足够的互动（胡迪等，2016）。指导教师整体上缺乏热情，主要在文件"签字"、大方向上的理论和研究方法辅导、解答问题等方面发挥着作用，有时甚至处于"等待学生提出问题"的状态（张佩和梁广辉，2016）。这说明，实践中很多指导教师采用了"被动指导"的指导方式，一旦学生凭借自身能力完成作品并参赛，或者学生虽有需求但缺乏向指导教师寻求帮助的主动性，指导教师就逐渐演变为"挂名"角色，对学生参赛的指导作用微乎其微。

诚然，导致指导教师介入指导的主动性不强的原因较为复杂。学生的主动性、教师工作的繁重程度以及学校相关激励机制的欠缺，都可能导致教师缺乏指导大学生参加学科竞赛的热情（张佩和梁广辉，2016）。但是，作为教师，一旦答应学生团队出任指导教师的工作，为学生提供指导就是应尽的职责和义务，有必要积极主动地发挥指导作用。要有效发挥指导教师主动指导的作用，就必须找准介入指导的关键节点和基本方法，才能做到有的放矢，提高主动指

导的效果。

（二）介入节点的准确性不高

实践中发现，在指导学生团队参加学科竞赛时，一些指导教师并不了解竞赛的基本流程，这会导致指导教师无法找准指导工作介入的节点和时机。如果学生团队已经完成初步作品才介入指导，提出的指导意见又让学生难以在短时间内完成修改任务，将大大降低学生进一步修改的积极性和取得好成绩的可能性。针对"挑战杯"竞赛，虽然总体上分为校赛、省赛和国赛三个阶段（如图1所示），但起决定性作用的是校赛阶段。如果校赛作品呈现效果差，也就失去了进入省赛乃至国赛的机会。因此，指导教师介入指导的重点阶段，必须是校赛阶段参赛作品形成以前，这之后的主要工作变为指导学生对作品进行修改、完善和提升。

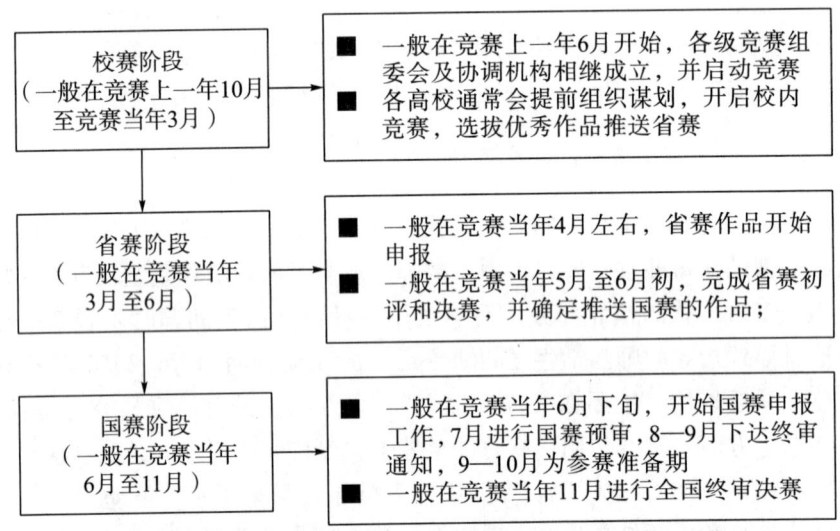

图1　"挑战杯"全国大学生课外学术科技作品竞赛的基本流程

资料来源：根据竞赛相关资料整理

此外，经济学类本科生参加"挑战杯"竞赛时，受限于前沿理论知识和方法，直接开展偏理论的学术研究存在很大难度，一般无法形成具有创新性的成果。因此，经济学类本科生团队大多会选择通过调研获取一手数据和资料，进而形成基于调查的调研报告或学术论文。在这种情况下，指导教师在调研方法、调研方案制定和实施、调研数据处理等方面的指导就显得尤为重要，如果调研没做好，就会直接影响最终作品的质量。

（三）介入方法的有效性不足

有分析表明，很多指导教师在指导学生参加学科竞赛时，在选题上存在"课题化""命题化"现象，在竞赛过程中喜欢采用"任务布置"模式，导致学生的主观能动性和创造性难以发挥，学生在竞赛中的主动权被"剥夺"（张磊，2017；孙亚星等，2018）。同时，学科竞赛中还存在着一定的功利性，为了取得好的竞赛成绩，让学生使用课题组已成型作品参赛、直接使用导师课题成果参赛等现象仍然存在（丁三青等，2009；张磊，2017）。这些行为违背了学科竞赛培养大学生创新能力、实践能力的基本宗旨，也反映出指导教师的指导方式方法上存在问题。事实上，指导教师应该教会学生"如何去做"，然后督促学生自己独立去完成研究工作，而不是将自己变为学科竞赛的"主角"，直接布置任务让学生完成。因此，在具体指导方法上，应该充分将组织讨论、培训等"主动指导"与解决困难、回答问题等"被动指导"结合起来，提高指导的有效性。

三、大学生学科竞赛中指导教师介入的关键节点

上述分析表明，在厘清学科竞赛的基本流程之后，指导教师介入的关键环节应在最初层次竞赛之前。具体到"挑战杯"竞赛中，则应聚焦在校赛作品的形成过程之中。基于指导实践经验，这个环节又可以分为团队组建、研究选题、研究方法选择、研究计划制订与实施和竞赛作品形成等节点。此外，在竞赛正式开始后，教师也要提供一些必要的指导。

（一）团队组建

组建有凝聚力、竞争力的团队是成功完成作品并参赛的起点。"挑战杯"竞赛是一个团队项目，其成功依赖于团队成员的共同努力。在竞赛过程中，难免会出现成员之间意见冲突、成员懈怠等造成团队不和谐、凝聚力不强的情况（胡迪等，2016；孙亚星等，2018）。在笔者指导经历中，就曾出现一支团队因内部冲突导致团队解散、最终只能由团队负责人独立完成研究报告的实例。其主要原因就是最初团队组建时，指导教师没有给出任何建议和警示，完全由学生自己处理，而在团队出现问题时，也没有及时介入进行协调。因此，指导教师在团队组建和团队出现问题时的介入，将有利于保持团队稳定，提高团队凝聚力和研究效率，确保研究工作顺利完成。

（二）研究选题

俗话说"题好一半文"（杨飒和石青，2022），好的研究选题对于研究工作是否成功有关键作用。在研究选题上，应同时考虑研究课题的价值性和可行性，在价值性方面，所选课题既要有社会价值、实践意义，又要有科学价值、学术意义；而在可行性方面，既要考虑课题研究的难度和大小，也要考虑完成研究的条件和兴趣（张积玉，2018）。显然，这对于长期从事科研工作的教师来说都不是易事，让研究经验和积累尚很薄弱的大学生，尤其是本专科生完全自行选题，就更加不现实。因此，在指导大学生参加学科竞赛时，指导选题成为指导教师的重要职责（唐立华和张仲凤，2004；陈丽君，2010；钱俊和张文菡，2014；张佩和梁广辉，2016；张磊，2017）。同时，教师在指导过程中要避免出现"课题化""命题化"（张磊，2017），尽可能激发学生创造力，鼓励学生发现问题、自行选题（胡迪等，2016）。这就要求指导教师要把握好选题指导的介入程度和方式方法。

（三）研究方法选择

如前所述，经济学类本科生参加学科竞赛大多会选择调查法作为主要方法，但调查法按照不同的分类方式可以细分为很多具体类别。例如，按照调查对象的范围和组织形式的不同，一般可以分为全面调查和非全面调查两大类。其中，非全面调查可分为抽样调查、典型调查、重点调查等，而抽样调查又可进一步细分为随机抽样、非随机抽样等。如果学生没有深入了解这些方法的内涵和要求，就很可能出现不当表述和错误使用。笔者指导学生团队时多次发现，学生通常选择某个特定区域进行深度调查，具体包括问卷调查和访谈等形式。在进行实地调查时，学生无法在该特定区域实现全面调查，于是采用"在路上碰见人就进行调查"或"走到某户人家就入户进行调查"的形式。在撰写作品时，不少团队就将这种调查方法表述为随机抽样，因为他们认为选取的调查对象是随机的。但事实上，随机抽样有着非常严格的要求，学生采用的上述方式实则是非随机抽样中的偶遇抽样（也称随意抽样）。

调查最常用的实现形式是问卷调查。学生在使用问卷调查时也经常出现问卷设计不合理的问题。由于经验不足，学生在没有厘清研究需要什么数据、将采用什么方法进行分析的情况下就盲目进行问卷设计，最终导致收集的数据无法满足后续研究需要。经济学类本科生一般掌握了计量经济学的相关分析工具，应明白数据收集后应服务于建立计量经济模型进行影响因素分析，而不是只进行文字描述和简单的统计分析。这就需要指导教师把握论文整体布局，引导学生首先思考清楚自己要建设什么样的模型、需要什么样数据，并将这些内容反映在问卷中。

（四）研究计划制订与实施

在前期工作准备好后，将是制订和实施相应的研究计划。虽然研究计划可以在实施过程中进行动态调整，但在研究正式实施前做好计划，对研究的顺利实施非常重要（张佩和梁广辉，2016）。在基于调查的研究课题中，制订调研方案则显得更加必要。对于本科生来说，这一环节一般不会出现技术上的困难，但在调研地点选择与联系、调研时间安排、调研安全保障等方面仍然需要指导教师进行必要的指导。此外，在调研实施过程中，学生也会遇到一些突发困难，例如笔者曾经指导的一个团队，在调研地无法找到足够的调研对象，导致学生心理压力很大，这时就需要指导教师进行心理疏导并尽可能给出解决办法。

（五）竞赛作品形成

学科竞赛最终的呈现形式就是作品（孙亚星等，2018），具体到经济学类本科生参加的"挑战杯"竞赛哲学社会科学类作品而言，就是一份研究报告或学术论文。由于本科生缺乏系统的学术作品写作训练和经历，在撰写研究报告或学术论文时经常会出现逻辑思路不清、学术格式不规范、论证不充分、语言表达不流畅等情况，而这恰恰是指导教师最为擅长的领域。因此，在撰写调研报告或学术论文的过程中，指导教师可以发挥很大的作用，确保以最好的形式将研究成果展现出来。

（六）正式参赛到竞赛结束

正式参赛开始后，虽然作品已经成型，但在后续竞赛过程中也可能需要对作品进行修改、完善和提升。在"挑战杯"竞赛的校赛和省赛环节，对于拟推送到更高层次竞赛的作品，评审专家一般会给出必要的修改建议，基于调查的作品，有时还需要利用寒假或暑假时间进行补充调研。在这个过程中，指导教师需要积极参与其中，帮助学生顺利完成作品修改和完善任务。

四、大学生学科竞赛中指导教师介入的基本方法

结合指导实践经验和相关研究观点，下面针对上述分析整理的关键节点，提出一些指导教师介入的基本方法。

（一）提供团队建设支持

在大学生学科竞赛中，指导教师可以在学生团队建设中发挥重要作用。基于实践指导经验，指导教师应在竞赛前期团队构建、研究过程中的团队管理和参赛过程中的团队管理三个阶段给予不同的指导。

第一，着重指导竞赛前期团队构建。在团队建设中，竞赛前期的团队构建是最重要的阶段。在这一阶段，指导教师应在以下方面提供指导：一是提出团队成员选择的要点。一般地，首先会有个别学生主动联系教师并提出指导需求，这时指导教师应向其说明团队成员选择的要点。例如，团队成员选择首先要考虑其积极性和是否具有团队合作精神，如果已经有初步的调研地，还要尽可能选择一个来源于调研地的学生加入，以便在调研实施过程中提供有益的支持。二是确定组长并明确组长和成员的职责。在确定团队成员后，需由团队成员共同推选具有全局意识、协作意识和领导才能的学生作为组长（祁雪魁和黄海英，2012）。组长的职责主要包括研究工作规划、实施统筹、任务分解、后期统稿、团队内部及与指导教师的沟通协调等，团队成员的主要职责包括按时保质完成任务、积极主动地提出建议，以及配合组长和其他成员完成任务等。

第二，参与研究过程中的团队管理。在研究过程中，学生团队有时会出现摩擦，或者在研究遇到困难时出现情绪波动。在这个阶段，指导教师的主要工作是化解摩擦以及学生在情绪低落时给予精神激励，以确保团队的情绪稳定和研究热情。

第三，支持参赛过程中的团队管理。当进入正式的竞赛阶段时，团队已经较为稳定，同时作品也已成型。在这个阶段，指导教师应尽可能不干预团队管理，只需在学生提出需要时给予帮助。

（二）参与研究选题讨论

成功的选题对于竞赛取得好成绩至关重要。如前所述，选题既要考虑价值性和可行性，同时又要避免"课题化""命题化"，这对指导教师和学生团队来说都是不小的挑战。结合指导经济学类本科生参加"挑战杯"竞赛的实践经

验，笔者认为，在指导大学生参加学科竞赛的选题时，适宜采用"指导教师明确选题来源→学生提出备选题目→指导教师与学生共同讨论决定选题"的基本方法。这种指导方法的优点在于，一方面，可以教会学生如何选题，又能充分发挥学生的主观能动性，有效避免"课题化""命题化"问题；另一方面，指导教师可以发挥自身的优势，帮助学生在价值性和可行性、研究范围和选题大小上做出判断，提高研究选题的质量。

第一，指导教师明确选题的主要来源。对于学科竞赛选题，应该考虑社会关注的热点问题，因为这些热点问题往往也是国家和人民关注的重大问题（高经伍，2014）。从实践经验来看，选题的主要来源：一是国家社会科学基金项目（包括重大项目和年度项目）等国家、省部级项目提供的选题指南，这类项目的选题指南均是近期国家和人民关注的重要问题，在其中提取感兴趣的研究题目进行细化，能够确保选题的社会价值和科学价值；二是各级政府尤其是中央政府发布的重要政策文本，这些政策文本是国家瞄准经济社会发展中重点领域的施政举措，从中提取关键词然后展开进行研究，具有重要的社会价值和实践意义；三是从其他渠道收集正在发生且有持续存在趋势的社会热点问题，这类问题由于出现的时间短，尚未在各级项目指南和政府政策文本中得到反映，但在未来可能引起重视，是具有前瞻性的研究选题。此外，也可以通过快速调查高质量学术期刊的最新论文来选择学术研究前沿课题，但这一来源适合撰写学术论文参赛的团队，对于经济学类本科生参加"挑战杯"竞赛来说使用的概率相对较小。

第二，学生根据兴趣提出备选的题目。在明确上述选题来源之后，学生团队需要一定的时间进行广泛阅读、信息收集和内部讨论，进而基于兴趣和客观条件提出备选题目（可以是大致的研究方向），并给出选题理由。笔者采取的方法是让学生团队首先提出 10 个左右的备选题目或大致研究方向用于讨论。当然，指导教师也可以加入自己思考的题目供学生考虑。

第三，共同讨论确定最终的研究选题。在形成备选题目后，指导教师与学生团队一起进行选题讨论，以确定合适的研究选题。在这个过程中，指导教师要重点把握选题的价值性和可行性，同时还要指导确定题目大小、范围以及具体表述。如果经讨论没有合适的研究题目，则需要回到第二步，再次提出备选题目并讨论，直到选出满意的题目。

（三）实施研究方法培训

经济学类本科生参加"挑战杯"竞赛使用的主要方法是调查法以及相应的

统计分析、计量经济分析工具，而这些方法又依赖于研究需求和数据。因此，在确定好选题后，需要先进行研究方法的培训，这是指导教师发挥优势和作用的关键环节。基于指导实践经验，经济类本科生参加"挑战杯"竞赛的研究方法培训重点要关注以下几方面：一是调查方法与统计分析方法的培训，主要包括调查法的分类、重要统计分析方法及工具、问卷设计方法等；二是计量经济学建模的方法培训，主要包括计量经济学模型的类别、各类模型对数据的要求等；三是具体研究方法的选择，在提供了方法和工具包之后，需要督促学生结合选题和研究重点选择适宜的研究方法，然后才能进入调研对象选择、问卷设计等环节，以便将数据需求全面融入调查过程尤其是调查问卷之中。需要说明的是，研究方法培训的重点是给出可使用的方法以及每种方法的使用条件和优劣势，至于方法的具体应用，应作为学生自主学习的内容。

当然，结合学生团队的实际情况，研究方法的培训内容应有侧重。以经济学类本科生参加"挑战杯"竞赛为例，笔者培训的主要内容包括线性回归模型、离散选择模型、主成分分析、因子分析、聚类分析等定量分析方法，典型调查、重点调查、抽样调查、个案调查等调查方法，以及问卷设计、问卷回收后的数据处理、统计软件等。完成方法培训后，学生团队便可以结合自己的研究内容，选择合适的方法进行重点学习。

（四）协助制订和实施研究计划

研究计划可以粗略，也可以详细。事实上，即使专业的科研人员，在实行一项一般的研究课题时，也较少制订非常详细的研究计划。从指导经济学类本科生参加"挑战杯"竞赛的实践来看，没有必要制订详细的研究计划，因为在实施过程中往往需要对其进行动态调整。但是，制订一份简要的计划仍是必要的。简要的研究计划应将重点放在时间安排上，尤其在需要开展调查工作时，必须结合学生学习安排和竞赛时间要求来制订。在总体时间进度方面，重点要明确问卷设计、调研地联络、调研实施、数据处理、作品撰写等环节的时间节点。如果作品进入省赛和国赛阶段，还要根据实际情况确定补充调研安排。在调研方案方面，则需要相对详细，除了上述涉及调研的内容，还要对人员、交通、经费、安全保障、调研过程可能存在的风险及应对措施等方面进行明确。在这个过程中，指导教师的主要工作是协助学生团队做好时间节点安排及调研方案，并督促学生按照时间节点完成任务。此外，如涉及安全保障的内容，还应与学生辅导员讨论相关的注意事项。

（五）加强作品撰写辅导

哲学社会科学类调研报告或学术论文的撰写是本科生的短板，为了更好地呈现研究成果，指导教师需要加强对学生的辅导。笔者基于指导实践经验，作品撰写辅导应重点放在以下几方面：

第一，作品的逻辑框架构建。构建逻辑清晰合理的框架是进行作品撰写的前提，如果待作品完成后发现问题再来调整，将严重影响研究的进度。虽然需要调查的课题在选择研究方法前就已初步确定了研究的主要内容，但由于具体的资料和数据只有在调查完成后才能最终明确，因而正式撰写作品之前，必须基于收集的资料和数据来厘定研究的逻辑框架。本科生在写作调研报告或学术论文时，会经常出现逻辑思路不清晰的问题，需要指导教师帮助厘清逻辑思路。

第二，学术道德与学术规范。无论是哲学社会科学类调研报告还是学术论文，都需要对既有研究成果进行梳理和总结，而本科生在文献资料引用的方法、格式等方面并不熟悉。因此，在作品撰写开始前，需要指导教师在学术道德和学术规范上做仔细辅导。此外，有研究发现，由于参赛动机功利化，学科竞赛中也存在学术不端现象，主要表现为直接使用或修改使用导师课题成果、调研材料和杜撰数据、过度包装等形式（丁三青等，2009；张磊，2017），因而指导教师也需要在这些方面把关。

第三，分析结果的展现形式。经济学类本科生的学科竞赛作品通常会用到数据图表来作为佐证材料，而这些数据图表有一定的展现方式和规则。为了更好地呈现这些资料，指导教师需要告知学生一般的处理方式，可以以典型的研究报告或论文为案例，给学生讲解具体的处理技巧。

第四，重点内容的写作技巧。笔者在指导实践中发现，学生团队在一些重点内容的处理上存在突出问题。一是摘要（或内容提要）写不好。摘要是作品全文的高度凝练，必须达到让读者通过摘要就能了解研究的价值、方法和贡献的效果，指导教师有必要帮助学生梳理和修改。二是文献综述部分一般采用简单的罗列式，需要指导教师告知基本的文献综述技巧。三是论证不充分，学生在分析问题时常出现"有观点、无证据"的情况，这时需要指导教师判断论证是否充分，若不充分则需要让学生补充论据。

（六）做好竞赛正式开始后的适时指导

研究作品完成并提交参赛后，指导教师的工作虽然变少，但仍然需要结合学生的实际需求进行适时指导。一方面，如果作品在低一层次竞赛中获得成功并将推送到更高层次的竞赛时，需要根据评审专家建议进行修改、完善和提升。另一方面，如果最终没有获得满意的成绩，需要对学生团队做适当的安抚工作。教师鼓励学生参加学科竞赛，根本目的是提高学生的创新和实践能力，但获得好成绩却是绝大多数学生选择参赛的直接动因。一旦最终结果没有达到预期，学生团队的心态难免会受到影响。因此，指导教师在这时介入，能够在很大程度上帮助学生摆脱低落情绪。

五、结论与讨论

鼓励大学生参加学科竞赛是提高大学生综合素质的重要手段。本文结合指导经济学类本科生参加"挑战杯"全国大学生课外学术科技作品竞赛的实践经验，总结分析了大学生学科竞赛中指导教师介入表现出的突出问题，进而提出了指导教师介入的关键节点和基本方法。分析认为，大学生参加学科竞赛中，指导教师介入主要存在介入指导的主动性不强、介入节点的准确性不高、介入方法的有效性不足三方面问题；在介入的关键节点方面，应将重点放在团队组建、研究选题、研究方法选择、研究计划制订与实施和竞赛作品形成等环节。结合上述分析，本文最后从提供团队建设支持、参与研究选题讨论、实施研究方法培训、协助制订和实施研究计划、加强作品撰写辅导、做好竞赛正式开始后的适时指导等方面提出了若干基本方法。

当然，本文的分析结论仅是笔者从事大学教学科研工作以来，指导经济学类本科生参加"挑战杯"竞赛的经验性总结。由于学科竞赛类别多样，不同学科竞赛的侧重内容差异也较大，故而本文的经验性结论具有较大的局限性，对指导差异较大的其他学科竞赛参考价值较弱。但在指导类似专业大学生参加类似学科竞赛时，本文讨论的内容大多是共性问题，分析结论能够提供较好的参考和启示。

需要强调的是，举办大学生学科竞赛的根本目的是提高大学生的创新意识、创新能力、实践能力和综合素质。过度功利化、"动机不纯"的学科竞赛违背了举办和组织学生参加学科竞赛的宗旨，甚至会成为"中国高等教育的挑战"（丁三青等，2009；张磊，2017）。有分析认为，在某种意义上，没有获奖的学生团队更能够认清自己在知识、能力、努力上存在的差距，他们在竞赛过程中得到的锻炼和提升可能更大（张姿炎，2014）。因此，指导教师在指导大学生参加学科竞赛时，必须坚持以培养和提高学生创新能力和实践能力为根本目的。在指导过程中，指导教师自己不仅要以身作则，也要让参赛学生明白这其中的道理。

参考文献

[1] 陈丽君. 选题指导：提高大学生科技创新能力的有效途径——基于"挑战杯"获奖大学生选题过程的分析［J］. 内蒙古师范大学学报（教育科学版），2010（1）：136-138.

[2] 丁三青，王希鹏，陈斌. 我国高校学术科技创新活动与创新教育的实证研究——基于"'挑战杯'全国大学生课外学术科技作品竞赛"的分析［J］. 清华大学教育研究，2009（1）：96-105.

[3] 高经伍. 浅谈指导全国大学生"挑战杯"竞赛几点体会［J］. 教育教学论坛，2014（30）：4-5.

[4] 何春保，倪春林，李庚英，等. 提高大学生学科竞赛实践教学质量的途径［J］. 实验技术与管理，2020（10）：23-26.

[5] 胡迪，邵剑兵，许楠. 导师制与大学生综合素质培养：基于大学生参与挑战杯竞赛的研究［J］. 教育现代化，2016（2）：7-10.

[6] 林晓. 基于创新竞赛的大学生创新人才培养模式研究［J］. 江苏高教，2015（2）：132-134.

[7] 龙晓枫，伍健，田志龙，等. 竞赛活动对大学生能力提升的影响：来自湖北高校的证据［J］. 高等工程教育研究，2019（6）：106-113.

[8] 陆国栋，陈临强，何钦铭，等. 高校学科竞赛评估：思路、方法和探索［J］. 中国高教研究，2018（2）：63-68+74.

[9] 祁雪魁，黄海英. 如何组建学员科技创新团队——关于第十二届"挑战杯"全国大学生课外学术科技作品竞赛的思考［J］. 吉林省教育学院学报，2012（1）：67-68.

[10] 钱俊，张文菡. 从"挑战杯"指导经验谈大学生科技创新活动引导［J］. 高校辅导员，2014（3）：60-62+79.

[11] 孙亚星，李建亮，张志强. 三位一体实践类学科竞赛指导模式探讨［J］. 实验室研究与探索，2018（10）：234-237.

[12] 唐立华，张仲风. 大学生"挑战杯"科研活动中存在的问题及对策［J］. 广西青年干部学院学报，2004（1）：45-46.

[13] 杨宝光，石涌泉，吕智，等. 第十七届"挑战杯"落幕，黑科技揭榜挂帅［EB/OL］. （2022-04-13）［2022-07-05］. http://news.cyol.com/gb/articles/2022-04-13/content_n5ayjUe3z.html.

[14] 杨飒，石青. 提出真问题，考验的是综合学术素养［N］. 光明日报，2022-05-31（013）.

[15] 杨胜刚，乔海曙. "挑战杯"竞赛：研究性学习的重要实现形式［J］. 中国大学教学，

2005 (3): 37-39.

[16] 张积玉. 学术论文写作与发表的几个问题 [J]. 重庆大学学报（社会科学版），2018 (1): 71-81.

[17] 张磊. 大学生"挑战杯"竞赛实效性研究——基于 98 位参赛者的问卷调查与半结构化访谈 [J]. 中国青年研究，2017 (8): 105-109+63.

[18] 张佩, 梁广辉. 指导教师在大学生科技作品竞赛中的作用及思考 [J]. 湖北函授大学学报，2016 (9): 25-26.

[19] 张姿炎. 大学生学科竞赛与创新人才培养途径 [J]. 现代教育管理，2014 (3): 61-65.

[20] 赵金华, 宋之帅. 基于"挑战杯"平台的大学生创新能力培养研究 [J]. 继续教育研究，2010 (10): 129-130.

第四篇 DISIPIAN
学生收获与感悟

研究生助教在国民经济管理课程教学中的辅助与促学作用

周 婷 林 凌[*]

摘 要：国民经济管理课程按照"综合化、多层次"的原则进行整合，按照"小型化、针对性"的原则进行设置，寓研于教，重视学生创新、创业、可持续发展能力的培养，旨在通过全过程参与学习和系统性学术训练激发学生主观能动性，培养学生批判性思维、宏观经济分析和论文写作能力。本文从研究生助教的角度出发，分析助教在师生沟通中的桥梁作用、平时课堂教学中的辅助作用，以及专业学术训练中的促学作用，整理工作体会，总结问题并提供可行性建议，以期为进一步提升教学质量和学生学习成效提供相应的借鉴和参考。

关键词：师生沟通；平时课堂；学术训练；教学辅助

一、引言

国民经济管理课程作为国民经济管理专业的核心专业课程，兼具系统性、开放性、实践性和前瞻性等特色。其课堂内容新颖，帮助学生融会贯通各专业课程所学知识；课堂形式多样，互动式传授教学、自由式课堂展示和生生互评研讨相结合，引导学生关注现实、主动思考和自主学习，提高学生科研素养；课堂考核丰富，专业教学与系统性学术训练紧密结合，注重"全过程—非标准化"学业评价，综合考核学习过程和学习效果，引导学生朝着会思考、善实践、能创新的方向发展。

本课程力求从一门国民经济管理方向的专业课变成帮助学生学以致用的综合课，在专业理论知识讲授中融入系统性学术训练，改变以往只看结果的考核

---

[*] 作者简介：周婷（1995—），四川大学经济学院博士研究生。林凌（1998—），四川大学经济学院国民经济学硕士研究生。

做法，弥补经济学课程一直以来偏理论而少应用的弱点，改变传统的论文教学模式，即一味要求写作练习的方式，而把论文的教学拆分成各个部分，针对练习、辅导、讲解，促使学生综合运用各学科所学知识。

在课程教学中，研究生助教的工作内容主要包括协调师生沟通、平时课堂辅助和学术训练辅助三方面的内容。在协助教学中，助教起着导学、督学和促学的作用。作为学长助教，能够向学生传递具有借鉴性的学习经验和方法；作为中间者，助教需要有效协调师生之间的沟通交流，推动形成友好师生关系；作为学生，助教在辅助教学的过程中需要不断夯实自身的专业技能，更好完成工作。

二、师生沟通中研究生助教的桥梁作用

（一）保持双向沟通，加强师生交流

作为国民经济管理课程的助教，需要遵守学校助教工作管理规定，认真负责地做好教师安排的各项助教工作。认真做好前期准备工作，及时发现问题并迅速解决；整个课程学期，助教需要保持与教师和学生的双向沟通，通过双方反馈的各种有效信息来改进自己的工作方式，注重师生交流，保证高质量课堂教学顺利开展。

首先，可以向上一届有过助教经验的师兄师姐请教，询问他们关于助教工作的主要内容、基础工作，做好助教工作应该注意哪些问题等事项，提前做好准备工作，拟订助教工作计划；其次，助教有义务成为教师与学生沟通的桥梁，比如，向学生传达教师规定的学习要求与计划、向教师反映学生学习上遇到的困惑、关于课堂教学的意见与建议等，在教师和学生之间进行有效信息转达，传递最准确最及时的教学信息，及时对教学中的不足进行补充，协助教师进一步提高教学效率。

（二）明确双方需求，积极进行反馈

了解教师的教学需求，可以更好地为教师的教学工作服务。助教在与教师沟通时，主动与教师进行交流，制订助教工作计划，并根据教师的具体要求进一步修改完善。助教积极主动与教师沟通，积极汇报助教工作情况及工作中遇到的问题，在完成任务的同时提高效率。助教不定期向教师报告学生的相关反馈及课堂状态等情况，协助教师调动课堂气氛，更好地完成教学任务。助教要

成为教师与学生之间的桥梁，要在听课的同时观察教师灵活的教学方法，更要充分注意学生的上课情况，将学生在学习本门课程时遇到的困难和学生对课程教学的要求及时转达给教师。借助这种桥梁作用，教师在整个课程教学期间，不但能了解助教对本门课程的理解程度，而且也能了解授课班级整体的课程学习情况，尽量让每一个学生都能得到进步和发展。

了解学生的课堂需求，可以更好地为学生的学习提供指导和帮助。助教在与学生沟通时，注重鼓励学生积极参与课堂，督促并引导学生的日常学习。助教从学生的角度理解他们，与他们进行平等而持续的对话，帮助学生解决学习和生活中的问题，引导学生逐渐克服学习过程中存在的不足，提高学生学习信心，有效激发学生学习动力。助教需要深入学生中，与他们一起探讨课堂问题、互动交流，从共同学习中了解他们。助教与本科生同是学生，彼此更容易建立起比较平等的关系，因此更容易进行沟通。通过答疑、辅导、讨论等形式的广泛交流，助教与学生建立起相互信任、相互尊重的关系，以便进一步了解学生的真实情况，帮助学生解决课堂及课下遇到的问题，让他们更好地发展成长。另外，助教在引导学生掌握学习方法、提高自主学习能力、建立并强化独立思考和判断意识，激发和鼓励学生的创新性思维和广泛的个人兴趣等方面均能起到很强的促进作用。

三、平时课堂教学中研究生助教的辅助作用

（一）组织小组展示，活跃课堂氛围

国民经济管理课程考核标准强化过程评价，从开课到期末，每次小组讨论、平时作业、课后论文、期末测验都按一定比例计入总成绩，促使每个学生都能主动参与学习的全过程。关于小组讨论的准备工作，助教需提前通知学生自行组队并拟好分组名单，以便各组有序进行课堂展示。关于小组讨论的准备与展示环节，准备工作需要成员分工完成，助教可以协助成员明确分工，包括讨论题目、资料搜集和整理、PPT 制作、上台讲解等。课堂小组展示时，每个小组需提前将 PPT 分享至课堂 QQ 群，展示时间一般不超过 15 分钟，由助教进行主持，对讨论题目及展示小组进行简要介绍。学生讲解完成后，可以与师生互动讨论，教师会根据相关内容进行提问，并对展示内容进行优缺点评价并给出评分，进一步引导学生关注更多较具趣味性的问题。助教需对学生讲解分享的主要内容、学生提问的内容、教师评价的内容进行适当总结记录。在学

生展示完成后,助教需适当总结后给出自己的评分并主持"生生互评"环节。教师会根据课堂教学内容设置相关思考题,比如,"处在行政交界的地区,经济发展普遍比较落后,可能的原因是什么""解读一份具体的已实施的规划并着重分析其编制背景、实施过程、作用与效果"等,小组也可以自选感兴趣的主题进行分享。通过组内研讨、班级讨论、生生互评等方式激发学生主观能动性,活跃课堂氛围,强化理论认识。

(二)积极参与课堂,协助提高教学质量

作为助教,不仅是协助教师进行教学工作,更需要具有一定的专业素养,平时需要多钻研多思考。对于所参与的课程必须有较深的了解,这样不仅是为了更好地应对学生答疑工作,更是为了清楚了解学生学习过程中需要把握的重点及可能遇到的难点和疑惑。课堂上及课后,助教需要给学生进行力所能及的答疑,答疑的时候,抱着学习的态度与学生进行讨论,并把一些共性的问题集中向教师反映,认真听取教师的解答并及时反馈给学生。

由于助教也需要积极参与到课堂和各种小组讨论及相关教学过程中,会自觉地站在教师的角度对学过的知识进行重新归纳和整理,通过与教师、学生频繁、平等的相互交流,对所学内容的理解不断加深。这个参与过程既能丰富助教的知识储备,也能从多个角度学到许多知识和经验,这种不断地学习、参与、交流与合作,也能为助教今后的工作和学习奠定更加扎实的基础。

四、专业学术训练中研究生助教的促学作用

国民经济管理这门课程具备的综合性特点很适合进行学术训练,有利于学生学好计量统计,深入了解国民经济。该课程对学生的学术论文训练采取讲解+分解写作训练+评阅三合一的模式,让学生根据自己的专业兴趣,有方向有条理地训练自己的论文写作能力。按照论文写作的三个主要步骤,分为文献综述练习、开题报告练习、完整论文写作三个阶段进行训练。①文献综述练习:旨在促进学生在现实问题分析中进行经济学理论学习,引导学生关注中央经济工作会议、重要经济政策和重大经济事件,塑造整体宏观思维。②开题报告练习:要求学生在前期查阅大量文献的基础上,结合具有中国特色的国民经济管理实践,聚焦问题,深入研读文献。③完整论文写作:要求学生深入思考和分析要研究的问题,结合前期的积累和顶级期刊论文的学习,完成一篇结构完整、逻辑清晰的论文。助教在其中的主要工作包括作业收集与评阅、作业总结

与反馈、针对学生问题进行答疑和引导、协助开展学生开题工作等，在完整的学术训练过程中辅助教师提高教学质量，帮助学生提高学习成效。

（一）作业收集与评阅

借鉴国外大学的做法，所有的作业按规定格式发到公共邮箱，既方便教师和助教查阅管理，也方便学生参考其他同学的作业，对比体会，交流互鉴。每次作业写作周期是四周，由教师提前布置并讲解相关要求、各部分安排和写作思路。助教需要将作业要求完整传达给全班同学，并在截止时间前提醒学生按时提交作业，起到督促作用。事先发放作业的评分标准，用于学生自检。助教根据不同阶段练习的要求，分享三至四篇优秀学术论文到班级QQ群，方便学生课后进行针对性回顾学习。学生提交作业后，由助教在公共邮箱进行下载、整理和评阅。

在作业评阅的过程中，助教需要保持公平公正的态度，以评分标准为基础，并及时与教师沟通作业评阅进度，帮助教师了解学生各次作业情况，同时积极寻求教师对于作业批阅的建议。助教在批阅学生的每一份作业时，会在电子版文件上进行仔细批注，方便学生更加清晰地认识到不足。在评阅文献综述作业时，助教主要关注学生的研究主题是否符合宏观经济研究范围，同时关注是否立足现实经济社会、能否针对所要研究的问题进行综合性介绍和阐述、有没有追踪相关领域的前沿研究等；在评阅完整论文时，助教主要关注学生的论文结构严谨性和逻辑性、语言表达是否流畅、上下文是否连贯、对文献的分类归纳是否有条理性并能支撑文章主旨、能否基于足够的理论分析提出合理假设、能否利用实证研究对前文假设进行检验、能否在研究后提出恰当建议等。另外，还需要关注论文的基本格式、学生的学习态度及工作量等基本问题。这一过程对于助教同样是一种锻炼，通过仔细浏览、批阅、总结学生的论文作业，助教不仅能够对经济学不同领域的研究有所了解，也能够对自身的论文写作进行自省自检，并进一步夯实写作能力。

（二）作业总结与反馈

学术训练主要是为了促进学生综合全面发展，理论知识学习与社会问题研究并重，培养学生独立自主开展研究的能力。助教除了安排学生有顺序、有步骤地完成学术论文写作，更重要的是针对学生的问题进行指导和总结，及时有效地帮助学生修正、完善和进步。

对于每次论文作业，助教会在保证评阅质量的同时提高速度，争取在下一次作业发放前完成评阅工作并给予学生反馈。针对不同作业要求，和学生作业完成的差异性，助教对评阅情况进行总结，包括分类整理作业中常出现的问题、需要改进的重点和建议、每份作业的详细评价，以及作业得分情况汇总等。助教将作业详细评价和得分情况等文件共享在班级群，以便学生后续查阅。为了促进学生之间交流学习，助教会将得分较高、论文完成较完善的几篇文章标注出来，供大家学习参考。同时，在课堂上，助教也会就作业评阅情况进行分享和讲解，帮助学生厘清问题，明确和完善研究方向。此外，由得分较高的一到两个学生上台进行论文展示和经验分享，学生可以就写作中的困难和疑惑进行提问，通过课堂讨论加深对于学术研究的认识。

（三）协助开题与答疑引导

开题报告练习是后期完整论文写作的一个导入。在前期文献综述写作的训练后，学生研读了大量文献，对于某一研究领域有了一定了解。开题报告练习则需要学生聚焦问题，可以是某个现实社会的痛点，可以是当前文献研究的某个关注点，也可以是自己基于现实发现的某种现象，在总结和评述前人研究的基础上，明确论文写作思路和研究方法。学生首先要自主完成开题报告撰写，然后逐个向教师进行汇报和展示。助教会根据教师的时间安排，选取几个合适的时间段，汇总成开题报告时间安排表，采用群文档共享编辑，由学生根据自己的课程安排，自行预约相应时间进行开题报告汇报工作。每位学生带上开题报告纸质稿，依次进行汇报，简单阐述自己的研究内容和研究安排，时间不超过15分钟。在进行汇报时，教师会根据每位学生的研究提出问题、建议，并进行评分，由助教进行记录和总结，形成开题报告评价表，上传到群文件以供学生参考和互鉴。开题报告一次通过的学生可以随即开展完整论文的写作，部分学生需要进行修改并重新汇报。这一学生汇报、教师点评、助教记录的开题过程，有利于加强师生双向交流，有针对性地解决学生的问题，提高教学质量和学术训练成效。

把论文的各部分拆开在一学期内完成练习，每次写作前由教师详细介绍这部分的内容和写法，由助教在群里罗列写作要求和写作具体做法，力求详尽具体，使学生得到正确的指导，克服遇到论文无从下手的畏难心理。在这个过程中助教会积极促进师生双向沟通，帮助教师完善教学设计，帮助学生解决实际问题。针对不同学生的具体问题，助教会在查阅专业文献和咨询教师的基础上进行解答，帮助学生聚焦研究主题、找准研究方法、规范论文写作，引导学生更多关注国民经济现实问题，更多思考国家宏观调控战略。

课堂结束时，助教向每位学生发放学生意见反馈表，匿名收集学生对于课程融入学术训练的建议，以期在未来能够进一步完善课堂建设，提高教学效果。总的来说，经过一学期完整的系统性学术训练过程，在提交期末论文时，大多数学生表示对论文的理解更上一层楼，并且对深入研究抱有很大的兴趣。

五、研究生助教工作中发现的问题

国民经济管理这门课程内容丰富、形式多样。在课程学习的各个阶段，学生都十分积极和勤奋。完整参与整个课程教学协助工作后，针对发现的问题作如下总结：

沟通方面，学生同教师进行交流的积极性和主动性不足。部分学生是由于自身性格和学习习惯，还有部分学生是受到"畏惧教师"这一固化思维的影响，不愿主动与教师交流。此外，学生很少直接表露自身的学习需求和想法，课堂上与教师的互动不足，这样难以让教师根据学生需求和建议进一步完善教学。

小组展示和课堂讨论方面，生生之间、小组之间缺乏交流互动。小组分享展示时，内部成员间的分工和协作没有很好地体现出来，其他学生对于提出质疑和问题也持保守态度，围绕论题进行的交流和研讨不够多，不够深入。课堂讨论时，仍有部分学生没有参与进来。

学术训练方面，学生在文献综述和论文写作方面仍然存在一定问题。比如，如何围绕所选题目有选择有方向地深入研读现有文献，如何有逻辑有条理地对相关文献研究进行概括总结和评述，如何在前期范围较广、内容较杂的文献综述上进行问题聚焦，如何针对核心问题设计整体框架并开展研究，如何从整体上把握核心问题的系统性研究，如何利用数据进行实证来检验理论猜想等。这可能是因为学生对于专业理论知识的认识不够深刻，对于经济社会的现实情况不够了解，难以将理论知识与现实情况很好地结合在一起，同时缺乏专业学术写作的练习。

六、结语

国民经济管理课程具有系统性、多样性、开放性和前瞻性等特点，能够有效提升本科生的理论和实践能力，研究生助教在其中发挥着重要作用。为了进一步激发学生的主动性、能动性和积极性，提升教学质量和学生学习成效，助教在巩固和完善教学教案、学术训练的同时，还要进一步加强师生之间的沟通，发挥桥梁作用，将学生的需求和教师的要求结合起来，推动教师与学生之间形成良性有效的沟通，使教学获得事半功倍的效果。针对学术论文写作方面的问题，课前要激励学生更多、更深入地浏览文献，加深对专业领域的认识；课中采取问题导向式教学，引导学生将理论结合实际，启发学生开拓思维；课后鼓励学生积极同教师与助教交流，助教应关注学生的学习进度，并耐心解答学生在课程学习和论文写作中遇到的难题。

参考文献

[1] 苏彦捷，方方，邵枫. 教学相长："助教—助学"人才培养模式的探索与实践[J]. 中国大学教学，2022（7）：15-21.

[2] 翟月，许丹东，陈洪捷. 如何有效发挥研究生助教制度的功能？——基于加州大学洛杉矶分校的案例分析[J]. 江苏高教，2022（4）：61-66.

[3] 张嫣，郑鸿鹏，刘美君，等. 研究生助教在本科在线教学中的作用探讨[J]. 高等工程教育研究，2021（S1）：88+114.

[4] 施晓秋. 以教研教改促进专业内涵式发展与人才培养[J]. 高等工程教育研究，2021（2）：69-74.

[5] 李礼. 从"助学"到"培养"看我国高校研究生助教制度的转变[J]. 大学教育，2020（9）：176-178.

[6] 韩芳明，孙傅，董渊. 基于研究生教学能力提升的助教制度改革探析[J]. 学位与研究生教育，2020（1）：47-52.

[7] 阚斌斌，林荣日. 研究生助教培训工作运转状况研究[J]. 学位与研究生教育，2018（12）：50-55.

[8] 范文鹏. 我国研究生"助管、助教、助研"工作探微[J]. 教育与职业，2016（14）：113-114.

[9] 史少杰. 国外高校研究生助教培训机制及启示[J]. 当代教师教育，2015（4）：60-64.

[10] 冯菲，范逸洲. 高校研究生助教工作职责及培训需求的现状调查——以北京大学为例[J]. 学位与研究生教育，2014（8）：32-38.

[11] 段俊霞，潘建屯. 研究生助教：如何能有效"教"与"学"[J]. 研究生教育研究，2013（2）：53-57.

[12] 徐萍，张菊芳. 高校研究生助教制度的现状、问题与对策[J]. 江苏高教，2009（3）：57-58.

国民经济管理专业的课程学习收获与成长

胡 珊 陈 欢[*]

摘 要：国民经济管理是一个将经济学与管理学相结合的专业，培养具有较强宏观分析与决策能力的复合型人才。本文从国民经济管理专业已毕业本科生的视角出发，从学习目标、专业课程学习、课程学习收获、对专业建设的建议四个角度出发，对专业的本科培养过程进行一个简要的梳理和总结，并结合国民经济管理课程学习过程以及本科教育的其他课程情况对本科教学提出几点建议和思考，为提升本科教学和人才培养质量提供参考和借鉴。

关键词：国民经济管理；课程学习收获

一、引言

国民经济学是专门研究国民经济系统运动与变化规律的学科，涉及总量和结构、运行和制度、政策与战略规划等"高层次、宽领域、广视角"的内容。掌握国民经济学专业知识，将有助于我们更深入地了解纷纭复杂的国民经济现状，了解国民经济运动的本质规律。理论上，我们能更加清楚地掌握国民经济运动中不同子系统之间的各种关联。实践上，通过对国民经济展开专业研究，我们可以对社会主义国民经济工作作出全域性、综合型、前瞻性的对策性研究工作，以推动全面深化改革与经济高质量发展。在世界经济新常态下，我们必须重视我国经济系统的实际情况，更加关注社会宏观问题，加强对国民经济方面的理论分析，才能更好地为社会实际经济运行状况服务。

国民经济管理课程是国民经济管理专业的基础课程，对于学生专业技能的培养具有重要意义。学习国民经济管理课程，既有利于我们从总量、结构、调控和发展的角度研究国民经济管理的任务与手段，又能构建出国民经济管理体

---

[*] 作者简介：胡珊（1997—），四川大学经济学院国民经济管理专业2015级本科生、2022级博士生。陈欢（1998—），四川大学经济学院国民经济管理专业2016级本科生、2021级国民经济学专业硕士生。

系的框架与内容。同时，经过规范的研究工作，结合应用统计、测量和数学手段，可以增强自身研究问题和解决问题的意识与科学能力，培养"求真务实，笃学践行"的学术精神，为今后的科研与工作打下基础，这为国民经济学专业学生专业素质的培养提供了重要助力。

为了促进国民经济学科的创新发展，服务国家新时代学科建设，本文基于国民经济管理专业已毕业学生的视角，拟从国民经济管理课程目标、学习内容等方面探讨国民经济管理的课程体系建设，并结合具体学习实践中的收获提出关于国民经济学本科教学的思考和建议。

二、国民经济管理课程学习体系

（一）课程学习目标

国民经济管理专业的培养目标：培养具有经世济民情怀与国际视野，掌握扎实的经济学与管理学基础知识，能熟练运用现代经济学分析方法，具有较强的宏观经济分析与决策能力，熟悉中国经济运行与改革实践现状，能继续在高等教育机构深造或在政府部门和企事业单位从事经济分析与决策等工作的高素质经济学专门人才。

根据专业培养方案以及个人学习要求，我们的学习目标主要包括以下几个方面。

1. 掌握马克思主义经济学、现代西方经济学的基本理论和分析方法

马克思主义经济学和现代西方经济学是经济学专业的基础性学科，也是所有经济学专业学生要掌握的必修课程，其理论和分析方法具有基础性和一般性。希望通过学习可以掌握马克思主义经济学、现代西方经济学的基本理论和分析方法，不仅要在课程学习中过关，更要掌握其中的经济学原理和分析经济问题的逻辑，形成经济学分析的思维方式以应用于后续的学习和现实问题的分析。

2. 掌握国民经济管理的基本知识和专业技能

国民经济管理既是我们的专业也是我们的必修课程，专业学习中不仅要掌握这门课程的基本内容与分析方法，还要掌握宏观经济学、微观经济学、财政

学、管理学等学科的基础知识，打下扎实的专业基础。同时要熟悉我国国民经济的运行历史和调控过程，了解国民经济管理知识的运用方法，掌握专业技能。

3. 了解学科发展动态和理论前沿

任何学科都是不断发展和进步的，随着时代的发展，一些理论在当下可能不具有适用性。进行专业学习，必须了解学科的发展动态和理论前沿，不断更新我们的知识储备，掌握最新研究进展，与时代保持同步。

4. 熟悉国家经济政策和运行状况

国民经济管理专业培养目标要求我们具备较强的宏观经济分析与决策能力，而了解国家经济背景是进行经济分析和决策的前提，因此熟悉国家经济政策和运行状况也是我们学习的基本要求和基础目标。

5. 掌握统计、计量等方法，具备一定科研能力

在国民经济分析中，我们不仅需要从理论的角度对现有问题进行解释和判断，还需要用到统计、计量等实证方法对数据进行计量建模和实证分析。因此需要掌握统计、计量等方法，提高我们分析问题和解决问题的能力和科研水平，为以后的研究和工作打下基础。

（二）课程学习内容

国民经济管理的课程具有多样性和综合性，此部分将以国民经济管理这一专业课程为例，对专业课程学习进行介绍和梳理。

安排在大三上学期的国民经济管理课程以国民经济整体为研究对象，是一门富有社会主义特色的宏观经济管理学科。这门课程主要分为两个方面：一方面是国民经济管理相关的专业知识，我们从总量、结构、调控和发展的角度学习国民经济管理的任务与手段，构建国民经济管理体系的框架与内容。另一方面是在教师的指导下，我们进行规范的学术写作训练。在确定论文选题后，我们从文献综述到理论模型，再到实证分析，不断修改打磨，最终完成一篇专业扎实、格式规范、思路清晰的学术性论文。接下来将从这两个方面的具体学习过程展开描述，以解释为什么国民经济管理这门课程为本科生毕业论文写作打下基础，并对研究生阶段的专业选择和学术训练也产生影响。

1. 专业知识学习：理解国民经济运行机制

在国民经济管理的课程学习中，我们从国民经济系统与管理体系、国民经济运行的需求动力与需求管理、国民经济运行的供给推力与供给侧结构性改革、国民经济宏观调控和国民经济微观规制五个篇章展开学习。

在每一章节开始前，我们将西方经济学宏观部分中已经学习过的基本概念的回顾引入对国民经济管理相关理论的学习中。在专业知识的学习过程中，我们对理论模型展开梳理，结合我国实际经济运行过程中的案例，进行理论与实践结合的分析。在"出口需求"一章的学习中，我们先针对国际贸易理论体系展开回顾，按照理论发展的时间顺序，对古典国际贸易理论、现代国际贸易理论和现代国际贸易理论进行梳理，探讨了绝对优势理论和比较优势理论的联系与区别，分析了要素禀赋理论的进步与局限，解释了里昂惕夫之谜，研究了产业内贸易理论、国家竞争力理论对各国经济发展的指导意义。在清楚了进出口总量、结构及其与社会总供求的关系后，我们针对中国对外贸易展开讨论：自1978年以来，伴随着对外开放的不断扩大和经济的持续增长，我国对外贸易得到了快速发展，而我国贸易依存度高和中美贸易争端等现象又反映出贸易政策利益分配的问题。

2. 小组讨论学习：学以致用、学以反思

在国民经济管理这门课程的学习中，教师针对每一个专题，提出"政府投资是否会挤占民间投资的空间""减税减费的意义与难点"等一些有趣的问题。同学们针对这些问题，进行小组内部的讨论和小组间的交流分享。只有足够的内容输入才能够实现内容输出。

就专业知识和同学、教师展开交流，这就要求我们既要对以前所学的知识有足够的熟悉度，也要对实际宏观经济运行有足够的了解。因此每次讨论前，我们都会大量阅读相关的资料和文献，形成论点，整理论据。每一次课堂讨论，各小组成员都充分准备，从资料收集、观点形成再到课堂上与其他同学分享，不断丰富完善知识体系，这使得同学们学习的主动性和积极性都得到了提高。

"知者行之始，行者知之成"，通过理论体系与实践案例讨论结合的学习方式，我们在宏观政策实践和微观规制多个层面对国民经济管理运行有了深刻理解与把握。

3. 完整学术训练：提升创新精神与科研素养

国民经济管理的课程论文写作要求是选定题目，然后针对该题目，首月完成一篇文献综述，次月完成一篇理论与实证型论文，最后提交一篇完整规范的科研论文，并进行查重和期末结题答辩。这对初入大三的学生来说，是一个巨大的挑战，但也是因为这一学期的不断努力，我们开始理解科研的严谨与严肃，也从中找到了学术研究的乐趣与意义。

选题结束后文献综述部分是最让同学头疼的一部分。毕竟大量的阅读论文并进行观点的归纳整理与评述，确实让刚进大三的学生一筹莫展。针对于此，教师在课堂上对文献综述的要点展开了讲解，同时对同学们可能遇到的难点进行了解答。比如，选择高质量文章时既可以通过文献索引进行检索，也可以通过一篇高质量文章的参考文献，寻找到更多经典的有权威性的文章；在文献综述的写作时，对于大量文章的观点不应该只是整理堆砌，而应该梳理出研究脉络和观点层次来；文献综述既要"述"，更要"评"，不仅要勾勒既有研究传统的轮廓，还要对既有研究进行评述，以阐明自己所做的研究和既有研究的关系，归纳出自身研究的意义；同时在写作文献综述时还要注意表达自然和流畅、引用格式的规范与严谨，做到条理清晰和逻辑自洽。在教师的指导下，我们选择了从个人效用最大化入手，结合宏观层面的养老保险制度，分析各行业从业人员的最优退休年龄。文献综述部分，我们梳理了延迟退休是否有利于弥补我国养老金缺口的国内外研究，并对已有最优退休年龄的测算方法进行归纳，在文章最后结合自己的理解做了一点评述，发现在已有的测算最优退休年龄的研究中，考虑较多的是地区差别和性别差异，而忽略了劳动的异质性。

在理论和实证分析部分的写作中，教师在课堂上强调要做到理论基础的支撑有力、影响机制的梳理清晰、实证检验的科学严谨。这应该算得上是我们本科阶段第一篇运用计量知识写出来的文章，从数据的收集到整理，从模型的回归到稳健性检验，既要厘清楚理论机制，又要不断提高计量水平，这个过程进度很缓慢。针对选定的论文题目，我们通过构建涵盖工作状态和退休状态的两状态模型，构建基于个人效用最大化角度的最优退休年龄模型。再考虑不同行业的具体情况，测定不同行业的最优退休年龄。

在结题答辩之前，需要将前两次的文章写作内容进行合并与梳理，完成一篇结构完整、逻辑清晰、符合规范的论文。怎么进行结题答辩，如何在五分钟的时间里展示好文章的创新和亮点，又是一次全新的尝试。我们通过与教师面对面的沟通，得到了宝贵的点评与指正，比如，可以用三期迭代模型丰富理论基础，政策建议要与研究结论相契合等。

这一系列完整的学术训练让我们完整、深刻地理解了科研写作工作所必须具备的敏捷的思维、严谨的态度、创新的精神，不断促使我们在之后的学业中有意识地磨砺自己、勤勉奋进。

三、国民经济管理课程学习收获

国民经济管理课程既督促我们温习总结了前面两学年所学的专业知识，也推动我们不断学习提升写作能力和实操技能。在十七周的课程里，完成了文献综述、实证分析、主体论文三篇相对规范的经济学论文成果，成为专业学术练习的起点；系统学习了中国宏观经济管理的理论体系与实践历程，奠定了研究生阶段学业选择的方向；深刻理解了科研工作的"求真务实，笃学践行"，激起了我们在学业中"慎思明辨"的动力。

（一）具备独立完成标准学术论文的能力

在学习国民经济管理这门课程之前，作为学生，我们更多是在进行内容输入，在学院科学的培养计划和教师尽心的教学安排下，我们系统学习了西方经济学、政治经济学、国际经济学和计量经济学等专业课程。在进入大学之后，我们不断对经济知识进行储备和积累。国民经济管理课程上的学术训练，就像是大学途中的一场中期检验，这场检验的前半场是知识的不断输入，而下半场是知识的输出。我们要在继续进行积累和学习的同时，开始独立的思考，找到自己感兴趣的方向，展开深入的研究，并形成新的成果。这个过程既新奇又具有挑战性，我们学会了如何去查阅论文，如何在已有的研究中发现还可以再深入讨论的话题，如何运用大量的理论来阐述作用的机制，以及如何用科学严谨的实证结果来支撑假设的成立。一篇学术论文的完成，背后是大量的文献阅读、经典理论的研究分析、计量水平的不断提升与强化。一篇合格的论文，其基本格式、文章内容、参考引用等各细节都要具备规范性和科学性，这是对科研的尊重，也是对学科的敬畏。

（二）掌握国民经济管理体系的专业知识

在国民经济管理这门课上，我们对供需管理做了更系统的学习和研究。不同于西方经济学（宏观部分）中多为公式的推演和数学的分析，国民经济管理课程在理论体系的基础上，结合经济发展中的具体实践，将课本知识落实到实践中，用经济发展中的数据指标和政策演变讲述了一个又一个绘声绘色的经济故事。例如，我们从成都 18 号线的建设了解 PPP 模式的优缺点，从 2008 年之后中国三次明显的"加杠杆"讨论健全货币政策与宏观审慎政策双支柱调控框架的原因。这一系列经济事实和理论研究相结合的学习过程，让我们更加深刻地理解和把握了我国宏观经济管理的变化与发展。

（三）确定未来的研究方向

国民经济管理这门课程中的学术训练为本科生毕业论文写作打下了坚实的基础。在毕业论文选题时，我们想要继续深入研究与退休年龄有关的话题，于是根据教师的建议，将健康因素、人力资本等更多的个人特征纳入三期迭代模型中，以更加符合客观事实。然后通过建立养老金支付模型，从社会效用角度进一步研究各行业采用最优退休年龄对弥补养老金支付缺口的正向效应，并选择了更具科学性的代理指标和实证方法，高质量地完成了本科毕业论文。同时，这门课程也让我们对国民经济学产生了浓厚的兴趣，坚定了研究生阶段想要继续在宏观经济分析与调控领域进行学习的信心。

虽然在这门课程上提交的是一篇不成熟的论文和一张期末考试的答卷，但在这个过程中我们锻炼了严谨扎实的学习能力、踏实勤勉的学习态度、博学慎思的科研精神，获得了清晰而又深刻的成长。

四、国民经济管理本科教学的改革思路

通过四年本科教育的培养，我们的专业素养和个人能力上都得到了很大提升。但是从亲身的教育经历来看，我们认为本科的教育还存在一些问题和值得思考的地方，以下提出几点建议以供参考。

（一）开设更多前沿课程

本科阶段的课程多以专业理论课程为主，理论课程是经济学学习的理论基础，对于经济思维和经济学直觉的培养非常重要，但是课本上的经济理论较为经典，与前沿的理论和分析方法存在较大差异，仅依靠书本理论的学习会限制学生的知识视野和对经济学的看法，与现实研究脱节。而在实际教学过程中，许多课程的教学中并不涉及前沿问题的分析，只有一部分教师会在课堂中就部分问题展开一些讨论，与学生交流前沿动态和观点，学生在课堂中对于前沿问题的了解比较碎片化，缺乏系统性。开设前沿课程有助于丰富学生视野，使其

了解到学科发展动态，跟上学科发展的步伐，提升学习兴趣。

在我们的本科学习期间，学院也开设了一门专门的前沿课程，上课形式为多个领域的教师轮流上课，为学生介绍各自研究领域中的前沿方法和所研究的问题。这种上课形式的好处是，学生可以通过一门课程的学习，对多个领域都有所了解。但是，正是因为上课教师和涉及领域较多，每位教师的授课时间有限，在一堂课的时间内只能进行基础性的介绍，难以对该领域进行深入且系统的讲解，学生对于前沿问题的了解只是停留于表面，难以产生进一步深入研究的兴趣。因此，建议能针对不同研究领域开设更多前沿性课程，形成系统的授课方式，让学生对前沿问题进行深入了解和学习，紧跟学科发展动态。

（二）增加学术训练过程

在本科学习期间我们发现，除了国民经济管理这门课程教师会对大家进行学术训练外，其他的课程几乎都没有学术训练要求。虽然上课时感觉课堂任务较重，但是一学期结束后，也觉得自己收获了很多知识和技能，学术研究和论文写作能力有很大提高。特别是在写本科毕业论文的时候，我们发现相比于其他专业没有进行国民经济管理这门课学术训练的同年级同学，我们在论文选题、分析和写作过程中会更加熟练。因此，增加学术训练对于学生是有价值并且有必要的。

虽然每个人的人生选择不同，只有一部分人毕业后会继续深造，而有些人毕业后直接工作，不需要进行学术研究，但是学术训练也是锻炼一个人发现问题、分析问题和解决问题能力的一个过程，不管是在以后工作还是科研中都需要具备这一能力。很多课程都会以完成论文的方式进行过程或者期末考核，但是由于选课人数较多，教师难以对学生进行一对一辅导和修改，并且大多数课程论文只是专业课程学习中的一个补充训练，考核学生论文的专业性和学理性要求不是很高，大多数学生只是通过查阅资料、搬用他人观点等方式完成课程论文，对问题缺乏思考，所以对学生的学术能力水平提高作用有限。虽然我们专业的学生会在国民经济管理这门专业课上接受教师的学术训练，但是在本科四年的过程中只有这一次学术训练，也是不够的。并且，教师在上专业课程的同时对学生进行完整的学术训练，需要花费大量的精力，导致任课教师课堂任务过重以及学生在一门课程中的学习任务过重。因此，建议在课程教学中开设专门的学术训练课程，提高学生学术水平和研究能力。在此过程中，不仅要引导学生选题、分析和写作过程，还需要提高学生使用计量软件的能力，如运用Stata、Matlab、R等计量软件，构建模型进行实证分析，熟悉论文写作的全部过程。

（三）加强学生与教师的互动交流

读研以后我们才发现，本科阶段学生和教师之间的互动是不够的，而师生之间的互动交流是非常重要的。研究生有自己的导师和师门团队，上课小班化，跟教师之间的交流机会很多，在互动交流中收获颇多。而本科生由于人数比较多，没有专门分配导师，课堂上人数也较多，与教师互动的机会相对较少。大多数同学都是处于去教室里上完课就结束的状态，对教师的接触仅限于课堂，私下与教师之间的沟通交流较少。教师也由于事务繁多，对学生不太了解，所以平时与学生主动交流的机会较少。建议缩小课堂规模，上课更加小班化，多设置课堂讨论环节，增加课堂上师生的互动机会，或给出开放性题目，采取小组形式，让学生自己讨论，教师参与讨论并点评，提高学生的课堂参与度。学院也可以多组织实践活动或本科生参与的课题项目，由教师带队，组织学生完成项目，在实践中增加学生与教师的互动交流。课堂之外也可以采取线上线下相结合的方式，鼓励学生主动找教师交流。

参考文献

[1] 黄双鹤. 网络环境下大学英语教改实践与分析 [J]. 才智, 2022 (20): 90-92.

[2] 张文嘉. 高校教研教改的现状及工作质量提升建议 [J]. 现代职业教育, 2022 (12): 163-165.

[3] 王艺璇. 新闻短视频与专业教改的融合探析 [J]. 新闻研究导刊, 2022 (5): 196-198.

[4] 朱萍, 张立亚, 刘德周. 教研教改成果应用于教学的路径探索 [J]. 中国高等医学教育, 2022 (2): 65-66.

[5] 陈宇. "互联网+"时代物流专业教改分析 [J]. 中国新通信, 2021 (23): 151-152.

[6] 殷君芳. 新教改形势下高等数学课程的评价模式探讨 [J]. 理科爱好者（教育教学）, 2021 (5): 1-2.

[7] 施晓秋. 以教研教改促进专业内涵式发展与人才培养 [J]. 高等工程教育研究, 2021 (2): 69-74.

关于国民经济管理专业中学术训练的收获与思考

张雨婷*

摘　要：学术训练是国民经济管理专业培养的重要一环，能有效培养学生的多种能力。本文以国民经济管理专业本科毕业生视角，结合研究生阶段的学习体会，从学术训练角度，分析了本科专业教学对于学生行文格式与学术规范、论文选题、文献综述、理论基础、计量模型五个学术重要方面的影响。同时，也对本科教学提出了两点建议，期望能为本科专业学术教学建设提供参考。

关键词：国民经济管理；学术训练；专业学习

一、引言

国民经济管理主要研究经济学、管理学方面的基本知识和技能。国民经济管理专业培养目标：培养具有经世济民情怀与国际视野，掌握扎实的经济学与管理学基础知识，能熟练运用现代经济学分析方法，具有较强的宏观经济分析与决策能力，熟悉中国经济运行与改革实践现状，能继续在高等教育机构深造或在政府部门和企事业单位从事经济分析与决策等工作的高素质经济学专门人才。

学术训练是国民经济管理专业培养计划的重要一环，训练学生针对现实问题，应用基础理论知识和现代经济学分析方法，提出对策和建议的能力。这也是本科学生完成从"接收知识"到"输出结果"转换的过程，在培养本科学生探求真理、强化社会意识、进行科学研究基本训练等方面具有不可替代的作用。

---

* 作者简介：张雨婷（1999—），四川大学国民经济管理专业2017级本科生、2021级国民经济学专业硕士生。

作为一名国民经济管理专业本科毕业生和国民经济学专业的硕士二年级在读研究生，我正处于学术道路上探索的阶段，回顾本科国民经济管理专业的学习，我发现学术训练是国民经济管理专业的专业特色之一。而本科的专业学习和专门的学术训练给我带来了很多积极影响，正因为有在国民经济管理专业的学术训练，我才能更加从容地完成本科毕业论文，再平稳过渡到硕士阶段的科研与学习。但同时，当面临很多科研难题时，我也会反思本科时的专业学术训练是否有提升空间。

因此，本文将以学术训练为主题，讨论我在国民经济管理专业学习中的收获与思考。

二、学习与收获

学术训练不仅在于完整论文的输出，更在于专业基础的搭建，国民经济管理专业的学术能力的培养是贯穿本科的各类课程学习实践中的，而第一次全面完整的学术训练在大三上学期的国民经济管理专业必修课国民经济管理课上，同时我也在大三下学期选修了经济调查与论文写作。在这两门课程上，我受到了两次较为完整的学术训练，也分别完成了《非洲猪瘟背景下四川省猪肉零售价格成分分解实证分析》《数字普惠金融发展能缓解中小企业融资约束吗？——基于地区制度环境差异视角》两篇学术论文。

接下来我将以自己在这两门课程上的学习与体会为主，从行文格式与学术规范、论文选题、文献综述、理论基础、计量模型五个学术训练的重要方面入手，分享我在国民经济管理专业的学术训练感悟。

（一）行文格式与学术规范

学术规范指学术共同体内形成的进行学术活动的基本规范，行文格式规范是学术规范的一部分，学术规范是学术训练中最基础也是最重要的一点。一方面，若行文格式不规范，不符合读者一般的阅读习惯或学术排版要求，将不利于观点的输出；另一方面，若涉及学术不规范，甚至抄袭等学术造假问题，这样的后果非常严重，会对学术生涯造成毁灭性打击。因此，行文格式与学术规范训练是学术训练中最重要的一环。

在本科的学习中，从入学开始的第一门课程开始，教师都会教育我们要把学术诚信放在第一位，千万不能抄袭。同时，涉及期末论文的课程，教师也会统一格式要求，将格式规范纳入期末评分标准，引导我们遵守格式要求。

在国民经济管理课程的完整学术训练中，教师对我们的格式要求与学术规范要求更高，首先是要求论文格式遵守本科毕业论文格式规范，对题目、目录、摘要、字体字号、脚注等都有明确要求，这也让我首次见识到了学术的极其严谨；其次，对课程论文的查重率做出了较高要求，查重率是检测学术规范性的重要手段，抄袭、复制、转述都会使论文查重率达不到要求。因此，这要求我们必须完全吸收理论知识，将其转化为自己的观点与想法后再支撑起一篇论文。这样的转化过程对当时的我们来说是一个巨大挑战，但也让我们学会了如何在一篇规范论文中组织自己的观点。

（二）论文选题

选题对于一篇论文来说是极其重要的，选择的题目是否有价值，决定了后续的论述与结论是否有边际贡献。在本科专业的学习中，几乎在所有课程上，教师都教导我们要关注时事，同时为激励我们更好地关注、分析时事，也会不时地组织课程分享与小组讨论。比如，在大二下学期学习国际经济学课程时，正值中美贸易摩擦，教师在讲解赫克歇尔—俄林模型时，以中美贸易摩擦为例，从要素禀赋角度分析了中美贸易结构失衡问题，同时也让同学们准备了相关专题分享，在了解时事的同时，加深对理论的理解。

对时事的关注在于对宏观经济动向的敏锐察觉，这要求我们能了解各大会议决策及关注宏观统计指标。比如本科时，教师多次提到要关注我国社会主要矛盾的转向，这是重要的理论创新也是热点问题，如果从动态的视角来看，这也蕴含着"共同富裕"的发展战略，提前把握经济动向能很好地为我们的研究引领方向。同时，在很多课程上，教师会为我们展示各国GDP指标、进出口数据等，培养我们关注宏观指标的习惯。因为只有连续地关注指标，才能发现指标背后的经济故事，从而发现研究问题。

在国民经济管理课程上，由于正值非洲猪瘟蔓延，同时，四川省的生猪出栏量居全国首位，因此我选择了研究四川省猪肉价格问题。在经济调查与论文写作课程上，我从自己感兴趣的金融领域出发，发现"数字金融"为当时的热点话题，数字金融可能会对我国金融体系结构有整体性影响，同时，在疫情初期，必须考虑到疫情可能会对中小企业有较大冲击，因此我研究了数字金融对于中小企业融资的影响。虽然站在今天的视角看，当初的选题并不那么完美，但因为有教师对我们的循循善诱，我们在当时才能找到自己感兴趣的话题，完成自己学术论文的初次探索。

(三) 文献综述

文献综述训练在本科专业学术训练中是至关重要的一步，因为在本科生学术能力有限的情况下，充分学习和吸收其他优秀论文成果显得格外重要。

文献综述也是我们国民经济管理课程学术训练的第一个环节，在这个环节中，教师要求我们选定主题，阅读主题相关 30 篇以上的文献，并形成一篇文献综述，要求查重率在 10% 以下。通过这次训练，首先我学会了论文检索网站的用法，这不仅仅是随意搜索主题相关论文，而是需要通过引用率找到主题相关的经典论文，与领域内的学者达成学术共识；通过高级筛选找到主题相关的最新核心期刊刊载论文，了解对应领域的最新研究进展。

我也逐渐认识了文献综述的真正含义，不仅仅是照搬优秀论文的论点，更重要的是分类、归纳和评述。在教师的指导下，我分别综述了数字金融、企业融资效率及数字金融对企业融资约束的影响的文献，总结了在以往研究中发现的数字金融对企业融资约束影响的路径，发现现有文献很少从制度环境视角讨论该问题，因此我从该角度出发，研究了数字金融对于融资约束的影响。

(四) 理论基础

理论基础在本科专业教学中有着举足轻重的作用，也是本科阶段学术训练的重点。良好的理论基础是学术研究的基石，在具体的学术论文写作中，有利于我们在论文的理论基础部分搭建理论模型。

国民经济管理本科的核心课程包括微观经济学、宏观经济学、政治经济学、国际经济学等，西方经济学和马克思主义经济学为我们搭建了基本经济学框架，让我们对经济学有了初步的完整认识。

而到了研究生阶段，中级经济学和高级经济学这两门课程用更加严谨的方法证明了我们在初级经济学中学习到的理论，这也让我更深刻地认识到了本科阶段打好的经济学基础是多么重要，虽然很多初级经济学模型无法直接应用到学术论文中，但其中蕴含的经济学理念是贯穿始末的，很多理论的假设条件，都是我们以后在研究中破题或需要着重强调的关键。

(五) 计量模型与实证

虽然计量与实证并不是经济学论文的必要组成部分，但对于本科生和硕士生来说，计量与建模基础也十分重要。计量与实证不仅需要学生掌握建模软件的操作，更需要理解回归模型蕴含的数学逻辑。在本科的专业学习中，我们在大一学习了高等数学，系统学习了微积分、概率统计和线性代数等知识，在后续的计量经济学、金融时间序列、固定收益分析等课程中，我们学习了高等数学在经济学中的应用和建模软件的操作方法。这些课程搭建起了学生对于经济学中的计量实证的整体框架。

指标和数据库的选取也是实证的重要组成部分，很多经济学指标并没有直接的统计指标对应，因此需要选取代理指标。这要求我们大量阅读其他文献，查看常用的代理指标，同时结合自己论文的实际情况，分析在自己的讨论下能否应用该代理指标。除国家统计局外，也存在很多统计数据库，我们应该尽量选择有公信力的官方数据库。在课程上，教师也给我们介绍了一些常用的数据库，同时向我们传授了基础数据的处理方法。

在国民经济管理和经济调查与论文写作学术训练中，我分别应用 B-N 分解法处理了四川省猪肉价格时间序列，应用 GMM 模型处理了动态面板数据。然而我当时的实证模型也是有诸多不足的，在教师的指导下，我不断精进自己的模型，从指标和数据库选取、模型代码搭建等多个角度提升了模型。

三、思考与建议

本科阶段的学术训练让我能更加顺畅地从本科学习过渡到研究生阶段，但是在研究生阶段更高的学术要求下，我仍然在学术科研上遇到了不少问题，因此我提出如下几点建议，希望能对本科教学改革有所贡献。

（一）优化高等数学课程安排

我认为在本科经济学课程中的高等数学课程安排存在两个问题：课程安排太靠前，且深度不够。

首先，我们是在大一时分别学习了微积分、概率统计和线性代数，然而在大一、大二或是整个本科阶段，我们在经济学分析中应用到数学知识的场景都很少，在学习完成高等数学后，很多同学都遗忘了大部分知识。然而当进入研究生阶段的学习后，我们发现高级宏观经济学分析需要频繁使用到高等数学知识，在论文的理论分析阶段，很多时候也需要借助高等数学工具进行推导。在这时只能自学复习高等数学知识，有可能会使得部分同学理论模型搭建困难，或难以顺利推导出理想的结论等，给同学们的学术道路造成阻碍。所以，我建议可以适当延后高等数学的课程安排，或在大三、大四时适当安排高等数学的复习课，这能让同学们重新拾起数学工具，有利于大家进一步的学术研究。

其次，本科时学习的高等数学深度也有限，我们学习的是微积分（Ⅲ）、概率论（Ⅲ）和线性代数（Ⅲ），也就是高等数学中最简单的一版，然而有一种说法是"经济学的本质是数学"，在后续研究中，我们发现以前学习到的数学知识可能不足以支持我们完成更深度的模型推导与经济研究。比如，我们当时并未学习到差分相关内容，而在学习索洛模型时，需大量使用差分方程，这可能会对我们的研究造成阻碍。因此，我建议可以适当提升本科专业学习的高等数学难度。

（二）加强学术思维培训

虽然在本科阶段国民经济管理的专业学习中，有很多潜移默化的学术指引和大三时的完整学术训练，但在课程上教师很少会为我们展示一篇论文从一个想法开始，到形成一篇完整论文的全过程，而我认为这样全过程的展现对学生学术思维的建立是大有裨益的。首先，大多数本科生在学术研究上都是一张白纸，因此规范学术思维的建立尤为重要，若有经验丰富的前辈教师直接指导，为同学们搭建起学术思维框架，可以帮助同学们少走很多弯路；其次，很多同学刚开始接触学术研究，大多是为了完成课程作业，可能会在四处碰壁中失去对学术研究的热情，若教师能够为大家展示自己从一个想法开始到解决现实问题、完成学术论文的过程，可能会帮助同学们发现学术的有趣之处，从而建立起对学术研究的兴趣。

参考文献

[1] 刘国光. 经济学教学和研究中的一些问题 [J]. 经济研究, 2005 (10): 4-11.
[2] 曾五一, 肖红叶, 庞皓, 等. 经济管理类统计学专业教学体系的改革与创新 [J]. 统计研究, 2010 (2): 3-6.
[3] 陈丹丹. 大学生学术规范与学术道德认知研究——基于成都市高校的数据分析 [J]. 西南民族大学学报（人文社会科学版），2012 (5): 225-229.
[4] 吴汉洪. 高鸿业经济学教育思想述评 [J]. 教学与研究, 2021 (7): 104-112.
[5] 郑展鹏, 陈少克, 吴郁秋. 新文科背景下经济学类一流专业建设面临的困境及实践 [J]. 中国大学教学, 2022 (9): 33-39.
[6] 聂军, 代彬, 吴霞. 经济学研究生人才培养模式的文献综述研究 [J]. 公关世界, 2022 (17): 67-68.

国民经济管理专业课堂展示环节的现状与改进

王一丹[*]

摘　要：以小组为单位进行的课堂展示是国民经济管理专业相关课程"全过程考核"的重要环节，学生评价则是课堂展示最终评分所考虑的重要因素。本文基于国民经济管理专业本科生的视角，依据三种评分方式对课堂展示进行分课程概述，总结国民经济管理专业"全过程考核"特色。同时结合自身学习经历，阐述合作性、探究性、主体性这三个性质，梳理课堂展示与学生评价在学生自主学习与自我总结中的作用。最后针对课堂展示与学生评价的不足提出改进思路，为进一步提升"全过程考核"的质量提供借鉴。

关键词：课堂展示；学生评分；改进思路

一、引言

以小组合作协同为基础的课堂展示环节属于大学课程过程考核的常见任务，在四川大学国民经济管理专业课程中被广泛应用。教育部《关于加快建设高水平本科教育　全面提高人才培养能力的意见》第 12 条"加强学习过程管理"中强调了"严格过程考核"的重要性。在此文件的指导下，多年来，四川大学在本科人才培养中采用"全过程考核"的方法，健全学生学习全过程管理，提升学业内容挑战性，引导学生进行自主探究与能力提升。

四川大学国民经济管理专业的"全过程考核"具有多样化、双向化和数字化的特点，包含师生互动、案例分析和课堂展示等方式。课堂展示除学生展示还包括教师评价与学生评价两部分，展示小组的实际得分也由这两部分评价综合构成。其中，教师评价能够衡量课堂展示的专业性与综合完成度，学生评价则侧重衡量展示的通俗性与趣味性，同时其作为教师布置给台下听众学生的任务，学生可以带着任务有目的地调动已有知识储备与批判思考能力，深度参与

---

[*] 作者简介：王一丹（2001—），四川大学经济学院国民经济管理专业 2019 级本科生。

课堂展示环节。因此在理想情况下,课堂展示与学生评价结合的模式在促进学生主动学习、提高学生学习效果和提升学生团队合作能力与协调能力方面具有显著作用。

为了进一步提升学生课堂参与度,保障国民经济管理本科教学"全过程考核"的有效性与科学性,本文基于国民经济管理专业本科生的视角,讨论本专业不同课程中课堂展示与学生评价的开展情况,结合自身学习经历具体分析这一"全过程考核"方式,并提出相应建议。

二、课堂展示的分课程概述

(一)课堂展示环节概述

以国民经济管理2019级的课程设置为例,国民经济管理专业下设课程中,有6门课程的全过程考核中涉及课堂展示环节,分别是人力资源管理、产业经济学、国民经济管理、发展经济学、区域经济学、公共经济学(选修)。其他未采用课堂展示的课程如运筹学、国民经济核算、宏观经济模型分析与方法等,由于课程性质的原因,演算与数学推断比重较大,更强调模型与公式的运用,而题目选择、信息搜集与整合、演讲表达能力并非重点,故在此不予讨论。

课堂展示的主要流程为:学生分组,组内讨论,确立题目与分工,展示内容搜集、分析与整合制作,上台展示,点评与评分。对于"点评与评分"环节,不同课程所实行的评分规则也有所不同,主要有以下三种:一是教师单独评分,二是教师评分与助教评分相结合,三是教师、助教、学生三方共同评分。

(二)不同课程的课堂展示形式

这一部分讨论国民经济管理专业下设的包含课堂展示的课程,并依据不同的评分方式将课程分为不同大类,在每一大类中讨论不同课程的课堂展示形式,以及介绍其他特色。

1. 教师单独评分

发展经济学课程与公共经济学课程为教师单独评分。发展经济学课程各小组根据课程各个章节的主题自拟题目,虽然没有学生评分环节,但学生可以对展示内容进行提问，提问次数又与学生课堂表现相挂钩，以此保障听众（学生）的参与度。公共经济学的课堂展示主题由教师提供，考虑到这门课为全英文授课，提供题目能够适当降低展示的难度，使学生更容易着手准备；公共经济学的课堂展示与课后提问均通过英文进行，没有安排学生评分与助教评分，因为用英文沟通交流比较耗费时间，这样可以较为合理地协调教学内容与过程考核的进度。

2. 教师评分与助教评分相结合

产业经济学课程为教师与助教两方评分。展示内容为学生自拟题目，没有设置明确的范围与标准，学生展示完毕后教师与助教分别进行点评，评分由教师直接存档，不会当场反馈给学生。

3. 教师、助教、学生三方共同评分

人力资源管理、国民经济管理与区域经济学课程采用"教师、助教、学生共同评分"的模式。在"学生分组"环节，人力资源管理课程与国民经济管理课程采用学生自愿分组的方式，而区域经济学课程则另辟蹊径，将分组与"区域"的概念相融合，将学生按生源地所在区域进行分组，确保同一区域或相邻区域的学生在同一组内。区域经济学课程在分组之余还要求小组成员自行为小组命名，以笔者所在的2019级为例，让笔者印象深刻的组名是来自陕西和甘肃的"汉高"组，来自广西、广东与福建的"闽粤桂滇"组和来自内蒙古与东北的"一路向北"组，这些组名富有地域特色，让人耳目一新，有助于活跃课堂气氛。

在"确立题目"环节，国民经济管理课程与区域经济学课程都采用学生自拟题目的方式。国民经济管理每次用一个章节介绍国民经济的一个主题，同时依据"教师主讲，学生拓展"的思路，让所有小组依据兴趣选择任意一个章节的题目作为课堂展示的主题，进行深入研究。题目不可以被重复选择，这样就能保证每一个主题都能得到深入挖掘。课堂展示在一定程度上补充了主干课程的内容，并提供了学生视角下对课程内容的理解。而区域经济学课程中，按地域分组的作用在该环节得到了体现，每一组针对小组所在区域确定自己的展示题目，如"西安都市圈""'一带一路'倡议""成渝地区双城经济圈""广西经济发展受阻的因素"等。

在"点评与评分环节"，人力资源管理课程与国民经济管理课程采用爱课堂平台，每名学生都可以在平台上提交分数，最终经平均后生成学生评分。区域经济学采用以小组为单位评分的方式，经组内讨论得出分数，以组为单位提交评分。

三、课堂展示的教学目标与收获

第一，课堂展示环节能够帮助学生进行合作性学习与探究性学习，通过合作能达到"1+1>2"的效果。集体探究的方式能使学生在不断地提出问题与回答问题的过程中，对题目、对课程的理解乃至对个人思维模式形成螺旋式上升。在确立展示题目阶段，学生先通过广泛阅读相关文献资料寻找兴趣点，参与小组讨论时与同组成员交流自己选择某一主题的原因和对展示内容与展示形式的设想。在小组成员交流的过程中，学生可以从他人的发言与提问中获得思考问题的不同角度，发现自己现存想法中有所纰漏、难以实现的地方。这是一个跳出个人固有思维框架的过程，通过汲取小组其他成员的想法来拓展自己思考问题的角度，也是一个学习沟通技巧的过程。

以笔者所在的国民经济管理小组为例，我们选择了国民经济发展战略与规划章节。通过课堂学习，小组成员对我国国民经济发展规划体系有了初步认识，在课后，我们又各自展开了对国民经济和社会发展五年规划的深入学习，了解了五年规划的历史脉络与治国理政的经验总结。在课下小组讨论的过程中，组员一致认为现阶段大家所缺少的是对某一特定五年规划的案例分析，遂将此确立为课堂展示的主题。由于疫情原因，会议最终以线上的方式进行，但这并没有影响大家前期准备的质量和对待小组会议的态度。组员选择的规划时期都不尽相同，大家在线上依次阐述自己观点，畅所欲言。经过组员的激烈讨论，最终认为政策时间为 2006 年至 2010 年的"十一五"规划，横跨 2008 年全球金融危机，能够对规划措施及政策效果形成前后对比，是一个比较有趣的题目。通过本科阶段的课堂展示，笔者对题目的选择更加敏感，展示内容的专业性有所提高。最初，笔者只会通过文字性介绍与说理的方式向观众展示，但在教师点评与同学交流的过程中，笔者开始有意识地丰富所用到的实证工具，开始加入图表、数据与实证分析部分以佐证自己的观点。国民经济管理课堂展示中，笔者所在的小组为了使展示过程不至于太枯燥，加入很多自制的图表与地图，并统一配色，使整个展示 PPT 看起来更加直观且美观；区域经济学课堂展示中，笔者所在小组更是在与教师的积极沟通和交流后选择在展示中加入实证分析的部分，制作了长江三角洲内 16 个城市制造业的区位商，并进行逐年分析。

第二，学生评价环节是对学生主体性的认可，引导学生参与评价标准的确立，从而引发学生对学习过程进行自我诊断与自我反思。对于被评价者而言，可以将自我评价与教师和其他同学对自己的评价进行对比，从评价中获取信息，不断修正对评价标准的认识，对自己的课堂展示与学习状况进行阶段性调整；对于评价者而言，做出准确评价需要评价者在听讲时高度专注并消化演讲者传递的信息，将展示内容与所学知识建立连接，这一过程能够强化已有知识，拓展相关知识，学习演讲方式。笔者所在小组在国民经济管理课堂展示上并未获得同学们较高的评分，事后小组成员开会反思，认为我们在控制语速、解释经济含义和掌握演讲时间方面可以做得更好。而在发展经济学课堂展示中，有同学巧妙地在文献内容现状分析部分加入自己家乡的例子，使一篇理论研究的论文更加通俗易懂。

四、课堂展示环节的现存问题与改进思路

（一）存在教师指导缺位的情况，学生难以把握展示目的

在课堂展示环节，学生能够充分发挥主观能动性，但并不意味着教师只需要在展示结束后的点评环节参与即可。教师应当在小组准备课堂展示的过程中给予充分的帮助与支持，例如在展示题目确立的环节，教师可以和学生一起交流对题目的理解并探讨该题目的可行性，引导学生寻找较为合适的研究目标。另外，学生在选题时普遍存在选题过于宏大、不善于聚焦与挖掘的问题，教师可以进行适当提示，补充相关知识，协助学生形成对所选领域的整体概念，从而使学生能够熟悉选题过程，自主选择一个心仪且可行的题目。大部分课程的课堂展示都有清晰的意图与要求。换言之，课堂展示能够作为正式课程的一部分而不仅仅是一项过程考核，如分享与章节内容相关的文献与阅读笔记、分享具有地域特色的经济现象与经济政策所带来的影响、拓展课堂上略讲的知识点。但是，一些课程的课堂展示仍存在缺少明确意图的情况，学生没有意识到能向教师寻求意见与帮助，教师也未能提供针对性指导，双方只有在展示当天的点评环节有所交流。这样的课堂展示难以给学生带来持续性思考。

（二）学生评价素养有限，评分机制有待完善

国民经济管理专业下设很多课程的展示评价环节都包含学生评价，这是一个很好的尝试。学生对同伴的评语反馈的抵触更少，因此同龄人的中肯评价对

促进学习的潜力更大，且在为同伴评价的过程中，评价者的元认知技能与批判性思维能够得到提升。学生之间相互评价的机制无论对于评价者还是被评价者的学习均具有促进作用，但该机制在实施过程中仍存在一些问题。首先，将教师评价安排在学生评分之前不利于学生的自主思考，学生在已经知晓教师对于课堂展示的评价后，可能会由于教师的权威性，或是单纯由于懒得思考，而将教师评价作为重要的参考标准；其次，以小组为单位的评价机制难以调动所有学生的积极性，通常只有一两名学生愿意在讨论群中发布自己对于展示小组的评价分数；最后，学生评价只需要提交分数就能完成，达不到促进学生自主、深入思考的目的。

为解决上述问题，教师应当将学生评价作为教学的一个环节，教师提供相应的训练与易于理解的标准，引导学生对他人的课堂展示做出评价。学生评价过程也应当可视化，使学生的思考过程与评价理由能够体现；在接受了评价训练后，学生也应当参与标准制定，否则学生评价就只是为了获得平时成绩而评价，容易在受到教师评价或一些偶发因素影响的情况下作出判断，而不是依据合理的评价体系，经过理性思考而得出结论，最终使学生评价流于形式，失去锻炼的机会。同时，应完善分数申诉机制，做到分数透明化，方便学生进行成绩核对，提出质疑、进行讨论、共同进步。

（三）组内分工欠合理，存在"搭便车"的现象

课堂展示作为以小组为单位的团队合作项目，最终效果受每位成员态度的影响。小组成员的学习态度与对待展示任务的态度都是不同的，根据"木桶效应"理论可知，一个组织的劣势部分往往决定了整个组织的水平，具体来说就是课堂展示某一个很糟糕的部分会导致整个作品有很强的割裂感与拼凑感，从而拉低其他高质量完成部分的呈现效果。学生也都十分清楚这一点，以至于有些课上会形成另一种极端，成绩较为优秀的学生抱团组队，这种现象有违小组合作学习的初衷。组内异质性十分重要，在这样的小组中能够充分发挥合作互补的特点，使不同水平的学生在合作中相互促进，实现所有学生充分发展的目的，因此教师在引导学生组队时应注意平衡组内学生的水平与层次。

有些学生不积极参与小组活动，导致大部分任务集中在小组长或某几位学生身上，但由于课堂展示以组为单位进行，组内所有成员获得的评分是相同的，在小组内"划水"的学生也能获得同样的分数，这就构成了小组合作中的"搭便车"行为。为解决这种问题，应开展组内互评，小组成员应当有机会对同组学生进行匿名评价，涉及评价指标应包括但不限于小组讨论参与情况与课

堂展示工作质量等。团队组长应该肩负起监督与传达组内意愿的任务，组长若发现同组学生出现了"划水"的现象，要以组长身份提醒并督促学生按照要求完成自己的任务；若组内学生对同伴在小组任务中的不积极行为有所不满，也可以私下告诉组长，让组长代为提醒，此外给予组长额外加分作为激励，使组长以身作则；学期末，组长应及时与教师汇报学期内组员在小组活动方面的参与状况，对于经提醒后仍不积极参与课堂展示筹备的学生，应考虑在已有课堂展示评分的基础上扣除相应分数。

参考文献

[1] 李静. 学生参与式课堂评价的研究进展与反思［J］. 教育理论与实践，2017（26）：10-12.

[2] 周杏莉. "小组合作课堂展示"在大学英语教学中的实践与反思［J］. 浙江师范大学学报（社会科学版），2010（3）：108-112.

[3] 李梅，刘英群，周潜. 同伴评价的可信度与特点分析［J］. 电化教育研究，2016（9）：48-54.